Konzepte der Humanwissenschaften

Kai T. Erikson

Die widerspenstigen Puritaner

Zur Soziologie abweichenden Verhaltens

Klett-Cotta

Aus dem Amerikanischen übersetzt von Wolfgang Krege
Die Originalausgabe erschien unter dem Titel
»Wayward Puritans: A Study in the Sociology of Deviance«
im Verlag Wiley, New York 1966

Printed in Germany 1978
Einbandgestaltung und Typographie: Heinz Edelmann
Satz und Druck: Hieronymus Mühlberger, Augsburg

CIP-Kurztitelaufnahme der Deutschen Bibliothek

Erikson, Kai T.:
Die widerspenstigen Puritaner : zur Soziologie abweichenden Verhaltens / Kai T. Erikson. [Aus d. Amerikan. übers. von Wolfgang Krege]. – Stuttgart : Klett-Cotta, 1978.
(Konzepte der Humanwissenschaften)
Einheitssacht.: Wayward Puritans ⟨dt.⟩
ISBN 3-12-902070-5

Inhalt

Vorwort

Im Frühjahr 1630, noch während der Überfahrt der ersten puritanischen Siedler nach Massachusetts, hielt Gouverneur John Winthrop eine gedankenreiche Rede an seine Mitreisenden. »Wir müssen daran denken», schärfte er ihnen ein,

daß wir gleich einer Stadt auf einem Hügel sein werden, die Augen aller Menschen auf uns gerichtet, so daß wir, wenn wir bei diesem Werke, das wir unternommen haben, mit unserem Gotte falsches Spiel treiben und ihn damit bewegen, seine gegenwärtige Hilfe von uns abzuwenden, aller Welt zum Gerede und Gespött dienen werden.[1]

Die Reisenden an Bord des Flaggschiffs Arabella, die diese Worte hörten, wußten den Nachdruck in Winthrops Rede wohl zu würdigen. Sie waren eine auserwählte Gesellschaft von Heiligen, von Gott beauftragt, die Kirchen Christi in aller Welt zu säubern, indem sie die Schlichtheit und Reinheit wieder einführten, die in den Tagen der Apostel geherrscht hatten. Was diese frühen Siedler viertausend Meilen weit über den Atlantik trieb, war in erster Linie das Streben nach Wiedererweckung, im Blick zurück auf die Vorbilder und Gesetze biblischer Zeiten. Winthrop und seine Gefährten hatten vor, in den Wäldern von Massachusetts ein neues Israel aufzubauen, einen biblischen Staat von so überwältigenden Tugenden, daß er durch sein Beispiel die gesamte Christenheit reformieren könnte. Und so begannen die Mitglieder der Expedition das Leben in Amerika in dem klaren Bewußtsein, daß sie Geschichte machten.

In der Tat, die Puritaner von Neu-England »machten Geschichte«, und zwar auf höchst dramatische Weise. Wir verehren in ihnen heute die Begründer einer neuen Zivilisation und gedenken ihrer Seereise, als wäre sie ein erster Funken des neu entstehenden amerikanischen Geistes gewesen, doch schreiben wir ihnen dabei manchmal eine Art von Erfolgen zu, die sie nicht im mindesten zu erzielen wünschten. Denn diese erstaunlichen Pioniere hatten nie im Sinn gehabt, England den Rücken zu kehren oder sich in eine Welt ganz für sie allein zurückzuziehen. Sie hofften, ein Neues England als geistigen Mittelpunkt der Christenheit zu errichten, als Hauptquartier der protestantischen Reformation, und in diesem Ehrgeiz fühlten sie sich aufs engste mit den Hauptströmungen des europäischen

[1] John Winthrop: »A Model of Christian Charity.« *Winthrop Papers* (Boston, The Massachusetts Historical Society, 1931), II, S. 295.

Lebens verbunden. In vieler Hinsicht war es so, daß die Passagiere an Bord der Arabella und ihrer Schwesterschiffe zu den äußersten Rändern der bekannten Welt reisten, um eine engere und sinnvollere Beziehung zu den Geschehnissen in deren Zentrum zu finden.

Schließlich verloren die neu-englischen Puritaner natürlich den Kontakt mit Europa und wandten ihre außerordentlichen Energien dem Lande zu, das sich in einer endlosen Ebene vor ihnen ausbreitete. Aber es dauerte viele Jahre, bis sie imstande waren, den Ort, an dem sie sich niedergelassen hatten, als eine Heimat oder das Leben, das sie geführt hatten, als Geschehen innerhalb einer lokalen Geschichte zu betrachten. In der Zwischenzeit waren sie wie entlassen aus Zeit und Raum; sie verloren nach und nach ihre alte Identität als Engländer, ohne sich schon ihrer neuen Identität als Amerikaner bewußt zu sein. Die »Augen aller Menschen« blieben nicht lange auf Neu-England gerichtet, und während der ersten drei Generationen der Ansiedlung sahen sich die Puritaner der Welt, die sie doch umformen wollten, ferner und ferner gerückt.

Wegen ihrer relativen Isolierung bietet sich die Massachusetts-Bucht als ein ungewöhnlich günstiges Laboratorium für die Sozialforschung an. Irgendwie erscheint die Kolonie als herausgehoben aus ihrem europäischen Hintergrund, abgetrennt von jenen breiten Strömungen der Geschichte, die das Leben in anderen Teilen der Welt des siebzehnten Jahrhunderts weiter und komplexer aussehen lassen. Wir haben es hier nicht mit Völkern oder Dynastien zu tun, sondern mit kleinen Gruppen von Menschen, an deren Namen wir uns erinnern und über deren Leben wir etwas wissen, und so ist die Geschichte der Bucht von einer Feinheit im Gewebe der Einzelheiten, die anderswo fehlt. Darüber hinaus ist diese Periode reich dokumentiert. Es ist ungewöhnlich, daß ein so kleines Gemeinwesen so viel Aufmerksamkeit auf sich zieht, aber ihre spätere Geschichte machte die Bucht zu einem natürlichen Gegenstand wissenschaftlichen Interesses, und die Puritaner selbst spielten dabei eine wichtige Rolle, indem sie über ihr heiliges Experiment nützliche Aufzeichnungen führten. Obwohl sie ein Verfahren wie das dieser Untersuchung – oder irgendein ähnliches – schwerlich gebilligt hätten, war ihnen immer bewußt, daß ihre Kolonie eines Tages zum Prüfstein für Theorien über die Gesellschaft werden könnte.

Die Absicht der folgenden Untersuchung geht dahin, die Puritanergemeinschaft als Gelegenheit zur Prüfung mehrerer Ideen über abweichendes Verhalten zu benutzen. In diesem Sinne ist unser Thema in erster Linie soziologisch, auch wenn die Daten, die sich auf den meisten Seiten finden, historische Daten sind. Da interdisziplinäre Versuche dieser Art oft eine Anzahl methodologischer Fragen aufwerfen, wollen wir für einen

Augenblick innehalten, um zu überlegen, wie beide Forschungsgebiete miteinander verbunden sind.

Einer ehrwürdigen wissenschaftlichen Tradition zufolge ist der Soziologe jemand, der die allgemeinen Umrisse der Gesellschaft, die »Gesetze« des gesellschaftlichen Lebens erforscht, während der Historiker jemand ist, der jene besonderen Augenblicke der Vergangenheit studiert, die den Charakter einer bestimmten Zeit geprägt oder den Gang späterer Ereignisse beeinflußt haben. Diese Abgrenzung zwischen den »allgemeinen« Interessen des Soziologen und den »partikularen« Interessen des Historikers ist viele Jahre lang en vogue gewesen und hat beiden Seiten ihre Zuständigkeiten gewiesen. Wenn sie aber dazu dienen soll, eine bestimmte Untersuchung zu charakterisieren, so verliert diese Unterscheidung offenbar viel von ihrer theoretischen Eleganz. Schließlich ist das Geschehen selbst weder ein allgemeines noch ein partikulares, es sei denn, ein Forscher richtet die Ereignisse so zu, daß die Logik seiner Methode darauf paßt, und in dieser Zeit interdisziplinären Denkens ist es kein leichtes Unterfangen, angeben zu wollen, wie sich die Interessen des Soziologen von denen des Historikers unterscheiden. Wenige Soziologen, die ihre Daten gern in den Berichten über die Vergangenheit suchen, würden behaupten wollen, daß sie von anderen Leidenschaften bewegt oder zu anderen theoretischen Problemen hingezogen würden als der Historiker, und es scheint offenkundig, daß auch in der älteren der beiden Disziplinen die Grenzen ähnlich verschwimmen.

In einer Hinsicht jedoch sollte die folgende Arbeit als eine soziologische und nicht so sehr historische verstanden werden. Die hier vorgewiesenen Daten wurden *nicht* gesammelt, um neues Licht auf die Puritanergemeinde in Neu-England zu werfen, sondern um zu unserem Verständnis abweichenden Verhaltens im allgemeinen etwas hinzuzufügen, und daher wird die Geschichte der Puritaner in Amerika auf diesen Seiten als ein Beispiel für menschliches Leben überall behandelt. Ob die hier angewandte Methode vom historischen Standpunkt aus gesehen plausibel ist oder nicht, wird schließlich davon abhängen, wieweit sie hilft, das Verhalten auch anderer Menschen und zu anderen Zeitpunkten als den hier untersuchten zu erklären.

Abgesehen von dieser Unterscheidung wird in dieser Arbeit kaum ein Versuch gemacht, eine förmliche Grenze zwischen Soziologie und Geschichte zu ziehen. Manche Kapitel beschäftigen sich wie das erste fast ausschließlich mit soziologischen Gegenständen, während andere hauptsächlich dem direkten historischen Bericht gewidmet sind. Alle Kapitel jedoch liegen in einer Grenzzone, auf die beide Disziplinen Ansprüche erheben können und wahrscheinlich erheben sollten. Zur Einleitung mag es genügen, darauf hinzuweisen, daß diese Arbeit von einem Soziologen in Verfolgung einer soziologischen Idee geschrieben wurde.

Demgemäß beginnen wir mit Ausführungen zur soziologischen Theorie und gehen von da aus zur historischen Analyse über. In Kapitel 1 wird erklärt, daß abweichendes Verhalten oft für die Gesellschaft von Vorteil ist, da es eine Art Abgrenzung und Ausmessung leistet, deren jedes gesellschaftliche Leben notwendig bedarf. Darauf folgen in Kapitel 2 einige Hintergrundinformationen über die puritanischen Siedler und über die Kolonie, die sie am Rande der Wildnis errichteten. Von dort an bis zum Ende des Buches werden nacheinander drei verschiedene Themen aus dem einleitenden Kapitel erörtert, während zugleich die Erzählung den Siedlern durch ihre ersten Jahre in Amerika folgt und festhält, wie sie mit ihren widerspenstigen Landsleuten umgingen. Kapitel 3 behandelt drei »Verbrechenswellen«, die während des ersten Jahrhunderts der Siedlung auftraten, und versucht zu erklären, daß die Arten der Abweichung, die ein Volk erlebt, etwas damit zu tun haben, wie es sich die Grenzen seiner Kulturwelt vorstellt. Kapitel 4 versucht die Verbrechenshäufigkeit für einen Teil der Kolonie zu berechnen, um den Gedanken zu prüfen, daß die Anzahl der Normverletzer, die zu bestrafen eine Gesellschaft sich leisten kann, wahrscheinlich über die Zeit hin gleich bleibt. Kapitel 5 schließlich erörtert die puritanische Einstellung zu abweichendem Verhalten und stellt die Frage, ob die ideologische Sicht, auf die sich diese Einstellung einmal gestützt hat, auch in unserer Zeit noch ein wichtiges Element des Kontextes bleibt, in dem wir abweichendes Verhalten behandeln.

Die ersten beiden Kapitel können also als zwei voneinander unabhängige Einleitungen gelesen werden, von denen die erste die Ideen vorstellt, welche das Grundmotiv des Buches ausmachen, die zweite die Charaktere, deren Lebensschicksale unsere Daten sind. Von den folgenden Kapiteln dann beschäftigt sich jedes mit einem anderen Gedanken des Einleitungsaufsatzes, wobei das historische Material zur Illustration und Klärung des soziologischen Gedankengangs dient.

Die Geschichte der Bucht von Massachusetts ist viele Male erzählt worden. Die erste ausführliche Geschichte der Kolonie wurde schon fünfundzwanzig Jahre nach der ersten Landung veröffentlicht, und seither hat jede neue Generation ihre eigene Version über jene bemerkenswerten Zeiten beigesteuert. Soviel eingehende Aufmerksamkeit hat jedoch die Grundzüge der Geschichte eher verschwimmen als schärfer hervortreten lassen, fast so als ob die Tatsachen unter der Abnutzung durch ständiges Befaßtwerden ihre deutlicheren Konturen verloren und stattdessen die nebelhaften Züge der Legende angenommen hätten. Dies sollte uns eigentlich nicht überraschen, denn die Puritaner waren schon zu ihrer Zeit ein beinahe mythisches Volk, nicht nur, weil sich ihre Gebräuche so leicht karikieren ließen, sondern auch, weil sie dem Leben mit übertrieben viel Sinn für das Mysterium begegneten und immer das Gefühl hatten, an einem besonderen kosmischen Drama beteiligt zu sein. Und doch verdankt die Unbestimmtheit der Geschichte manches auch den vielen Historikern, die sie studiert haben: Siedler des siebzehnten Jahrhunderts, die über ihre eigene Zeit schrieben, als wäre sie bereits Geschichte, Gelehrte des achtzehnten Jahrhunderts, die sich in dieser schwierigen Erbschaft zurechtzufinden versuchten, Antiquare des neunzehnten Jahrhunderts, die jedes Bröcklein Information auflasen, als gälte es, Ausstellungsstücke für ein nationalgeschichtliches Museum zu sammeln. Man kann sich wohl kaum durch all dieses Material hindurchlesen, ohne sich zu fragen, wie viele von diesen Historikern auch dort, wo die Tatsachen selbst deutlich genug waren, nach Legenden suchten und sich bemühten, eine mythische Vergangenheit für eine Nation zu finden, die noch viel zu jung und viel zu selbstbefangen war, um schon im gewöhnlichen Hingang der Zeit eine solche gewonnen zu haben.

Die Historiker wissen recht viel von dieser Art Mythenbildung und sie verstehen es, darin eine eigene Form historischer Daten zu sehen, der Soziologe jedoch muß sich in diesen unbekannten Gewässern sehr vorsichtig bewegen. Aus diesem Grund stützt sich die folgende Studie soweit wie möglich auf Gerichtsakten und andere Originaldokumente: Diese kann der Soziologe im wesentlichen genauso behandeln wie Informationen aus seiner eigenen Zeit, denn es sind die Stimmen der Puritaner selbst, die über die Welt sprechen, in der sie leben. Daneben muß sich der Soziologe jedoch auch auf diejenigen Sekundärquellen stützen, die ihm nun einmal am plausibelsten vorkommen, und auch dies bringt ihn wieder in eine ernsthafte theoretische Schwierigkeit. Denn Historiker und Soziologen entscheiden nach je verschiedenen Kriterien, welche Tatsachen für ein bestimmtes Problem am wichtigsten sind, und wenn einem Soziologen, der bei Historikern Anleihen macht, dies nicht klar ist, so läuft er Gefahr, nicht nur zweitklassige Geschichte, sondern auch zweitklassige Soziologie zu schreiben. Alles, was man dagegen tun kann, ist vielleicht, so klar wie möglich anzugeben, wo die wichtigsten Abhängigkeiten liegen. Die Bibliographie am Ende des Buches führt diejenigen Werke auf, die am regelmäßigsten zu Rate gezogen wurden, und die über den Text verstreuten Fußnoten geben andere Quellen an; besonders zu erwähnen wäre jedoch Perry Miller, dessen Schriften tiefen Einfluß auf das Ganze dieser Studie ausgeübt haben.

Kurz noch ein Wort über die Sprache der Puritaner. Nach einigem Zögern habe ich mich dafür entschieden, die Orthographie der Zitate aus dem siebzehnten Jahrhundert zu modernisieren. Das hat den offenkundigen Nachteil, daß der Leser den Stil der Originaltexte nicht kennenlernt[2], es hat aber den großen Vorteil, diese Passagen leichter lesbar zu machen. Ohnehin beschäftigen wir uns die ganze Studie hindurch mehr mit dem Inhalt als mit dem Stil der Berichte, und die Modernisierung wird zumindest die Gefahr verringern, daß mancher Leser den Faden der Argumentation verliert, während er innehält, um den Sinn eines schwierigen Satzes herauszufinden.

Darüber hinaus läßt sich einiges dafür vorbringen, daß unser Verfahren ganz und gar dem Geiste gemäß ist, in dem diese Passagen ursprünglich geschrieben wurden. Die Puritaner von Neu-England hielten sich wenig an Regeln der Orthographie oder Grammatik; sie gliederten ihre Sätze nach dem Rhythmus ihrer Gedanken anstatt nach logischen Formen der Syntax. Vor allem wollten sie verstanden werden, und dazu wäre ihnen wohl alles recht gewesen, was ein Herausgeber heute tun kann, um ihre Sätze einem neuen Publikum verständlicher zu machen.

Nur in wenigen Fällen habe ich mir auch andere Freiheiten gegenüber den Originaltexten gestattet. Bei mehreren Gelegenheiten habe ich die Großschreibung einzelner Worte aufgehoben, wenn ich sie besonders störend fand, und an zwei oder drei Stellen habe ich irreführende Interpunktionszeichen geändert. Wenn dies einer Entschuldigung bedarf, so mag es genügen, darauf hinzuweisen, daß von dieser Freiheit schon viele frühere Herausgeber Gebrauch gemacht haben – in Wahrheit so viele, daß man ganz unmöglich sagen kann, ob die Exzentrizitäten des Stils und der Interpunktion in diesen frühen Veröffentlichungen nun auf einen puritanischen Autor in Boston oder auf einen Druckerlehrling in London zurückgehen.

Es ist immer schwierig, in sinnvoller Weise über die Anleihen Rechenschaft zu geben, die man macht, wenn man ein Buch schreibt, hauptsächlich deshalb, weil die wichtigsten Lehren, die man von Lehrern und Kollegen annimmt, die sind, die ohne jeden Vermerk und Nachweis ins Bewußtsein schlüpfen. Die im folgenden genannten Wissenschaftler haben alle das Manuskript in dem einen oder anderen Vorbereitungsstadium gelesen und viel zu seinem Stil und Inhalt beigetragen. Mein Dank an sie gilt jedoch bei weitem nicht nur diesem Dienst, denn die Gedanken, auf

[2] Dies gilt natürlich in noch stärkerem Maße für die vorliegende deutsche Übersetzung. Die Zitate wurden annähernd in Gegenwartsdeutsch übertragen (Anm. d. Übers.).

denen dieses Buch beruht, entstanden in den stundenlangen Gesprächen mit ihnen und wurden dabei ständig weiter ausgebildet.
Folgende Personen haben Fassungen des Manuskripts gelesen und mir sehr nützliche Ratschläge gegeben: Peter M. Blau, James A. Davis, Bernard C. Holland, Elihu Katz, John I. Kitsuse, Walter D. Love, Nelson W. Polsby, Geoffrey A. Sharp, Anselm L. Strauss, Charles E. Strickland und Robert L. Vosburg.
Während der ganzen Arbeit an diesem Buch habe ich das seltene Glück gehabt, seinen Inhalt mit Erik H. Erikson besprechen zu können: Die fertige Arbeit hat viel von seinen Ratschlägen und unseren Diskussionen profitiert. Nicht leicht ermessen kann ich meine Schuld gegen Ray L. Birdwhistell, aber ich möchte meiner Hochachtung vor seiner außerordentlichen Kenntnis menschlichen Verhaltens Ausdruck geben und ihm für vielerlei Großzügigkeiten danken.
Vor allem aber verdankt dieses Buch seine Existenz Henry W. Brosins Respekt für Gelehrtenarbeit. Obwohl der Stoff in diesen Seiten aus alten historischen Aufzeichnungen stammt, die eine Gemeinschaft von Menschen beschreiben, die vor dreihundert Jahren lebten, wurde diese Arbeit größtenteils zu einer Zeit geschrieben, als ich dem Lehrkörper einer modernen, höchst progressiven medizinischen Hochschule angehörte. Es erfordert eine gewisse Abschirmung, über das siebzehnte Jahrhundert zu schreiben, wenn man sich in einem Milieu befindet, das so dringlich dem zwanzigsten hingegeben ist, und diese Abschirmung gewährte mir Dr. Brosin in seiner Eigenschaft als Leiter der Abteilung für Psychiatrie an der University of Pittsburgh School of Medicine. Ich bin ihm dankbar nicht nur für die Gelegenheit zu dieser Arbeit, sondern auch für viele hilfreiche Einwände.
Morris Janowitz hat das Buch mit einem scharfen Blick für Fragen der Kontinuität und des Stils redigiert und zur Verbesserung des Endergebnisses wesentlich beigetragen.
Schließlich habe ich in den letzten vier Jahren begriffen, warum es Autoren in Danksagungen dieser Art meist so eilig haben, ihre Frauen zu nennen. Joanne Erikson hat auf unzählige Weisen zu diesem Buch beigetragen, aber ich will den Raum hier nur dazu nutzen, ihr für jene späten Abendstunden zu danken, in denen sie sich die achte oder neunte Fassung einer kniffligen Passage mit ebensoviel Humor und Intelligenz anhörte wie die erste.

Kai T. Erikson

Department of Psychiatry
Emory University
Oktober 1965

1
Zur Soziologie abweichenden Verhaltens

1895 veröffentlichte Emile Durkheim ein Buch mit dem Titel *Die Regeln der soziologischen Methode,* das als ein Leitfaden zum systematischen Studium der Gesellschaft gedacht war. Eines der wichtigsten Themen darin war, daß die Soziologen neue Kriterien zur Unterscheidung zwischen »normalen« und »pathologischen« Elementen im Leben einer Gesellschaft bestimmen müßten. Verhalten, das dem Psychiater oder Richter abnorm erscheine, meinte Durkheim, sei nicht immer auch unter dem besonderen Blickwinkel des Soziologen abnorm; die Forscher müßten also in dieser neuen Wissenschaft immer beachten, daß auch die abwegigsten Formen individuellen Verhaltens aus dieser weiteren Perspektive immer noch als normal betrachtet werden könnten. Um seinen Gedanken zu illustrieren, traf Durkheim die überraschende Feststellung, daß das Verbrechen in Wahrheit eine normale gesellschaftliche Erscheinung sei, daß es »einen integrierenden Bestandteil einer jeden gesunden Gesellschaft bilde«.[1]
Durkheim hatte sein Interesse an diesem Gegenstand schon etliche Jahre früher ausgesprochen, als sein Buch *La division du travail social* zuerst erschien. In diesem wichtigen Buch hatte er ausgeführt, daß das Verbrechen (und des weiteren auch andere Formen der Abweichung) faktisch einen notwendigen Dienst an der Gesellschaft leisten könne, weil es die Menschen in einem gemeinsamen Zustand von Zorn und Entrüstung zusammenführe. Das abweichende Individuum verletzt Regeln des Verhaltens, die von den anderen in der Gemeinschaft in hohen Ehren gehalten werden, und wenn die Leute zusammenkommen, um ihren Abscheu gegen die Tat zum Ausdruck zu bringen und gegen den Täter Zeugnis abzulegen, so entwickelt sich zwischen ihnen ein festeres Solidaritätsband, als es zuvor da war. Anders ausgedrückt, die Erregung, die das Verbrechen hervorruft, beschleunigt das Tempo der Interaktion in der Gruppe und schafft ein Klima, in dem die privaten Empfindungen vieler Einzelpersonen zu einem gemeinsamen Moralgefühl verschmelzen.

Das Verbrechen bringt die redlich Gesinnten einander näher und konzentriert sie. Man muß nur einmal sehen, was geschieht, besonders in einer Kleinstadt, wenn

[1] Emile Durkheim: *Die Regeln der soziologischen Methode.* In neuer Übersetzung herausgegeben und eingeleitet von René König. Neuwied, Luchterhand, 1961, S. 157.

gerade etwas moralisch Skandalöses verübt worden ist. Die Leute halten sich auf der Straße an, sie besuchen sich, verabreden sich, um über das Ereignis zu sprechen, und sie entrüsten sich gemeinsam. Aus all den ähnlichen Eindrücken, die man austauscht, aus all den Ausdrücken der Wut bildet sich eine einzige Wut . . ., die jedermanns Wut ist, ohne die irgendeines Einzelnen zu sein. Dies ist die öffentliche Wut.[2]

Die abweichende Handlung erzeugt also ein Gefühl wechselseitiger Verbundenheit unter den Menschen einer Gemeinschaft, indem sie die Gruppengefühle auf einen Punkt konzentriert. Wie ein Krieg, eine Überschwemmung oder andere Notlagen macht die Abweichung den Menschen ihre gemeinsamen Interessen schärfer bewußt und lenkt die Aufmerksamkeit auf jene Werte, die das »kollektive Bewußtsein« der Gemeinschaft bilden. Wenn der Rhythmus des Gruppenlebens nicht von gelegentlichen Momenten abweichenden Verhaltens interpunktiert würde, so wäre vermutlich soziale Organisation unmöglich.[3]
Dieses kurze Argument hat, seit es zuerst vorgetragen wurde, immer als ein klassisches Beispiel soziologischen Denkens gegolten, auch wenn es nicht eben viel an empirischen Arbeiten angeregt hat. Zweck dieses Kapitels ist es, Durkheims Idee in Begriffen zu erörtern, die der gegenwärtigen soziologischen Theorie gemäßer sind, und zu sehen, ob sich diese Einsichten in brauchbare Forschungshypothesen übersetzen lassen. Die folgenden Seiten mögen von dem Ausgangspunkt, den Durkheim empfohlen hat, weit abführen, aber sie gelten der ursprünglich von ihm gestellten Frage: Hat es Sinn zu behaupten, daß abweichende Verhaltensweisen ein normaler und sogar nützlicher Bestandteil des sozialen Lebens sind?

I

Eine der Schwierigkeiten, die dem Soziologen bei seiner Suche nach einem sinnvollen Zugang zu abweichendem Verhalten zuerst begegnen, liegt darin, daß der Gegenstand selbst keinerlei natürliche Grenzen zu haben scheint. Wie die Vertreter anderer Disziplinen so neigen auch die Soziologen zu der Annahme, daß der Abweichler persönlich irgendwie »anders« sei als diejenigen Mitmenschen, denen es gelingt, sich anzupassen, aber jahrelange Forschungen zu diesem Problem haben keine wesent-

---

[2] Emile Durkheim: *La division du travail social*. Paris, Presses Universitaires Françaises, 8. Auflage, 1967, S. 70 f.

[3] Einen ähnlichen Gedanken trug später George Herbert Mead in einem sehr wichtigen Aufsatz vor: »The Psychology of Punitive Justice«, *American Journal of Sociology,* XXIII (März 1918), S. 577–602.

lichen Aufschlüsse erbracht, was – wenn überhaupt irgend etwas – diese Andersartigkeit ausmachen könnte. Die Forscher haben die soziale Herkunft des Abweichlers untersucht, den Inhalt seiner Träume, die Form seines Schädels, die Substanz seiner Gedanken – und doch hat nichts von all diesen Informationen uns befähigt, eine klare Trennlinie zwischen der Art von Personen zu ziehen, die abweichende Handlungen begehen, und jenen anderen, die das nicht tun. Und auch wenn wir die Aufmerksamkeit nicht mehr dem einzelnen Abweichler, sondern seinem Verhalten zuwenden, gewinnen wir keine bessere Sicht auf den Gegenstand. Was als abweichend definiert wird, darin finden wir zwischen den verschiedenen Schichten einer einzigen Gesellschaft oder gar zwischen den verschiedenen Kulturen, in welche die Menschheit geteilt ist, große Unterschiede, und es wird bald deutlich, daß es keine objektiven Eigenschaften gibt, von denen wir sagen könnten, daß sie allen abweichenden Handlungen gemeinsam wären, nicht einmal in den Grenzen einer bestimmten Gruppe. Dasselbe Verhalten kann den einen dem Gefängnis, den andern der Heiligsprechung nahebringen, so sehr hängt die Qualität der Handlung als solcher von den Umständen ab, unter denen sie vollzogen wurde, und von der Gestimmtheit des Publikums, das dabei zugegen war.
Angesichts dieses Sachverhalts gehen viele Soziologen mit einer viel einfacheren Taktik an das Problem heran: Sie lassen die jeweils behandelte Gruppe ihre eigenen Definitionen abweichenden Verhaltens geben. In dieser Untersuchung, wie in anderen zum gleichen allgemeinen Thema[4], bezeichnet der Ausdruck »Abweichung« (deviance) dasjenige Verhalten, das die Menschen einer Gruppe als so gefährlich, peinlich oder störend betrachten, daß sie gegen die Personen, die dieses Verhalten zeigen, spezielle Sanktionen in Anwendung bringen. Die Abweichung ist nicht eine Eigenschaft, die einer besonderen Verhaltensweise *innewohnt;* es ist eine Eigenschaft, die diesem Verhalten von Menschen, die mit ihm direkt oder indirekt in Berührung kommen, *zugeschrieben* wird. Der einzige Weg, auf dem ein Beobachter herausfinden kann, ob ein bestimmter Verhaltensstil abweichend ist oder nicht, ist also, etwas über die Normen des Publikums in Erfahrung zu bringen, das auf dieses Verhalten reagiert.
Diese Definition mag in der Praxis etwas unhandlich erscheinen, sie hat jedoch den Vorteil, ein wenig beachtetes Thema ins rechte Licht zu rükken. Wenn die Menschen einer Gemeinschaft beschließen, daß es an der Zeit sei, gegen das Verhalten eines der Ihren »etwas zu unternehmen«, so tun sie etwas höchst Verwickeltes. Schließlich bewegt sich ja auch der

---

[4] Vgl. vor allem die Arbeiten von Edwin M. Lemert, Howard S. Becker und John I. Kitsuse.

übelste Schurke einer Gesellschaft die meiste Zeit über im Rahmen des Erlaubten, wenn auch nur in dem Sinne, daß er mit Messer und Gabel ißt, gehorsam vor Verkehrsampeln stehenbleibt und sich in hunderterlei anderen Belangen an die normalen Gepflogenheiten seiner Gruppe hält. Und wenn seine Mitmenschen nun beschließen, ihn für die Fälle zu bestrafen, wo er sich schlecht aufgeführt hat, so greifen sie einige wenige abweichende Details heraus, die über eine große Menge völlig annehmbarer Handlungsweisen verstreut sind. Wer vor einem Strafgericht erscheint und als »Dieb« abgestempelt wird, hat vielleicht nicht mehr als einen flüchtigen Augenblick mit der Tätigkeit des Stehlens zugebracht, und dasselbe kann von vielen Menschen gesagt werden, die von irgendeiner Kontrollagentur gemustert werden und daraus mit einer Etikettierung als Abweichler der einen oder anderen Art hervorgehen. Wenn also eine Gemeinschaft jemanden in die Klasse der Abweichler einordnet, dann siebt sie einige wenige bedeutsame Details aus dem Strom seines Verhaltens heraus und erklärt schließlich, diese Details zeigten, was für ein Mensch er »wirklich« sei. Im Recht wie in der öffentlichen Meinung kann die Tatsache, daß jemand ein Verbrechen begangen oder Narkotika genommen hat, zum wichtigsten Kennzeichen seiner Person werden: Schon Ausdrücke wie »er ist ein Verbrecher« oder »er ist ein Süchtiger« scheinen gleichzeitig seine Stellung in der Gesellschaft und das Profil seines Charakters zu beschreiben.

Die Art, wie eine Gesellschaft solche bezeichnenden Details aus dem gesamten Verhalten eines Menschen herausgreift, ist also ein wichtiger Teil der gesellschaftlichen Kontrollmechanismen. Und es ist wichtig, festzuhalten, daß die Menschen einer Gemeinschaft, wenn sie über einander Urteile fällen, eine Reihe von Faktoren in Rechnung stellen, die mit der abweichenden Handlung als solcher nicht unmittelbar zusammenhängen: Ob jemand als abweichend betrachtet wird, hat zum Beispiel etwas mit seiner sozialen Schichtzugehörigkeit zu tun, mit seinem Vorstrafenregister, mit dem Ausmaß der Reue, die zu zeigen ihm gelingt, und mit vielen ähnlichen Gesichtspunkten, die in den wechselnden Stimmungslagen der Gemeinschaft etwas ausmachen können. Vielleicht wird dies nicht so deutlich im Fall schwerer Verbrechen oder hoffnungsloser Krankheiten, wo der Verstoß so düster hervortritt, daß er die meisten anderen Details aus dem Leben des Täters verdunkelt, aber in den alltäglichen Aussiebungs-Prozessen, wie sie überall in der Gesellschaft stattfinden, ist dieses Moment immer gegenwärtig. Manche Menschen, die stark trinken, werden Alkoholiker genannt, andere nicht; manche, die sich seltsam verhalten, werden in Krankenhäuser eingewiesen, andere nicht; manche, bei denen man nicht weiß, wovon sie leben, werden wegen Landstreicherei verurteilt, andere nicht – und der Unterschied zwischen denen, die den Titel eines Abweichlers erlangen, und denen, die in Frieden ihres Weges gehen dürfen, ist weitgehend dadurch bestimmt, wie die Gesellschaft die vielen Verhaltensdetails, die zu ihrer Kenntnis gelangen, filtert und einordnet.

Wenn wir das Problem einmal auf diese Weise formuliert haben, können wir fragen: Wie entscheidet eine Gesellschaft darüber, welche von diesen Verhaltensdetails wichtig genug sind, um besondere Beachtung zu verdienen? Und, nachdem darüber einmal entschieden ist, warum baut die Gesellschaft Einrichtungen wie Gefängnisse und Asyle zur Verwahrung derjenigen, die sich so verhalten? Die herkömmliche Antwort auf diese Frage ist natürlich, die Gesellschaft bringe Kontrollmechanismen hervor, um sich gegen die »schädlichen« Folgen der Abweichung zu schützen, ähnlich wie ein Organismus Abwehrkräfte gegen eindringende Krankheitskeime mobilisiert. Diese einfache Antwort wirft jedoch mehr Probleme auf, als sie löst. Wie sowohl Emile Durkheim als auch George Herbert Mead schon vor langer Zeit dargelegt haben, ist es keineswegs klar, daß alle in einer Gesellschaft als abweichend geltenden Handlungen tatsächlich (oder auch nur prinzipiell) für das Leben der Gruppe schädlich sind. Es ist zweifellos richtig, daß keine Gesellschaft lange bestehen könnte, wenn ihre Mitglieder in größerem Maßstab Mord und Brandstiftung gegeneinander verübten, aber für viele andere Tätigkeiten, die irgendwo auf der Welt als abweichend gelten, gibt es keinen echten Nachweis, daß sie etwas mit dem Fortbestand der Gruppe zu tun haben (ein hervorragendes Beispiel sind die Verbote mancher Nahrungsmittel). In unserer Zeit könnten wir sehr wohl fragen, warum Prostitution, Marihuanarauchen oder Homosexualität die Gesundheit der Gesellschaftsordnung gefährden sollen. Vielleicht sind diese Tätigkeiten tatsächlich gefährlich, wenn wir diese Folgerung aber ohne nähere Prüfung der Situation gelten lassen, so kann uns das gegen die wichtige Tatsache blind machen, daß ja in allen Teilen der Erde Völker ganz ausgezeichnet mit Praktiken zurechtkommen, die ihren Nachbarn als äußerst verabscheuenswert erscheinen. In Ermangelung festeren Bodens ist es also nur vernünftig, wenn sich der Soziologe erneut jener unschuldigsten und doch grundsätzlichsten Frage zuwendet, die sich über abweichendes Verhalten stellen läßt: Warum ordnet eine Gesellschaft gerade dieses und nicht ein anderes Verhalten in die Kategorie der Abweichungen ein?

In den folgenden Abschnitten wird eine der möglichen Antworten auf diese Frage gegeben.

Menschliches Handeln ordnet sich ein in verschiedene Arten von Kollektiven, angefangen bei relativ kleinen Einheiten wie der Kernfamilie bis hin zu relativ großen wie einer Nation oder einer Kultur. Eine der hartnäckigsten Schwierigkeiten beim Studium abweichenden Verhaltens ist die, daß sich das Problem auf jeder dieser Ebenen anders darstellt: Verhalten, das im Kontext einer einzelnen Familie als ungehörig gilt, kann für die Gemeinschaft insgesamt vollkommen akzeptabel sein, während ein von den Mitgliedern der Gemeinschaft scharf mißbilligtes Verhalten wiederum anderswo in derselben Kultur nahezu unbeachtet bleiben mag. Die Menschen in einer Gesellschaft müssen also lernen, Abweichungen auf jeder dieser Ebenen gesondert zu behandeln und im eigenen täglichen Treiben zwischen den Ebenen zu unterscheiden. Ein Mann enterbt vielleicht seinen Sohn wegen eines Gebarens, das alten Familientraditionen zuwiderläuft, oder verkehrt nicht mehr mit einem Nachbarn, der gegen die lokalen Sitten verstößt, aber es wird nicht von ihm erwartet, daß er die gleichen Maßstäbe anlegt, wenn er als Geschworener ein Gerichtsurteil fällt. In jeder der genannten drei Situationen muß er nach anderen Kriterien entscheiden, ob das in Rede stehende Verhalten die Grenzen des Erträglichen überschreitet oder nicht.

Auf den unmittelbar anschließenden Seiten werden wir über abweichendes Verhalten in sozialen Einheiten sprechen, die wir als »Gemeinschaften« (communities) bezeichnen, doch bedeutet die Wahl dieses Terminus nicht, daß der Gedankengang nur jene Ebene der Organisation beträfe. Zumindest theoretisch sollen unsere Ausführungen auf alle Arten von menschlichen Kollektiven zutreffen – auf Familien wie auf ganze Kulturen, auf kleine Gruppen wie auf Nationen – und den Terminus »Gemeinschaft« benutzen wir bloß, weil er uns in diesem Zusammenhang besonders angemessen scheint.[5]

Die Menschen einer Gemeinschaft verbringen den größten Teil ihres Lebens in enger Berührung miteinander; sie haben eine Erfahrungszone gemeinsam, die ihnen das Gefühl gibt, zu einer besonderen »Art« zu gehören und an einem besonderen »Ort« zu leben. In der Fachsprache der Soziologie heißt das, Gemeinschaften sind grenzerhaltend: Jede hat ihr spezifisches Territorium in der Welt als Ganzem inne, nicht nur in

[5] Tatsächlich wurde der hier ausgeführte allgemeine Gedankengang zuerst in einer Untersuchung über kleine Gruppen formuliert. Vgl. Robert A. Dentler und Kai T. Erikson: »The Functions of Deviance in Groups.« *Social Problems*, VII (Herbst 1959), S. 98–107.

dem Sinne, daß sie eine umschriebene Region des geographischen Raums bewohnt, sondern sie nimmt auch eine besondere Nische innerhalb dessen ein, was man den kulturellen Raum nennen könnte, und innerhalb jenes Rahmens entwickelt sie ihr eigenes »Ethos« und geht ihren eigenen »Weg«. Diese beiden Dimensionen des Gruppenraums, die geographische und die kulturelle, machen die Gemeinschaft zu einem Ort für sich und geben ihren Mitgliedern einen wichtigen Bezugspunkt.

Wenn man ein System als grenzerhaltend bezeichnet, so sagt man, daß es die Fluktuation seiner wesentlichen Elemente kontrolliert, so daß das Ganze innerhalb seiner weiteren Umgebung einen begrenzten Bewegungsspielraum, ein bestimmtes Muster von Stetigkeit und Stabilität einhält. Eine menschliche Gemeinschaft nun können wir insofern als grenzerhaltend bezeichnen, als ihre Mitglieder sich auf einen bestimmten Bewegungsradius beschränken und jedes Verhalten, das aus diesem Radius herausfällt, als irgendwie unpassend oder unmoralisch betrachten werden. Die Gruppe wahrt so eine Art kultureller Integrität, sie schränkt freiwillig ihre Expansionsmöglichkeiten über das zur Anpassung an ihre Umwelt strikt erforderliche Maß hinaus ein. Menschliches Verhalten hat einen gewaltigen Variationsspielraum, aber jede Gemeinschaft zieht symbolische Linien um einen bestimmten Ausschnitt dieses Spielraums und beschränkt sich in ihren Aktivitäten auf jene engere Zone. Diese symbolischen Linien sind sozusagen die Grenzen der Gemeinschaft.

Nun können Menschen, die in Gemeinschaften zusammenleben, keine geordneten Beziehungen zueinander eingehen oder auch nur einen Sinn für die Bedeutung ihrer Gruppenmitgliedschaft erlangen, sofern sie nicht etwas über die Grenzen des Territoriums erfahren, das sie im sozialen Raum einnehmen, und sei es auch nur, weil sie einen Eindruck davon haben müssen, was außerhalb der Randzonen ihrer Gruppe liegt, ehe sie die besondere Qualität dessen, was sie in der Gruppe erleben, schätzen können. Wie aber erfahren Menschen etwas über die Grenzen ihrer Gemeinschaft? Und wie geben sie diese Informationen an die nachfolgenden Generationen weiter?

Zunächst einmal sind die einzigen Gegenstände in einer Gesellschaft, an denen sich Grenzen markieren lassen, die Verhaltensweisen ihrer Mitglieder – oder genauer die Interaktionsnetze, welche die Mitglieder in geordneten Sozialbeziehungen verbinden. Und die Interaktionen, welche am wirksamsten die Außenränder der Gruppen orten und publik machen, scheinen diejenigen zu sein, die zwischen abweichenden Personen einerseits und offiziellen Agenten der Gemeinschaft andererseits stattfinden. Der Abweichler ist ein Mensch, dessen Handlungen die Grenzen der Gruppe überschritten haben, und wenn die Gemeinschaft ihn für diese

Überschreitung zur Rechenschaft zieht, so macht sie eine Aussage über Art und Ort ihrer Grenzen. Sie erklärt, wieviel Spielraum, anders zu sein, in der Gruppe zugelassen werden kann, ohne daß diese anfängt, ihre besondere Gestalt, ihre einmalige Identität zu verlieren. Nun kann es zwar auch andere Momente im Leben der Gruppe geben, die Ähnliches bewirken: Kriege zum Beispiel lassen die Grenzen der Gruppe hervortreten, indem sie die Aufmerksamkeit auf die Trennlinie zwischen der Gruppe und einem Feind lenken; bestimmte Arten von religiösen Ritualen, Tanzzeremonien und andere traditionelle Aufzüge können den Unterschied zwischen »Wir«-Gruppe und »Die«-Gruppe unterstreichen, indem sie symbolisch eine Begegnung beider Gruppen darstellen. Insgesamt aber unterrichten sich die Mitglieder einer Gemeinschaft über die Lage ihrer Grenzen, indem sie an den Konfrontationen zwischen Leuten, die sich über die Ränder der Gruppe hinausgewagt haben, und Kontrollagenten teilnehmen, deren besonderes Geschäft es ist, über die kulturelle Integrität der Gruppe zu wachen. Ob diese Konfrontationen nun die Form von Strafprozessen, Exkommunikationsgerichten, Kriegsgerichten oder auch psychiatrischen Fallkonferenzen annehmen, sie wirken insofern grenzerhaltend, als sie dem betroffenen Publikum demonstrieren, wo die Grenze zwischen Verhalten ist, das in die besondere Welt der Gruppe hineingehört, und Verhalten, das nicht hineingehört. Im allgemeinen lassen sich derartige Informationen nicht leicht durch direkte sprachliche Äußerungen übermitteln. Die meisten Leser dieses Abschnitts werden zum Beispiel eine ziemlich klare Vorstellung davon haben, wo die Grenze zwischen Diebstahl und den legitimeren Formen des Erwerbs liegt, aber die wenigsten werden je ein geschriebenes Gesetz gesehen haben, das diese Unterschiede angibt. Höchstwahrscheinlich haben wir unsere Information zu dieser Frage aus öffentlich bekanntgemachten Fällen, in denen die einschlägigen Gesetze angewandt wurden – und was das betrifft, ist das Recht selbst weitgehend nur eine Sammlung früherer Fälle und Urteile, eine Synthese aus den vielerlei Konfrontationen, die im Rechtsleben stattgefunden haben.

Es ist vielleicht wichtig, in diesem Zusammenhang darauf hinzuweisen, daß Konfrontationen zwischen Abweichlern und Kontrollagenten immer viel öffentliche Aufmerksamkeit auf sich gezogen haben. In unserer Vergangenheit wurden Verhör und Bestrafung des Sünders auf dem Marktplatz inszeniert, wo das Publikum Gelegenheit hatte, sich direkt und aktiv zu beteiligen. Natürlich stellen wir heute unsere Abweichler nicht mehr auf öffentlichen Plätzen zur Schau und setzen sie nicht mehr der Karnevalsstimmung bei Galgenhinrichtungen aus, aber es ist interessant, daß die »Reform«, die zu dieser Veränderung im Strafvollzug geführt hat, fast genau mit der Entwicklung der Zeitung zu einem Medium der Masseninformation zusammenfiel. Vielleicht ist das nichts als ein geschichtlicher Zufall, aber nichtsdestoweniger ist richtig, daß Zeitungen (und heute auch Rundfunk und Fernsehen) in vieler Hinsicht die gleiche Art von Unterhaltung bieten wie öffentliche Hinrichtungen oder ein sonntäglicher Besuch im Ortsgefängnis. Ein beträchtlicher Teil dessen, was wir die »Nachrichten« nennen, sind Berichte über abweichendes Verhalten und seine Folgen, und es ist nicht leicht zu erklären, was daran als so berichtenswert erscheinen soll und warum es so ungewöhnlich viel Aufmerksamkeit erregt. Vielleicht appellieren diese Berichte an eine Reihe psychischer Perversionen im Massenpublikum, wie manche Kommentatoren behauptet haben, zugleich aber bilden sie eine unserer wichtigsten Informationsquellen hinsichtlich der normativen Konturen der Gesellschaft. Zumindest im übertragenen Sinne ist es so, daß sich Moral und Unmoral auf dem öffentlichen Richtplatz begegnen, und bei dieser Begegnung wird zwischen ihnen die Grenze gezogen.

Grenzen sind niemals die feste Eigenschaft einer Gemeinschaft. Sie verschieben sich ständig, indem die Menschen der Gruppe neue Möglichkeiten entdecken, die Grenzen ihrer Welt nach außen festzulegen, neue Möglichkeiten, ihre eigene Position auf der Karte der sie umgebenden Kultur zu bestimmen. Manchmal treten Veränderungen in der Struktur der Gruppe ein, welche die Mitglieder zu einer Neuvermessung ihres Territoriums bewegen – ein Führungswechsel oder ein Stimmungswandel. Manchmal treten Veränderungen in der Umwelt der Gruppe ein, so daß der Hintergrund, an dem die Mitglieder die Einmaligkeit ihrer Gruppe abgelesen haben, nicht mehr derselbe ist. Und immer ziehen neue Generationen ein, um ihrerseits die Wache bei den alten Institutionen anzutreten, und auch sie müssen über die Konturen der Welt, die sie erben, unterrichtet werden. Einzelne Begegnungen zwischen dem Abweichler und seiner Gemeinschaft sind also nur Fragmente eines weitertreibenden sozialen Prozesses. Ähnlich wie ein Gesetzesartikel bleiben die Grenzen nur so lange sinnvolle Bezugspunkte, als sie von Menschen an den Rändern der Gruppe wiederholt auf die Probe gestellt und von Menschen, die beauftragt sind, die innere Moral der Gruppe zu vertreten, wiederholt verteidigt werden. Jedes Mal also, wenn die Gemeinschaft zur Bestrafung einer abweichenden Handlung schreitet und eine Zeremonie veranstaltet, um den Verantwortlichen zu maßregeln, bekräftigt sie die Geltung der verletzten Norm und stellt erneut klar, wo die Grenzen der Gruppe liegen.

Aus diesen Gründen ist abweichendes Verhalten nicht einfach eine Art Panne, die eintritt, wenn die Maschinerie der Gesellschaft in schlechtem Betriebszustand ist, sondern es kann in bestimmten Mengen eine wichtige

Voraussetzung für die Wahrung gesellschaftlicher Stabilität sein. Indem die Formen abweichenden Verhaltens die Außengrenzen des Gruppenlebens markieren, geben sie der Binnenstruktur ihren besonderen Charakter und bilden so einen Rahmen, innerhalb dessen die Mitglieder ein klares Verständnis ihrer kulturellen Identität gewinnen können. Dies hatte vielleicht auch Aldous Huxley im Sinn, als er schrieb:

Nun ist Ordnung unbezweifelbar etwas Gutes – aber etwas Gutes, wovon man leicht zu viel bekommen kann und zu einem zu hohen Preis . . . Das gute Leben kann nur in einer Gesellschaft gelebt werden, wo Ordnung gehalten und gepredigt wird, aber nicht zu fanatisch, und wo in ihrer Nachbarschaft sozusagen immer ein gewisses Maß an Schlamperei geduldet wird.[6]

Dies wirft eine heikle theoretische Frage auf. Wenn wir zugeben, daß menschliche Gruppen oft aus abweichendem Verhalten Vorteile ziehen, können wir dann annehmen, daß sie daraufhin organisiert sind, es hervorzubringen? Können wir annehmen, anders gesagt, daß Kräfte in der Struktur der Gesellschaft daraufhinwirken, Normverletzer zu rekrutieren und sie auf lange Zeiten in die Reihen der Abweichler dienstzuverpflichten? Dies ist keine Frage, die anhand gegenwärtig vorliegender empirischer Daten zu beantworten wäre, aber eines können wir bemerken, was die Frage in eine interessante Perspektive rückt – nämlich daß die Formen abweichenden Verhaltens sich oft gerade aus den Einrichtungen zu speisen scheinen, die dazu geschaffen wurden, abweichendes Verhalten zu verhindern. Tatsächlich sind die gesellschaftlichen Einrichtungen zur Verhinderung von Abweichungen oft so schlecht für ihre Aufgabe gerüstet, daß wir uns fragen können, warum überhaupt dies an erster Stelle als ihre »eigentliche« Aufgabe betrachtet wird.

Es ist ein uns inzwischen vertrauter Gedanke, daß viele Einrichtungen, die Abweichungen unterbinden sollen, sich zugunsten ihrer Fortdauer auswirken. Einmal bieten Gefängnisse, Krankenhäuser und andere ähnliche Einrichtungen großen Zahlen von Abweichlern Hilfe und Zuflucht, und manchmal verschaffen sie ihnen auch gewisse Vorteile im Wettbewerb um soziale Güter. Darüber hinaus aber sammeln solche Einrichtungen randständige Personen zu fest abgesonderten Gruppen an und geben ihnen die Möglichkeit, einander die zu einer abweichenden Karriere nötigen Fertigkeiten und Einstellungen zu lehren, ja, sie provozieren sie sogar dazu, von ihren Fertigkeiten Gebrauch zu machen, indem sie ihr Gefühl

[6] Aldous Huxley: *Prisons: The »Carceri« Etchings by Piranesi* (London, The Trianon Press, 1949), S. 13.

der Entfremdung von der übrigen Gesellschaft bestärken.[7] Auch ist diese Beobachtung nicht neu:

> Das Elend, das in Gefängnissen erduldet wird, ist nicht die Hälfte des Übels; sie sind voll jeglicher Verderbtheit, die Armut und Schlechtigkeit hervorzubringen vermögen, voll der frechen und verworfenen Ungeheuerlichkeiten, deren das schamlose Laster fähig ist, der Wut der Begierden und der Bosheit der Verzweiflung. In einem Gefängnis ist das prüfende Auge der Öffentlichkeit fern und die Kraft des Gesetzes ist vertan. Es gibt wenig Furcht und es gibt kein Erröten. Die Unzüchtigen stacheln die Mäßigeren an, die Verwegenen die Furchtsamen. Jedermann verhärtet sich so gut er kann gegen das, was von seinem Gefühl noch übrig ist; er ist bestrebt, anderen anzutun, was man ihm antut, und den Beifall seiner schlimmsten Genossen zu erringen, indem er ihre Sitten nachahmt.[8]

Diese Zeilen, die vor zwei Jahrhunderten geschrieben wurden, sind eine harte Anklage gegen die Gefängnisse, aber viele der genannten Zustände werden immer noch auch in den neuesten Untersuchungen des Gefängnislebens erwähnt. Aus der historischen Langzeit-Perspektive betrachtet, ist es nur billig, festzustellen, daß die Gefängnisse bemerkenswert wenig geleistet haben, um die ihrem Gewahrsam anvertrauten Häftlinge zu bessern; doch könnte gerade die Beständigkeit dieses Versagens einer eigenen Logik folgen. Vielleicht finden wir es deshalb so schwierig, die übelsten Formen unseres Strafvollzugs zu ändern, weil wir vom Gefängnis *erwarten*, daß es den Insassen in seiner Festlegung auf Formen abweichenden Verhaltens verhärtet und ihn tiefer in die Reihen der Abweichler hineinzieht. Alles in allem sind wir ein Volk, das nicht wirklich erwartet, daß sich die Abweichler beim Durchgang durch die Kontrolleinrichtungen, die wir für sie bereithalten, groß ändern, und es widerstrebt uns oft, viel öffentliche Mittel für die Aufgabe der Rehabilitation zu bewilligen. In diesem Sinne kann das Gefängnis, das lange Reihen geschulter Verbrecher hervorbringt (oder auch das psychiatrische Landeskrankenhaus, das seine schwersten Fälle in einer geschlossenen Abteilung verwahrt), vielleicht heftig gegen die Ziele seiner Gründer verstoßen, aber es verstößt kaum gegen die Erwartungen der Bevölkerung, der es dient.

---

[7] Eine gute Beschreibung dieses Prozesses im modernen Gefängnis gibt Gresham Sykes: *The Society of Captives* (Princeton, N. J., Princeton University Press, 1958). Ähnliche Probleme in zwei verschiedenen Arten von psychiatrischen Kliniken werden behandelt von Erving Goffman: *Asyle* (Frankfurt, Suhrkamp, 1968) und Kai T. Erikson: »Patient Role and Social Uncertainty: A Dilemma of the Mentally Ill« (*Psychiatry*, XX, August 1957, S. 263–274).

[8] Geschrieben von »einem berühmten«, im übrigen aber nicht genannten Autor (vielleicht Henry Fielding) und zitiert bei John Howard: *The State of the Prisons* (London, 1777, neue Ausgabe London, J. M. Dent and Sons, 1929), S. 10.

Darüber hinaus finden sich diese Erwartungen in jedem Winkel der Gesellschaft. Sie machen zu einem wesentlichen Teil das Klima aus, in dem wir Formen abweichenden Verhaltens behandeln.

Zunächst einmal ist die Entscheidung einer Gemeinschaft, gegen eines ihrer Mitglieder Sanktionen anzuwenden, nicht ein einfacher Akt der Mißbilligung. Es ist ein verwickeltes Übergangsritual, bei dem der Einzelne von seinem gewohnten Platz in der Gesellschaft entfernt und zugleich in eine besondere Abweichler-Position überwiesen wird.[9] Die Zeremonien, welche diesen Statuswechsel markieren, weisen im allgemeinen eine Anzahl miteinander verbundener Phasen auf. Sie sehen einen offiziellen Bühnenauftritt vor, bei dem der Abweichler und seine Gemeinschaft einander konfrontieren können (wie etwa bei einem Strafprozeß); es wird ein Spruch über den Charakter der Abweichung gefällt (z. B. ein Gerichtsurteil oder eine Diagnose); und der Abweichler wird in eine Rolle eingewiesen, von der angenommen wird, daß sie die schädlichen Folgen seines Fehlverhaltens neutralisiert (wie die Rolle des Häftlings oder des Patienten). Diese Überweisungs-Zeremonien sind gewöhnlich Gegenstände breiten öffentlichen Interesses und laufen in einer hochdramatischen Situation ab.[10] Wohl das deutlichste Beispiel für eine Überweisungs-Zeremonie bietet der Strafprozeß mit den Formalitäten der Strafprozeßordnung und seinen weitschweifigen Ritualen, aber bescheidenere Entsprechungen lassen sich überall dort finden, wo Verfahren anberaumt werden, um zu entscheiden, ob jemand rechtmäßig als Abweichler einzustufen ist oder nicht.

Ein wichtiges Merkmal dieser Zeremonien in unserer Kultur ist nun, daß ihr Ergebnis nahezu unwiderruflich ist. Die meisten zeitweiligen Rollen in unserer Gesellschaft, z. B. die des Studenten oder des wehrpflichtigen Soldaten, sehen so etwas wie eine Abschlußzeremonie vor, welche den Wiederaustritt des Einzelnen aus der Rolle markiert, sobald ihre zeitweiligen Vorteile ausgeschöpft sind. In den Rollen aber, die dem Abweichler zuteil werden, ist für solche Übergänge selten Raum. Er wird in seine Position durch eine einschneidende und oftmals dramatische Zeremonie eingewiesen, wenn er jedoch daraus entlassen wird, so geschieht dies fast ohne jede öffentliche Ankündigung. Das Ergebnis ist, daß er oft ohne

---

[9] Die klassische Beschreibung dieses Vorgangs in bezug auf Patienten von Medizinern findet sich bei Talcott Parsons: *The Social System* (Glencoe, Ill., The Free Press, 1951).

[10] Vgl. Harold Garfinkel: »Successfull Degradation Ceremonies« (*American Journal of Sociology*, LXI, Januar 1956, S. 420–24). Deutsch in *Gruppendynamik*, V, 2, 1974, S. 77–83.

rechte Gewähr nach Hause zurückkehrt, daß er wieder ein normales Leben in der Gemeinschaft aufnehmen darf. Nichts ist geschehen, um das Stigma zu tilgen, das ihm durch frühere Überweisungs-Zeremonien auferlegt worden ist; nichts, um das Urteil oder die Diagnose aufzuheben, die damals über ihn verhängt worden sind. Es sollte daher nicht überraschen, daß die Menschen in der Gemeinschaft dem heimgekehrten Abweichler mit einiger Besorgnis und einigem Mißtrauen begegnen werden, denn in einem sehr realen Sinne wissen sie überhaupt nicht recht, wer er ist.

Ein Kreislauf wird so in Gang gesetzt, der alle Kennzeichen einer »sich selbst erfüllenden Prophezeiung« aufweist, um Mertons schönen Ausdruck zu gebrauchen. Einerseits scheint es ganz klar zu sein, daß der Argwohn der Gemeinschaft alle Aussichten auf eine erfolgreiche Heimkehr, die der Abweichler sonst möglicherweise haben könnte, verringern hilft. Zugleich aber scheint die alltägliche Erfahrung zu lehren, daß dieser Argwohn völlig vernünftig ist, denn es ist eine wohlbekannte und vielfach publizierte Tatsache, daß die meisten Vorbestraften, wenn sie aus dem Gefängnis entlassen sind, erneut Delikte begehen und daß ein großer Teil der Psychiatrie-Patienten nach dem ersten Krankenhausaufenthalt weiter behandlungsbedürftig bleibt. Das allgemeine Gefühl, daß sich Abweichler niemals wirklich ändern, mag also auf einer falschen Voraussetzung beruhen; aber dieses Gefühl findet so häufig und mit so viel Überzeugungskraft Ausdruck, daß es schließlich auch die Tatsachen hervorbringt, die dann später »beweisen«, daß das Gefühl richtig war. Wenn der heimgekehrte Abweichler diesen Kreislauf oft genug erlebt hat, so ist es ganz verständlich, daß auch er sich zu fragen beginnt, ob er die Rolle des Abweichlers wirklich ganz abgestreift hat, und auf diese Ungewißheit kann er damit antworten, daß er von neuem eine abweichende Tätigkeit aufnimmt. In vieler Hinsicht mag dies der einzige Weg sein, wie der Einzelne und seine Gemeinschaft zu einer Übereinkunft finden können, was für eine Art Mensch er ist.

Außerdem findet sich diese Prophezeiung in den offiziellen Richtlinien sogar der verantwortungsbewußtesten Kontrolleinrichtungen. Die Polizeiorgane könnten nicht wirksam arbeiten, wenn sie die Vorbestraften nicht als eine Auslese von Verdächtigen betrachteten, denen man sich bei gegebenem Anlaß zuwendet, und die psychiatrischen Kliniken könnten keine erfolgreiche Arbeit in der Gemeinschaft leisten, wenn sie nicht immer auf Rückfälle ihrer früheren Patienten gefaßt wären. So erhält die Prophezeiung Geltung auf vielen Ebenen der gesellschaftlichen Ordnung, nicht nur in den Einstellungen schlechtunterrichteter Gemeinschaftsmitglieder, sondern auch in den Theorien der meisten wohlunterrichteten Kontrollinstanzen.

In der einen oder anderen Form ist dieses Problem im Westen schon seit vielen hundert Jahren erkannt worden, und diese einfache Tatsache hat eine merkwürdige Implikation. Denn wenn unsere Kultur über lange Perioden historischen Wandels hin eine stetige Folge abweichender Handlungen gespeist hat, dann würden die Regeln allen entwicklungsgeschichtlichen Denkens besagen, daß starke Kräfte am Werk sein müssen, um diese Folge in Gang zu halten – und zwar deshalb, weil sie in irgendeiner wichtigen Hinsicht zum Überleben der Kultur insgesamt beiträgt. Dies gibt uns keinen zureichenden Grund zu erklären, abweichendes Verhalten sei »funktional« (in irgendeiner der vielen Bedeutungen dieses Ausdrucks), aber es sollte uns gewiß der in Soziologenkreisen so häufigen Annahme müde werden lassen, daß jede wohlgeordnete Gesellschaft irgendwie darauf angelegt sein müsse, das Vorkommen abweichenden Verhaltens zu verhindern.[11]

Man könnte nun dafür eintreten, daß wir neue Metaphern brauchen, um unser Denken über abweichendes Verhalten auf eine andere Ebene zu tragen. Insgesamt haben die amerikanischen Soziologen ihre Aufmerksamkeit zumeist jenen Kräften in der Gesellschaft zugewandt, die einen zentralisierenden Einfluß auf menschliches Verhalten auszuüben scheinen, indem sie die Menschen zu dichten Haufen, sogenannten »Gruppen«, versammeln und sie unter die Herrschaft leitender Prinzipien, sogenannter »Normen« oder »Wertmaßstäbe« bringen. Die Fragen, die Soziologen herkömmlicherweise an ihre Daten zu stellen pflegen, betreffen also die Einförmigkeiten und nicht so sehr die Verschiedenheiten im gesellschaftlichen Leben: Wie kommt es, daß die Leute lernen, ähnlich zu denken, dieselbe Gruppenmoral anzunehmen, sich in denselben Verhaltensrhythmen zu bewegen, das Leben mit denselben Augen anzusehen? Kurz, wie kommt es, daß den Kulturen die unglaubliche alchemische Verbindung der Vielfalt zur Einheit, der Konflikte zur Harmonie, des Durcheinanders zur Ordnung gelingt? Wir tun oft so, als wären die Unterschiede zwischen den Menschen das Selbstverständliche, das keines Kommentars bedarf, während die Symmetrie, die menschliche Gruppen trotzdem zustande bringen, durch Hinweis auf die formgebenden Einflüsse der Sozialstruktur erklärt werden müßte.

Aber auch die Verschiedenheit ist ein Erzeugnis der Sozialstruktur. Es ist

---

[11] Albert K. Cohen zum Beispiel, als Sprecher einer vorherrschenden Strömung im soziologischen Denken, nimmt dies als ziemlich selbstverständlich an: »Es scheint, daß die Kontrolle abweichenden Verhaltens per definitionem ein Ziel der Kultur ist.« Vgl. »The Study of Social Disorganization and Deviant Behavior« in Merton et al.: *Sociology Today* (New York, Basic Books, 1959), S. 465.

gewiß bemerkenswert, daß die Mitglieder einer Kultur einander letztlich so ähnlich sehen, aber es ist ebenso bemerkenswert, daß ein Volk aus all diesen Ähnlichkeiten heraus doch eine komplizierte Arbeitsteilung entwickeln, sich in auseinanderweisende Laufbahnen begeben, sich über das gemeinsam bewohnte Territorium hin verstreuen und so viele unterschiedliche Temperamente, Ideologien, Moden und Stimmungen hervorbringen kann. Vielleicht können wir daraus folgern, daß sich in jeder Gesellschaft zwei getrennte, aber einander oft widerstreitende Strömungen finden: Kräfte, die ein hohes Maß an Konformität zwischen den Mitgliedern der Gemeinschaft begünstigen, so daß sie wissen, was sie voneinander erwarten können, und Kräfte, die ein gewisses Maß an Verschiedenheit begünstigen, so daß die Menschen sich über die ganze Weite des Gruppenraums hin verteilen können, um dessen Möglichkeiten zu erkunden, sein Fassungsvermögen auszumessen und, im Falle derer, die wir die Abweichler nennen, an den Grenzen zu patrouillieren. In einem solchen Schema erschiene der Abweichler als ein natürliches Ergebnis der Gruppendifferenzierung. Er ist nicht ein Stück Ausschuß aus der Produktion einer fehlerhaften Sozialmaschine, sondern eine bedeutsame Gestalt in der gesamten Arbeitsteilung der Gemeinschaft.

III

Der letzte Abschnitt hat eine Anzahl verschiedener Themen eingeführt, die sich für die eine oder andere Art historischer Analyse eignen, und auf drei dieser Themen wollen wir in diesem Abschnitt die Aufmerksamkeit lenken. Ein jedes Thema wird das Grundmotiv eines der folgenden Kapitel bilden, wenn wir daran gehen, den soziologischen Gedankengang auf das historische Beispiel anzuwenden und zu überlegen, ob er uns zu erklären hilft, was im Neu-England des siebzehnten Jahrhunderts geschehen ist.

Das erste und wichtigste Thema ist das Verhältnis zwischen den Grenzen einer Gemeinschaft und der Art von Abweichungen, die sie erlebt. Jede menschliche Gemeinschaft hat ihr eigenes besonderes Muster von Grenzlinien, ihre einmalige Identität, und so dürfen wir annehmen, daß jede Gemeinschaft auch ihre eigenen, unverwechselbaren Stile abweichenden Verhaltens hat. Gesellschaften, die zum Beispiel großen Wert auf den Besitz von Eigentum legen, werden wahrscheinlich Eigentumsdelikte in größerem Umfang kennen als Gesellschaften, in denen das Eigentum nicht so viel gilt; und Gesellschaften, die politische Rechtgläubigkeit fordern, werden wahrscheinlich mehr Aufwiegler entdecken und bestrafen als ihre weniger empfindlichen Nachbarn. Diese offensichtliche Parallele hat zumindest zwei Gründe. Zunächst einmal wird eine Gemeinschaft, die sich durch ein bestimmtes Verhalten bedroht fühlt, schärfere Sanktionen gegen dieses Verhalten ergreifen und mehr Zeit und Energie darauf verwenden, es auszumerzen. Gleichzeitig scheint die Tatsache allein, daß eine Gruppe ihrer Bindung an bestimmte Werte Ausdruck gibt, manche Mitglieder schon zu einer abweichenden Reaktion zu bewegen. In jeder Gesellschaft gibt es Menschen, die einen abweichenden Stil offenbar deshalb »wählen«, *weil* er gegen einen von der Gruppe hochgehaltenen Wert verstößt. Manchmal haben diese Menschen ein inneres Bedürfnis, die Norm in direkter Prüfung in Frage zu stellen, manchmal verstoßen sie gegen eine Norm, wie Merton gezeigt hat, aus Ungeschicklichkeit, gerade im Übereifer, sie zu befolgen.[12] In beiden Fällen leben der Abweichler und sein besser angepaßter Widerpart mehr oder weniger in derselben Sinn- und Symbolwelt; sie haben ähnliche Interessen in der Welt, die sie umgibt. Der Dieb und sein Opfer haben die gleiche Achtung vor dem Wert des Eigentums; der Ketzer und der Inquisitor sprechen weitgehend die gleiche Sprache und sind auf die gleichen religiösen Mysterien eingestimmt; der Landesverräter und der Patriot orientieren ihr Handeln an den gleichen politischen Institutionen, wenden oft die gleichen Methoden an und sind manchmal auch ein und dieselbe Person. Dies ist keine triviale Feststellung, denn in diesen Paaren sind die Gegner so gut aufeinander eingespielt, daß sie bei kleinen Veränderungen des historischen Klimas oft die Rollen tauschen können. Joseph Conrad hat dies in einem seiner Romane sehr schön formuliert: Der Verbrecher und der Polizist, sagt er, machen »Gegenzüge im gleichen Spiel . . . Erzeugnisse der gleichen Maschine, der eine als nützlich, der andere als schädlich geltend, nehmen sie, zwar jeder auf seine Weise, doch beide mit gleichem Ernst, die Maschine als gegeben hin.«[13]

Der Abweichler und der Konformist sind also Menschen derselben Kultur, Geschöpfe derselben Phantasie. Und so kann es geschehen, daß die gefürchtetsten und die geachtetsten Verhaltensstile einander oft widerzuspiegeln scheinen – so genau sogar, daß der Betrachter aus einer anderen Zeit sie nicht immer auseinanderhalten kann. Ein Amerikaner des zwanzigsten Jahrhunderts muß zum Beispiel wissen, daß Diebstahl und andere Erwerbstätigkeiten völlig verschiedene Dinge »auf zwei entgegengesetzten

---

[12] Robert K. Merton: *Social Theory and Social Structure* (Glencoe, Ill., The Free Press, 1949).

[13] Joseph Conrad: *The Secret Agent* (New York, Doubleday Anchor, o. J.), S. 68, 85.

Seiten des Rechtes« sind. Ein Amerikaner des siebzehnten Jahrhunderts wiederum, wenn er in Neu-England lebte, mußte wissen, daß Kongregationalismus und Antinomismus so weit auseinander lagen wie Gott und der Teufel. Wenn wir aber Kontraste dieser Art, wie sie in verschiedenen Perioden der Vergangenheit gezeichnet wurden oder heute in anderen Kulturen als unserer eigenen gezeichnet werden, näher betrachten, so finden wir deren viele recht unverständlich. Es erfordert schon einigen theologischen Scharfblick, um zu sehen, wo die Puritaner die Grenze zwischen der Orthodoxie und manchen schwereren Formen der Ketzerei zogen, und es ist gut denkbar, daß ein Puritaner, der sich in die Mitte des gegenwärtigen Jahrhunderts versetzt fände, Schwierigkeiten hätte, manche Unterscheidungen, die wir treffen, zu verstehen, zum Beispiel zwischen angemessenem und unangemessenem Sexualverhalten. Oder, um ein gegenwartsnäheres Beispiel zu nehmen, viele sowjetische Kommentatoren sehen heute keinen echten Unterschied zwischen den Arten von Unternehmungen, die manche Amerikaner an die Spitze großer Konzerne und manche ins Gefängnis bringen, während wir unsererseits nicht leicht die verschiedenen Meinungsschattierungen auseinanderhalten können, die in der Sowjetunion zu manchen Zeiten Leben oder Tod bedeuten mochten. Die Unterscheidungen zwischen Handlungsweisen und Einstellungen, die zu einer bestimmten Zeit in der Geschichte »durch Welten getrennt« erscheinen, können sich also, wenn man sie dann im nüchternen Licht einer anderen Zeit betrachtet, wie ebensoviele Haarspaltereien ausnehmen.

Auf dem Höhepunkt der Hexen-Hysterie in Massachusetts begann dem Soziologen, der in Cotton Mather steckte, aufzufallen, daß die Hexen, die das Land in Schrecken hielten, eigentlich den ehrenwerten Leuten, die sie verfolgten, sehr ähnlich waren:

Es ist höchst bemerkenswert zu sehen, wie lästerlich und unverschämt der Teufel göttliche Dinge nachäfft, in mehreren Belangen, von denen wir durch die Geständnisse unserer Hexen und die Heimsuchungen unserer Leidenden Kunde erhalten haben . . . Die Hexen sagen selbst, daß sie sich ganz nach Art der Gemeindekirchen gliedern und daß sie eine Taufe kennen und ein Abendmahl und Vorstände, die denen in der Kirche unseres Herrn schändlich ähnlich sehen . . . Was ist es, wenn sie einen mit dem bösen Blick schlagen? Was ist es, wenn sie die Heimgesuchten sich erheben machen mit einer Berührung ihrer Hand? Was ist ihr Flug durch die Luft? Was ist das, wenn sie ihren Namen einschreiben in ein Buch? Was ist das, wenn sie von allenthalben zusammenkommen beim Ton einer Trompete? Was ist das, wenn sie manchmal in Licht oder Feuer gekleidet auftreten? Was ist das, wenn sie sich und ihr Werkzeug in Unsichtbarkeit hüllen? Nur eine lästerliche

Nachahmung mancher Dinge, die über unseren Heiland oder seine Propheten oder die Heiligen aus dem Königreich Gottes vermeldet sind.[14]

Wenn Abweichung und Konformität einander so ähnlich sind, so überrascht es nicht, daß abweichendes Verhalten in der Gemeinschaft an genau den Punkten aufzutreten scheint, wo es am meisten gefürchtet wird. Wer Hexen fürchtet, sieht sich alsbald von ihnen umringt; wer eifersüchtig sein Privateigentum hütet, stößt bald auf den emsigen Räuber. Und wenn es auch nicht immer leicht ist, zu sagen, ob nun Furcht die Abweichung hervorruft oder Abweichung die Furcht, so ist doch die Affinität zwischen beiden ein beständiger Anlaß zur Verwunderung in menschlichen Angelegenheiten. Betrachter aus einem späteren Zeitalter mögen im Rückblick begreifen, daß die Hexen und ihre Richter sich desselben Vokabulars bedienten und sich im Rhythmus derselben Kultur bewegten, aber den Zeitgenossen selbst bleibt dieses Geheimnis alles in allem verschlossen. Ihnen erscheint es, als käme das abweichende Verhalten aus dem Nirgendwo, ein ungebetener, perverser Stoß nach dem Herzen der Gemeinschaft. Dieses Gefühl wurde treffend erfaßt von einem Historiker, der über abweichendes Verhalten in der Buchtkolonie geschrieben hat:

Hier stellen wir ein ganz natürliches Verhältnis zwischen dem Geiste der Verfolgung und dem Geiste fest, der hartnäckig und sogar böswillig oder pervers die Verfolgung provozierte. Die Väter waren inständig besorgt – wir können sagen, sie waren krankhaft furchtsam –, daß ihr kühnes Vorhaben in der Wildnis scheitern könnte, noch bevor es Fuß gefaßt hatte . . . *Ihre Störenfriede kamen genau in der Form und Gestalt, in der sie sie fürchteten* . . . Wie bald deutlich werden wird, war etwas Außerordentliches an jener seltsamen Vielfalt, an den grotesken Charakteren und an dem besonders verwirrenden und erbitternden Weg jener merkwürdigen Reihe von Männern und Frauen mit absonderlichen Meinungen und Ideen jeder Art, die während einer Periode von dreißig Jahren auftraten und denen offenbar kein anderes Ziel gemeinsam war, als die puritanischen Friedensrichter zu bekümmern und zu erbittern.[15]

Die Friedensrichter mögen wohl erstaunt gewesen sein über Form und Gestalt ihrer hartnäckigen Störenfriede, aber dies waren nur Form und

---

[14] Cotton Mather: »Wonders of the Invisible World«, in Samuel G. Drake (Hg.): *The Witchcraft Delusion in New England* (Roxbury, Mass., W. Elliot Woodward, 1866), I, S. 201–203.

[15] George Edward Ellis: »The Puritan Commonwealth: Its Basis, Organization, and Administration: Its Contentions; Its Conflicts with Heretics«, in Justin Windsor (Hg.): *The Memorial History of Boston* (Boston, James Osgood, 1880), I, S. 166 (Hervorhebung K. T. E.).

Gestalt des puritanischen Lebens selbst – das Spiegelbild jener Werte, die den Kern des puritanischen Bewußtseins ausmachten. Es war, wie wir später sehen werden, eigentlich erst bei diesen Begegnungen zwischen den Friedensrichtern und ihren widerspenstigen Landsleuten, daß die Formen des amerikanischen Puritanismus hervortraten, ihren eigentümlichen Charakter annahmen und zu den Wahrzeichen wurden, an denen sich die Gemeinschaft erkannte. Während die Siedler den Charakter der Abweichungen bestimmten, bestimmten sie zugleich auch die Grenzen ihrer neuen Welt, und dies ist das Thema, das in Kapitel 3 im Mittelpunkt stehen soll.

Die zweite Hypothese, der wir in dieser Untersuchung nachgehen werden, hat mit dem *Ausmaß* abweichenden Verhaltens im gesellschaftlichen Leben zu tun. Sie lautet, daß das Ausmaß der in einer Gemeinschaft auftretenden Abweichungen wahrscheinlich über die Zeit hin etwa konstant bleibt. Um ganz von vorn anzufangen, es ist eine einfache logistische Gegebenheit, daß die Zahl der Fälle abweichenden Verhaltens, die zur Kenntnis einer Gemeinschaft gelangen, durch die Art der Ausrüstung begrenzt wird, mittels derer Abweichungen verfolgt und behandelt werden; insofern ist die Häufigkeit von Abweichungen in einer Gemeinschaft zumindest teilweise abhängig von der Größe und Komplexität ihres Kontrollapparats. Wir können sagen, die Kapazität einer Gemeinschaft zur Bewältigung von Abweichungen kann grob geschätzt werden, indem man ihre Gefängniszellen und Krankenhausbetten zählt, ihre Polizisten und Psychiater, ihre Gerichte und Kliniken – und wenn uns die Gesamtsumme auch nichts Wichtiges über die latenten psychologischen Motive sagt, so sagt sie uns doch etwas darüber, wie die Gemeinschaft das Problem sieht. Die meisten Gemeinschaften, so scheint es, gehen dabei von der Erwartung aus, daß eine relativ konstante Zahl von Kontrollagenten nötig sein wird, um mit einer relativ konstanten Zahl von Normverletzern fertigzuwerden. Das Quantum Menschen, Geld und Material, das eine Gesellschaft für den Zweck vorsieht, etwas gegen abweichendes Verhalten zu tun, ändert sich im Lauf der Zeit nicht wesentlich, und die stillschweigende Annahme, welche die Bestrebungen der Gemeinschaft leitet, Personal für eine Polizeitruppe oder geeignete Einrichtungen für die Geisteskranken zu unterhalten, scheint zu sein, daß es eine relativ feste Quote von Störungen gibt, für die man vorsorgen sollte.

In diesem Sinne scheinen auch die Kontrollorgane ihre Aufgabe oft nur darin zu sehen, die Abweichungen *in Grenzen zu halten,* nicht aber, sie ganz und gar auszutilgen. Viele Richter zum Beispiel nehmen an, daß harte Strafen für Verbrechen abschreckender wirken als milde, und so ist es

bemerkenswert, daß viele unter ihnen dazu neigen, härtere Strafen zu verhängen, wenn Verbrechen im Steigen begriffen zu sein scheinen, und mildere, wenn sie zurückgehen, fast so, als setzten sie die Kraft ihres Amtes dazu ein, die Verbrechensquote auszubalancieren.
Allgemein gesagt, wir fordern Notstandsmaßnahmen, sobald das Ausmaß der Abweichungen das zu überschreiten droht, was wir als »normal« zu betrachten gelernt haben, aber es alarmiert uns nicht so, wenn die Abweichungen innerhalb jenes Rahmens bleiben. Wie George Bernard Shaw einmal gesagt hat, würde eine Gesellschaft, die ganz darauf ausginge, Verbrechen zu unterdrücken, jeden Verbrecher mit aller Strenge bestrafen, deren sie fähig wäre – denn das gegenwärtige System, das sich sorgfältig an die Formel hält, die Strafe müsse den Umständen des Verbrechens Rechnung tragen, scheint nur zu besagen, daß sich die Gesellschaft bestimmte Arten von Verbrechen eher leisten kann als andere. So gesehen handelt jede Gesellschaft in der Annahme, sie besäße den erforderlichen Apparat, um Verbrechen einzudämmen, nämlich die Macht, abschrekkende Strafen zu erteilen – doch wird diese Macht gewöhnlich so eingesetzt, daß sie das Ausmaß der Verbrechen in der Gesellschaftsordnung eher stabilisiert als zum Verschwinden bringt.
Die gleiche Tendenz zur Stabilisierung ist auch im Bereich der Psychiatrie erkennbar, wo die Zahl der verfügbaren Krankenhausbetten und Behandlungsstunden eine strikte Kontrolle darüber ausübt, wieviele Menschen als krank gelten oder gelten können. Wenn die Warteliste einer Klinik zu lang wird, dann ist es die einzig praktikable Strategie, die gegenwärtigen Patienten schneller zu entlassen; wenn umgekehrt die Warteliste bis zu einem Punkt zurückgeht, wo die Klinik mit sinkenden Einnahmen oder mit einem Mangel an Fällen für Unterrichtszwecke rechnen muß, dann werden die vor Ort praktizierenden Ärzte gedrängt, mehr Patienten zu überweisen. In Momenten heftigen Andrangs werden die Ärzte vielleicht einen Patienten entlassen, über den sie privat ihre Zweifel hegen, aber die Statistiken der Psychiatrie erfassen diese Vorbehalte nicht, und die Gemeinschaft wird sich ihrer normalerweise nicht bewußt. Wenn die Gemeinschaft also die Größe ihrer Abweichler-Population zu schätzen versucht, so mißt sie gewöhnlich die Kapazität ihres sozialen Kontrollapparats und nicht die abweichenden Neigungen unter ihren Mitgliedern.
Wir lenken die Aufmerksamkeit nicht einfach deshalb auf dieses logistische Problem, weil wir zeigen wollten, daß die Gemeinschaft schlechte Meßinstrumente hat, um die Größe ihres Abweichungsproblems festzustellen, sondern wir sagen vielmehr, daß die Gemeinschaft ihre Definition abweichenden Verhaltens so anlegt, daß das Ausmaß des umfaßten Verhaltens etwa dem in ihren Kontrolleinrichtungen verfügbaren Raum ent-

spricht – eine Art umgekehrtes Parkinsonsches Gesetz. Das heißt, wenn die Gesellschaft ihren Kontrollapparat auf die Behandlung eines bestimmten Ausmaßes von Abweichungen eicht, dann pflegt sie ihre juristischen und psychiatrischen Definitionen so zu adjustieren, daß dieses Ausmaß tatsächlich erreicht wird. Schließlich werden jeder Kontrollagent und jede Kontrolleinrichtung von der Gesellschaft »gebraucht«. Wenn die Polizei irgendwie lernen sollte, die meisten Verbrechen, die sie gegenwärtig bekämpft, zu besiegen, und wenn es gleichzeitig der Medizin gelänge, die meisten psychischen Störungen, die sie gegenwärtig behandelt, zu heilen, so wäre immer noch unwahrscheinlich, daß die einmal existierende Kontrollmaschinerie fortan ungenutzt bliebe. Wahrscheinlicher wäre, daß die Kontrolleinrichtungen ihre Aufmerksamkeit anderen Verhaltensweisen zuwenden würden, bis zu dem Punkt, wo manche Verhaltensstile nun als abweichend definiert würden, die zuvor als normal galten.

Zu jeder Zeit werden also die »schlechtesten« Menschen in der Gemeinschaft als ihre Verbrecher betrachtet, die »kränkesten« als ihre Patienten, gleichgültig, wie schlimm deren Verfassung nach einem universellen Maßstab erscheinen würde. In diesem Sinne können wir abweichendes Verhalten als Verhalten in der Randzone der Gruppenerfahrung definieren, ob der Raum dieser Erfahrung nun weit oder eng ist. In seiner frühen Arbeit zu unserem Thema benutzte Durkheim ein instruktives Beispiel:

> Man stelle sich eine Gesellschaft von Heiligen, ein vollkommenes und musterhaftes Kloster vor. Verbrechen im eigentlichen Sinne des Wortes werden hier freilich unbekannt sein; dagegen werden dem Durchschnittsmenschen verzeihlich erscheinende Vergehen dasselbe Ärgernis erregen wie sonst gewöhnliche Verbrechen in einem gewöhnlichen Gewissen. Befindet sich diese Gesellschaft im Besitz der richterlichen und der Strafgewalt, so wird sie jene Handlungen als Verbrechen erklären und demgemäß behandeln.[16]

Und weitgehend dasselbe wäre über Veränderungen in der Gemeinschaft während des Übergangs von einer Periode zur nächsten zu sagen. Wenn eine Gemeinschaft sich ihrer am weitesten randständigen Menschen einfach entledigen könnte – z. B. indem sie sie in einen anderen Teil der Welt verbannt oder sie waggonweise hinrichtet –, so wäre dennoch unwahrscheinlich, daß der Umfang der Abweichungen in der Gemeinschaft tatsächlich verringert würde. Entweder würden neue Kolonnen von Abweichlern in das von ihren Vorgängern hinterlassene Vakuum einrücken (wie England nach seinem Versuch mit Massendeportation in die Kolonien feststellen mußte), oder die Kontrolleinrichtungen würden sich auf

---

[16] Durkheim: *Die Regeln der soziologischen Methode*, S. 158.

ein neues Zielgebiet konzentrieren und an dem dortigen Verhalten Interesse nehmen.
Nach diesen Ausführungen müßten wir erwarten, daß das Ausmaß der in einer Gemeinschaft auftretenden Abweichungen über die Zeit hin relativ konstant bleibt, und dies werden wir anhand des in Kapitel 4 dargestellten Materials untersuchen.

Die dritte Hypothese, der wir weiter nachgehen wollen, hat damit zu tun, wie eine Gesellschaft ihre abweichenden Mitglieder behandelt. Wie schon bemerkt wurde, kann man sagen, daß Abweichler der Gesellschaft einen notwendigen Dienst leisten, indem sie die Grenzen der Gruppenerfahrung markieren und einen Kontrastpunkt darbieten, der Reichweite und Konturen der Norm hervortreten läßt. Es ist jedoch wichtig, immer zu bedenken, daß jede Gesellschaft mit dieser Dienstleistung anders umgeht. Jede hat ihre eigene Methode, Menschen zu Abweichlern zu ernennen, und ihre eigene Methode, sie über den Erfahrungsraum der Gruppe zu verteilen. Für den Augenblick wollen wir diese Methoden als »Verteilungsmuster« (deployment patterns) bezeichnen, um anzudeuten, daß sie den Zu- und Abstrom von Abweichlern an den Grenzen der Gruppe regulieren und so das Ausmaß der zu jedem Zeitpunkt in der Struktur vorhandenen Abweichungen steuern.
Es kann nicht Aufgabe dieser Untersuchung sein, ein Inventar solcher in verschiedenen Weltteilen bekannten Verteilungsmuster aufzustellen, aber wir können drei festhalten, die immer wieder in der ethnologischen Literatur genannt werden. Erstens gibt es Gesellschaften, die bestimmte Tage oder Gelegenheiten als Zeiten allgemeiner Ausschweifung vorsehen, während derer den Mitgliedern erlaubt ist (wenn nicht gar geboten), die Regeln zu verletzen, die sie im vorangegangenen Zeitraum beachtet haben und im folgenden Zeitraum wieder beachten werden. Zweitens gibt es Gesellschaften, in denen Abweichungen als ein »natürliches« Verhalten bei Heranwachsenden und Jugendlichen allgemein gelten, obwohl von den Nutznießern dieses Privilegs erwartet wird, daß sie ihr Gebaren ändern, sobald sie unter speziellen Zeremonien in den Status von Erwachsenen übergehen. Und schließlich gibt es Gesellschaften, in denen spezielle Klubs oder Orden erklärtermaßen dafür sorgen, daß die normalen Regeln der Gruppe unter Einhaltung bestimmter Vorschriften verletzt werden können.
Nun könnte man einwenden, daß in allen drei Fällen das resultierende Verhalten ganz und gar »erwartet« und daher das Ergebnis normativer Strukturierung ist: Schließlich hält sich das Stammesmitglied, das während eines Festes die Götter beschimpft und verbotene Nahrung ißt, ja

nur an die Festtagsregeln; der Jugendliche, der sich an Straßentumulten beteiligt oder eine religiöse Zeremonie stört, hat von den Älteren gewissermaßen einen Freibrief für solches Verhalten; und der prinzipielle Neinsager, der sich hartnäckig gegen die normalen Gebräuche seiner Gruppe sperrt, tut ohnehin nur, was alle von ihm erwarten. Die Berechtigungen, die über diesen Normabweichungen stehen, besagen eindeutig, daß wir es hier nur in einem sehr speziellen Sinne mit »Abweichungen« zu tun haben. Es ist jedoch eine der Annahmen dieser Untersuchung, daß abweichendes Verhalten auch in unserer Kultur fester strukturiert sein könnte, als wir gewöhnlich annehmen, und wenn es auch absurd wäre, zu behaupten, die Menschen die vor unseren Gerichtshöfen und in unseren Kliniken als Abweichler auftreten, handelten in der gleichen Weise nach »Regeln« wie die Teilnehmer an einem Stammesfest, so ist es dennoch lehrreich, die vielen Parallelen zwischen diesen Verteilungsmustern und den in unserer Gesellschaftsordnung wirksamen Mechanismen zu vermerken. Alle diese Muster gestatten den Menschen in der Gruppe eine persönliche Erfahrung der Grenze zwischen Moral und Unmoral; alle üben eine strikte Kontrolle über das Ausmaß der im System zu jeder Zeit vorhandenen Abweichungen aus – nicht weil sie deren Auftreten *verhinderten,* gewiß nicht, sondern weil sie es nach einem kulturell bestimmten Zeitplan programmieren können. Wenn eine Gruppe einer Periode allgemeiner Ausschweifung damit Einhalt gebieten kann, daß sie das Fest für beendet erklärt, oder wenn sie randalierende Jugendliche mit Hilfe eines einzigen Übergangsrituals in verantwortungsbewußte Erwachsene verwandeln kann, so beweist sie ein bemerkenswertes Maß an Kontrolle. Und vielleicht können wir ähnliche Mechanismen auch in anderen Kulturen finden, wo die »Regeln«, von denen abweichendes Verhalten geleitet ist, nicht so deutlich zutage liegen.

Jedenfalls, wenn wir uns mit diesem Gedanken den Puritanern von Neu-England zuwenden, und fragen, wie sie den menschlichen Verkehr regelten, der in die zeitweiligen Abweichlerrollen hinein- und aus ihnen hinausfließt, so können wir in Umrissen vielleicht noch ein weiteren Verteilungsmuster erkennen – eines, das sich darauf ausgewirkt hat, wie wir im zwanzigsten Jahrhundert mit dem Problem umgehen. Dies wird das Hauptthema des 5. Kapitels sein.

Diese drei Themen bilden also die theoretische Perspektive für die folgenden Kapitel. In Kapitel 3 werden wir uns mit drei »Verbrechenswellen« beschäftigen, die in den ersten Jahren der Buchtkolonie auftraten, und sehen, wie diese Episoden den Siedlern halfen, die Grenzen ihrer entstehenden Gesellschaft abzustecken. In Kapitel 4 untersuchen wir eine Folge aus jener Zeit erhaltener Gerichtsakten auf Anzeichen für die Stabilität

der örtlichen Verbrechenshäufigkeit. In Kapitel 5 dann wenden wir uns dem puritanischen »Verteilungsmuster« zu und fragen, wie dieses Muster sowohl die ersten Siedler selbst als auch spätere Generationen von Amerikanern bei der Behandlung abweichenden Verhaltens beeinflußt hat.
Aber ehe wir den soziologischen Gedanken auf den historischen Fall anwenden, sollten wir etwas mehr über die Puritaner selbst und über die Siedlung wissen, die sie in den Wäldern von Neu-England errichteten.

2

Die Puritaner in der Bucht von Massachusetts

Vorgeschichte

In Schulgeschichtsbüchern werden die Puritaner von Neu-England oft als eine Schar von Flüchtlingen beschrieben, die sich der Verfolgung in ihrem Geburtsland entzogen, um in einer entlegenen Gegend der Welt eine neue Zivilisation zu begründen. Die Hauptelemente dieser Geschichte helfen uns jedoch nicht wirklich, die puritanische Ansiedlung in Amerika zu verstehen, denn dabei fällt zu wenig Licht auf den englischen Hintergrund, vor dem das ganze Abenteuer spielte. Um zu begreifen, was dieses Unternehmen für die Beteiligten bedeutete, müssen wir zunächst einmal die Welt betrachten, die sie für sich beanspruchten, und nicht so sehr die Welt, die sie dann zufällig schufen.

Zu Beginn des sechzehnten Jahrhunderts befand sich England in einem tiefen Umbruch. Die alte soziale Tapisserie der mittelalterlichen Welt mit ihren dichtgewebten ständischen und grundherrschaftlichen Strukturen machte den weiträumigeren Konstruktionen der Renaissance Platz. Die Macht floß ab aus den ländlichen Herrensitzen und ging in die Hände zentraler Verwaltungen über; die alten feudalen Loyalitäten verschmolzen zu einer neuen Art von nationalem Patriotismus; die spröde mittelalterliche Klassenstruktur begann zu zerbröckeln, als neue Erwerbsformen und neue Denkweisen in die wachsenden Städte Eingang fanden. Mit einem Wort, der Spielraum und das Tempo des gesellschaftlichen Lebens im gesamten englischen Volk wurden umgewandelt.

Im Laufe dieser Umwandlung begannen die Menschen in England eine ganz neue Rastlosigkeit zu spüren, die sie bis in die Städte und Schlösser, die Mönchs- und Nonnenklöster hinein erreichte, die sie in der Abgeschiedenheit des Mittelalters beherbergt hatten, und sie kamen langsam zu der Erkenntnis, daß sie in einem weiteren Zusammenhang standen – einer Kultur, einer Nation, einem Volk. Männer und Frauen, die bisher im tiefen Dunkel der Provinz gelebt hatten, traten nun in ein Zeitalter neuer Möglichkeiten ein, sie wurden aufmerksamer für die historischen Strömungen in ihrer Umgebung und nahmen regeren Anteil am Tagesgeschehen. Es gab noch kaum Programme, wie diese wachsenden Energien hätten gebündelt und in bestimmte Richtungen gelenkt werden können, und noch kaum Parteien, um ihnen Ausdruck zu geben. In vieler Hinsicht

begann sich in England ein Publikum zu bilden, ohne daß noch klare Ideologien da waren, die seine Aufmerksamkeit beanspruchten.
Als Martin Luther 1517 seine berühmte Herausforderung an die Kirche vortrug, war das Echo überall in England zu spüren. Luthers Lehren boten eine Diskussionsgrundlage, die den Menschen half, ihre unklaren Gefühle zu Meinungsaussagen zu organisieren, eine Thematik, die es ihnen ermöglichte, sich in Parteiungen zu gruppieren. Eigentlich ist die englische Geschichte der Tudorzeit, die den Rest des sechzehnten Jahrhunderts ausmacht, weithin eine Geschichte der durch die Gedanken der Reformation ausgelösten ideologischen Neuorientierung: Während dieser Zeit wurden eine Reihe von Bekenntnisgrenzen durch die Bevölkerung gezogen, die sie in Parteien und Fraktionen, Konfessionen und Sekten aufteilten. Das englische Volk gruppierte sich für die veränderte politische Szene um.
Die erste dieser Grenzlinien tauchte abrupt im Jahre 1533 auf, als Heinrich VIII. den Bruch mit Rom verkündete. Es wäre ein Fehler, wollte man annehmen, daß Heinrichs Streit mit dem Papst England in scharf getrennte protestantische und katholische Lager spaltete, wie manche populären Geschichtsbücher es wissen wollen, aber er bewirkte tatsächlich, daß sich das englische Denken schärfer artikulierte, indem sich aus einem Babel von Stimmen zwei Tonlagen herausbildeten, die später die Formen des Protestantismus und des Katholizismus annahmen. Vielleicht das wichtigste Ergebnis war, daß Fragen der Religion in die Sphäre nationaler Politik gezogen wurden, wodurch sie eine Geläufigkeit und Lebendigkeit erhielten, die der neuen Stimmung im Lande gut entsprach, und die Folge war, daß das Gesicht Englands ein weltliches Aussehen gewann wie noch in keinem früheren Zeitalter. Am Ende von Heinrichs langer Herrschaft hatte das Volk von England begonnen, sich am Leben der Nation zu beteiligen, und es erwartete, in Angelegenheiten, welche seine Staatsreligion betrafen, gefragt zu werden. Dies war der Zustand, über den Maria Tudor sich während jenes tragischen Zwischenspiels, als sie die päpstliche Autorität wiederherzustellen suchte, allzu langsam klar wurde. Als jedoch Elisabeth 1558 den Thron bestieg, hatte sie eine Wahrheit begriffen, die ihrer unglücklichen Schwester entgangen war – daß das Volk von England eine politische Kraft geworden und nicht länger bereit war, Fragen der religiösen Souveränität der Laune jedes neuen Monarchen zu überlassen.
Elisabeth versuchte das Problem sogleich zu lösen. Im zweiten Jahr ihrer Herrschaft bewog sie das Parlament, die Suprematsakte und die Uniformitätsakte zu verabschieden, durch welche die Kirche von England etwa ihre gegenwärtige Form erhielt, und diese kluge Maßnahme hatte den

Erfolg, daß die Loyalitäten der Engländer wiederum in eine Reihe neuer Lager umdirigiert wurden. Die elisabethanische Kirchenverfassung nahm eine protestantische Form an, wobei Rom gänzlich abgelehnt und in vielen grundsätzlichen Belangen des Bekenntnisses lutheranische Prinzipien übernommen wurden; zugleich aber wurden sowohl der Verwaltungsapparat wie auch die zeremonielle Überformung des älteren katholischen Modells beibehalten. Elisabeth hatte ihren Standpunkt genau in der Mitte des englischen Meinungsspektrums gewählt. Ihr Kompromiß war großzügig genug, um die Gemäßigten aus allen Lagern anzuziehen, aber auch entschieden genug, um den Extrempositionen auf beiden Flügeln den echten Rückhalt im Lande zu entziehen; und so hatte sich nun die Politik der englischen Reformation fast gänzlich neu orientiert. Die loyalen Katholiken auf der Rechten hatten kaum eine andere Wahl, als in den Untergrund zu gehen, wo sie still vor sich hin grollten und sich gelegentlich zu mißmutigen Verschwörungen gegen die Krone hinreißen ließen; die radikaleren Protestanten auf der Linken jedoch wurden in die neue Ordnung mit aufgenommen, als eine Minderheit innerhalb der Kirche. Diese »Puritaner«, wie man sie im Lande bald nannte, waren dem Temperament, wenn auch nicht ganz der Politik nach Calvinisten; sie hegten tiefes Mißtrauen gegen die anglikanische Hierarchie und ihr weitläufiges Ritualgefüge. Bei allen Unterschieden, die unter ihnen bestanden, repräsentierten diese frühen Puritaner eine neue harte Linie im englischen Denken: konsequent im Handeln, intolerant in den Grundsätzen, asketisch in ihren Gebräuchen, hatten sie die Vision einer wahren Kirche gesehen und waren nicht dazu aufgelegt, die Reformation schon in diesem allzu frühen Stadium haltmachen zu lassen.

Nach den strengen Maßstäben jener Zeit war Elisabeth in Fragen der religiösen Überzeugung recht tolerant, und solange sie auf dem Thron blieb, ließ sie zu, daß die puritanische Bewegung langsam Gewicht bekam, etwas Unterstützung bei den neuen Händlerschichten fand und sogar im Parlament Fuß faßte. Wichtiger noch, diese Zeit gab den puritanischen Reformatoren eine Chance, eine eigene Sprache, einen Agitationsstil zu entwickeln, der ihre Basis im Volk erheblich verbreiterte. Zumindest für den Augenblick gaben die Puritaner Frieden und hofften weiter, sie könnten mit ernsthaften Argumenten und mit gutem Beispiel die Königin und die übrige Nation zu ihrer Denkweise bekehren.

Dieser dürftige Friede ging jedoch zu Ende, als 1603 Jakob I. aus Edinburgh Einzug hielt, um den Thron seiner Cousine zu übernehmen. Jakob hatte die geringschätzige Meinung eines Schotten über das englische Recht und die hohe Meinung eines Stuart über die Autorität des Königs, und mit diesen zwei Eigenschaften gelang es ihm bald, nicht nur die

Puritaner in ihrem Widerstand zu bestärken, sondern auch sich das wache Mißtrauen des Parlaments zuzuziehen. In den nächsten fünfundzwanzig Jahren kam das Parlament den Interessen der Puritaner immer näher, und es wurde immer aufgebrachter gegen die Krone, bis es schließlich seine Rolle als Regierungsorgan ganz aufgab und zu einer Oppositionspartei wurde. Langsam aber sicher sammelten sich die Männer des Parlaments und die Männer der Gemeindekanzeln in einem Bündnis, das England in die Bürgerkriege und in das Commonwealth Oliver Cromwells führen sollte. 1625, als Karl I. den Thron und die Politik seines Vaters erbte (aber kaum eine Spur von dessen gelegentlicher Vernunft), waren die Vorzeichen des Konflikts allenthalben deutlich.

Dies war die Atmosphäre, in der John Winthrop und seine Gefährten zuerst daran dachten, nach Amerika zu gehen. Überall auf dem Kontinent verloren die protestantischen Kräfte an Boden, und wenn es auch in England noch nicht zu scharfen Unterdrückungsmaßnahmen gegen die Puritaner gekommen war, so hatten doch Karl und sein neu ernannter Bischof von London schon versprochen, sich diesem Vorhaben in nächster Zeit zuzuwenden. »Alle anderen Kirchen Europas werden in die Hoffnungslosigkeit getrieben«, schrieb Winthrop um jene Zeit, »und unsere Sünden, für die Gott uns bereits zu grollen beginnt und uns Schweigen gebietet, verheißen uns schlimme Zeiten.«[1]

Über die Vorkehrungen für diese Expedition ist im einzelnen wenig bekannt, aber schon ein grober Abriß der Geschichte sagt uns manches über den praktischen Geist unter der Oberfläche des puritanischen Idealismus. Eine Gruppe angesehener Puritaner, zumeist aus den östlichen Grafschaften Norfolk, Essex und Suffolk, kontrollierte eine Aktiengesellschaft, welche die Handelsrechte für einen großen Landstrich in Neu-England erworben hatte. Dank eines erstaunlichen Versehens war in der Verleihungscharta für diese Rechte nicht angegeben, wo der Hauptsitz der Firma sein sollte, obwohl jede ähnliche Gesellschaft im Lande ein zentrales Büro in einer der führenden Handelsstädte unterhielt. Ob dieses Versehen nun ein echter Zufall oder aber von Freunden bei Gericht bewerkstelligt worden war, wissen wir nicht, wir wissen nur, daß die Gruppe überraschende Vorteile daraus zog: Man verteilte die noch übrigen Aktien der Gesellschaft an Leute, welche die Reise mitmachen wollten oder bereit waren, sie zu fördern, und dann setzte man einfach Segel nach Amerika, mit der Charta an Bord. Die Puritaner zogen tatsächlich mit einer ganzen Firma – mitsamt Geschäftsbüchern, Büros, Aktionären und Direktoren – an einen neuen Ort außerhalb des Landes, und sie hatten

[1] John Winthrop, Brief an seine Frau, *Winthrop Papers,* II, S. 138.

vor, mit Hilfe dieses Geschäftsunternehmens eine Zivilregierung zu begründen. Die Charta würde ihren Rechtstitel auf das Land und zugleich die Verfassungsgrundlage bilden, die Direktoren der Firma wären zugleich die Friedensrichter, und die regelmäßige Versammlung der Aktionäre wäre das gesetzgebende Organ. John Winthrop wurde schon als »Gouverneur« bezeichnet, bevor die Gesellschaft auch nur aus England abgereist war, und das nicht, weil man seine Wahl in dieses hohe Amt vorwegnahm, sondern weil er in der Firma eine Stellung innehatte, die etwa der eines heutigen Aufsichtsratsvorsitzenden gleichkam. In jedem Fall gab die Charta der Firma die Rechtshoheit über ein riesiges Stück Land und ermächtigte sie, alle erforderlichen Maßnahmen zur Aufrechterhaltung der Disziplin unter ihren Mitgliedern und Mannschaften zu ergreifen. Diese Urkunde verlieh der Regierung der Bucht fast sechzig Jahre lang ihre einzige Rechtsgrundlage.

Einem Beobachter am Kai von Southampton, der die kleine Flotte nach Amerika abfahren sah, konnte das Ereignis nicht allzu wichtig erscheinen. Sicher, es war ein interessantes Schauspiel, ein dramatischer Augenblick, aber schon viele Flotten hatten sich aus dem Hafen in den grauen Atlantik hinausgewagt, und in einem Land, wo man andere Sorgen hatte, war die Abfahrt von Winthrops Flotte nicht viel mehr als eine flüchtige Episode. Insgesamt wurde die Sache der Puritaner durch diese Emigration nicht sonderlich geschwächt. Unter den mehreren hundert Menschen, die England mit der ersten Flotte verließen (und dasselbe gilt auch für die fünfzehn- bis zwanzigtausend, die ihnen im nächsten Jahrzehnt nach Neu-England folgten) waren eine Gruppe gebildeter Männer aus der Gentry und einige der angesehensten puritanischen Geistlichen des Landes, aber nur wenige unter ihnen hatten Sitze im Parlament innegehabt, und keiner war auf nationaler Ebene als Sprecher der puritanischen Bewegung hervorgetreten. Winthrop hatte ein kleines öffentliches Amt bekleidet und besaß einen respektablen Herrensitz in Suffolk, er war ein Mann von anerkannten Qualitäten, aber nicht besonders namhaft, und ähnlich verhielt es sich mit den meisten seiner Kollegen. Doch die schiere Energie, mit der das Unternehmen vorangetrieben wurde, war so eindrucksvoll, daß sie nachdenklichen Leuten in den Reihen der Puritaner manches zu denken gegeben haben muß, denn es war damals schon klar, daß Männer dieses nützlichen Schlages zu Hause für den bevorstehenden Kampf vonnöten sein würden – ein Problem, das auch manchen der scheidenden Auswanderer innerlich bewegt haben mag. Als die Flotte der vier Schiffe schließlich im April 1630 aus Southampton abfuhr, aufgemuntert durch eine Abschiedspredigt John Cottons und voller Hoffnung für die Zukunft, lag noch ein Hauch von Unentschlossenheit in der Luft. Es waren Engländer, die ihre Heimat, Brüder, die ihre Gemeinden verließen, Puritaner, die sich in einer schweren Zeit davonmachten, Männer und Frauen, die ihren Häusern, Familien, Freunden und Berufen den Rücken kehrten. Sie zogen fort aus der einzigen Welt, die sie kannten, und vielleicht überrascht es nicht, daß viele unter ihnen begannen, eine zweischneidige Besorgnis zu empfinden, ob sie nicht England aufgaben und ob nicht England seinerseits sie aufgab.

Auch in anderer Hinsicht vertrat die Reisegesellschaft Winthrops eine besondere Tendenz, sogar innerhalb der Hauptströmung des englischen Puritanismus. Während der frühen Stuartzeit gingen die puritanischen Ambitionen in England vor allem in Richtung auf eine Nationalkirche, ähnlich wie sie im Genf Calvins entstanden war und wie sie damals auch im presbyterianischen Schottland entstand. Als jedoch diese Bestrebungen unter den führenden Puritanern deutlicher wurden, begann sich eine Anzahl Splittergruppen von der Hauptströmung der Bewegung zu lösen und besondere Auffassungen zu entwickeln. Damit begann jener Prozeß der Zersplitterung, der die puritanischen Brüder später in eine ganze Milchstraße von Sekten verstreuen sollte. Als Winthrop nach Amerika ging, hatten diese Spaltungen noch kein solches Ausmaß angenommen, aber schon ließen sich drei unterschiedliche Gestimmtheiten (es wäre verfrüht, von Parteien zu sprechen) im puritanischen Denken erkennen. Auf dem rechten Flügel standen die konservativeren Puritaner, die eine Nationalkirche nach presbyterianischem Vorbild begründen wollten; links standen die ungeduldigen Separatisten, die aus der Logik ihres Bekenntnisses die letzte Konsequenz gezogen und mit der Kirche von England ganz gebrochen hatten (eine kleine Schar von ihnen hatte sich vor zehn Jahren in Plymouth, südlich der Bucht von Massachusetts, angesiedelt); und in der Mitte stand, um ein recht unklares Programm gesammelt, eine Gruppe von Leuten, die man bald als Kongregationalisten bezeichnete. Im großen und ganzen gehörten die Teilnehmer an Winthrops Expedition, wie neuere Untersuchungen gezeigt haben, zu jener mittleren Position.[2]

Die Kongregationalisten entwickelten zwei Gedanken, in denen sie sich von ihren presbyterianischen Glaubensgenossen schieden. Erstens begannen sie zu behaupten, die Kirche solle ihre Mitgliedschaft auf jene »sichtbaren Heiligen« beschränken, die beweisen könnten, daß sie zu den Erwählten Gottes gehörten. Zweitens vertraten sie, daß jede einzelne Ge-

---

[2] Vgl. vor allem A. S. P. Woodhouse: *Puritanism and Liberty* (London, J. M. Dent, 1938) und Perry Miller: *Orthodoxy in Massachusetts* (Cambridge, Mass., Harvard University Press, 1933).

meinde eine Einheit für sich sei, die ihren eigenen Vertrag mit Gott machte, ihre eigenen Geistlichen wählte und frei sei von jeder Autorität einer zentralen Kirchenorganisation. Für die traditionsbewußteren Puritaner nun stellten diese Glaubensartikel ein besonderes Problem dar. Wie jedermann im siebzehnten Jahrhundert hielten es die Puritaner allgemein für selbstverständlich, daß die Kirche ein Werkzeug nationaler Machtpolitik sein und mit aller nötigen Strenge die Einheit des Bekenntnisses erzwingen sollte; wenn jedoch die Kirche auf die sichtbaren Heiligen beschränkt blieb, wie konnte sie dann Autorität über den Rest der Gemeinschaft behaupten? Sogar Calvin hatte angenommen, daß nur einer von fünf Menschen in einer normalen Bevölkerung für die Gnade ausersehen sei. Und weiter, wenn es keine zentrale Hierarchie in der Kirche gab, die das Tun der verschiedenen Gemeinden beaufsichtigte, wie konnte man dann hoffen, die Spaltungen und Eigenwilligkeiten im Denken zu vermeiden, die sich daraus unweigerlich ergeben mußten? Die Kongregationalisten fühlten sich natürlich der überzeugenden Antwort auf diese Fragen gewiß, aber sie wußten auch, daß der Beweis nur in Form einer praktischen Demonstration und nicht in theologischen Argumenten erbracht werden konnte.

Die Puritaner, welche die Ansichten der Kongregationalisten teilten, sahen sich nun in einer schwierigen Lage, sobald die Kirche von England einmal festen Boden gefaßt hatte. Sie wollten nicht mit der Staatskirche brechen und wie die Separatisten ins Exil gehen, gleichzeitig aber lehnten sie die meisten Prinzipien, auf die jene Kirche gegründet war, rundheraus ab. Zumindest einige Jahre lang begegneten die puritanischen Prediger dieser Schwierigkeit mit einer Flut diplomatisch formulierter Positionspapiere. Die Kirche von England war eine »wahre« Kirche, erklärten die Geistlichen, auch wenn sie immer noch manchen ärgerlichen Irrtümern ergeben war; solange aber die Brüder sich fleißig bemühten, diese Irrtümer zu korrigieren, solange war es völlig richtig für sie, die Gnade im Umkreis der Kirche zu suchen. »Wir trennen uns nicht von der Kirche«, hatte ein Ältester diplomatisch erklärt, »wir trennen uns nur von den Dingen, die in der Kirche anstößig sind, mit dem Ziel, daß wir, durch die aufrichtige Wahrheit des Evangeliums verbunden, nachher in demselben Bund noch näher und enger vereint sein mögen.«[3] Das Problem bei dieser Argumentation, auf das die Kritiker nur allzu gern hinwiesen, war aber, daß die Liste der »Irrtümer«, welche die puritanischen Reformatoren aufzählten, bald zu epischer Länge anwuchs. Kurz, die Kongregationalisten betonten, daß die anglikanische Kirche völlig rechtmäßig sei – nur

[3] Thomas Cartwright, zitiert nach Miller, *Orthodoxy*, S. 69.

daß sie die falsche Organisation habe, die falschen Zeremonien, die falschen Geistlichen und die falschen Mitglieder. Überflüssig zu sagen, daß dies gegen eine »wahre« Kirche eine recht eindrucksvolle Anklage war.

Es ist kaum überraschend, daß eine solche Position die Kritiker nicht überzeugen konnte. Die Pamphletschreiber aus allen Lagern der protestantischen Öffentlichkeit begannen zu fordern, die Kongregationalisten sollten Farbe bekennen und aus der Kirche austreten – so die Anglikaner, weil sie die puritanische Bewegung insgesamt in Verlegenheit bringen wollten, so die Presbyterianer, weil sie sich wenigstens von dieser Art Dissidenten trennen wollten, und so die glücklosen Separatisten, weil sie jeden Verbündeten nötig hatten, den sie so weit überzeugen (oder beschämen) konnten, daß er sich ihnen anschloß. Die Kongregationalisten befanden sich also in einer nahezu absurden Position. Um ihre Loyalität gegen die Staatskirche zu wahren, mußten sie nicht nur nach Grundsätzen handeln, die ihre religiösen Überzeugungen zutiefst verletzten, sondern auch die einzigen Menschen in England ablehnen, die in den meisten Grundfragen der Lehre mit ihnen übereinstimmten.

Ein naheliegender Ausweg aus dem Dilemma war natürlich ein ehrenvoller und geordneter Rückzug. Es mußte den Kongregationalisten sehr viel leichter fallen, im Geiste innerhalb der Kirche zu verbleiben, wenn sie geographisch fern von ihr waren, wenn sie ihre Vorstellungen vom Gottesdienst mit sich in ein fernes Land trugen, von wo ihre Loyalitätserklärungen wohl noch gehört, ihre tatsächliche Ausübung des Glaubens aber nicht mehr gesehen werden konnte. Wie sehr auch immer dieser Gedanke bei der endgültigen Entscheidung ins Gewicht gefallen sein mag, Winthrop und andere unter den Mitreisenden unterstrichen sorgsam, daß sie sich nicht von der Kirche trennten. Wie schon angedeutet, machte die heikle Legalität ihrer Charta es schwer für sie, irgend etwas anderes zu sagen; wichtig ist es jedoch auch, sich zu erinnern, daß die Sprecher der Gruppe gebildete Engländer aus dem niederen Adel waren, die sich den Traditionen ihrer Klasse verbunden fühlten und denen es instinktiv widerstrebte, sich gegen die verfassungsmäßige Autorität aufzulehnen. Es ist interessant, zu spekulieren, welche Rollen diese Männer gespielt haben könnten, wären sie lange genug in England geblieben, um den Bürgerkrieg zu erleben, denn manche unter ihnen hätten auf den Parlamentsbänken oder an den Lagerfeuern von Cromwells Heer seltsame Figuren abgegeben; aber welchen Weg auch immer sie ein Jahrzehnt später hätten einschlagen können, in den ruhigeren Tagen des Jahres 1630 waren sie wenig geneigt, mit dem König und seiner Staatskirche zu brechen. »Was uns angeht«, schrieben Thomas Shepard und John Allin, nachdem die Gesellschaft in Massachusetts sicher Fuß gefaßt hatte, »so betrachten wir unsere Abreise in diese Länder nicht als eine Trennung (im strengen Sinne), sondern als eine rechtmäßige Nachfolge oder als eine himmlische Übersetzung von den verdorbenen in die reineren Kirchen.«[4]

Dies war der Grundton des frühen puritanischen Experiments in Amerika. Die neue Kolonie sollte eine rechtmäßige Erweiterung Altenglands sein, aber eine geistige Neubildung alles dessen, was daheim falsch war. Sie sollte die »himmlische Übersetzung« der puritanischen Theorie in eine lebendige Gemeinschaft von Heiligen sein, der Entwurf eines Gottesstaats. Mit der Zeit gingen natürlich die Ideen unter, aus denen das Unternehmen ursprünglich erwachsen war: In der neuen Welt wuchsen Generationen nach, die allen Kontakt zur alten verloren hatten, und es dauerte nicht lange, bis das hoffnungsfrohe Utopia sich in eine selbstbewußte Nation verwandelt hatte, die ihre Leistungen nicht mehr mit der englischen Elle maß. Die späteren Söhne von Massachusetts wußten viel mehr über die Wälder und die Meere als über den alten Erzbischof Laud, und bei ihnen verlor das puritanische Gefühl des Erwähltseins seine dunkleren Qualitäten und wurde zum entschlossenen Realismus des Yankee.

In der Zwischenzeit hatte die erste Generation der Siedler angefangen, die Wälder zu roden und an ihrer Statt dem Wort Gottes ein lebendiges Monument zu errichten, ein praktischer Beweis, daß Menschen sich auf Erden selber regieren konnten, genau so wie Er es wollte. Bevor wir versuchen, den Charakter dieses heiligen Experiments zu verstehen, sollten wir jedoch detaillierter betrachten, wer diese ersten Siedler waren.

Das puritanische Ethos

Eine der Schwierigkeiten bei der Geschichtsschreibung ist, daß sie die Ereignisse viel systematischer aufführt, als sie ursprünglich erlebt wurden. Oft müssen die Wogen der Geschichte erst eine Regierung weggespült oder alte Denkweisen umgeworfen haben, ehe wir einen Plan in den Ereignissen sehen können, durch die es zu der Veränderung kam, und dann schreibt man darüber, so als ob dieser Plan von Anfang an klar gewesen wäre. Es gibt jedoch Zeiten, bei denen es darauf ankommt, zu erkennen, daß die Ereignisse erst im nachhinein eine deutliche Gestalt annehmen und daß die Menschen, die dies erlebt haben, die Konturen nicht sahen, die uns später so klar erscheinen. Dies gilt besonders dann,

[4] Thomas Shepard und John Allin: »A defense of the answer made unto the nine questions or positions sent from New England against the reply thereto by Mr. John Ball«, London 1648, zitiert nach Miller, *Orthodoxy,* S. 150.

wenn wir uns dem puritanischen »Ethos« oder der puritanischen »Weltanschauung« zuwenden. Die puritanischen Reformatoren in England begannen eine Umwälzung, die das Gesicht der modernen Welt veränderte, und naturgemäß suchen wir nach einer Logik im Hergang jener Ereignisse – einer *Bewegung* oder einer *Ursache,* die dem Drama kraftvolle Motive geben könnten. Doch wir mißverstehen wahrscheinlich die latenten Kräfte des Puritanismus in seiner Frühzeit, wenn wir uns einseitig nur mit seiner formalen Struktur beschäftigen und die subjektive Anziehungskraft, die er ausübte, übersehen. Der Puritanismus in England war zuerst eine tief religiöse Gestimmtheit, ehe er zu einem Bekenntnis oder zu einem Programm wurde, ja, das Scheitern des Puritanismus beiderseits des Atlantiks mag darin gelegen haben, daß diese Gestimmtheit sich nicht ins Dogma übersetzen ließ, ohne vieles von ihrer ursprünglichen Kraft und Lebendigkeit einzubüßen. Wenn wir also über den Puritanismus der Jahre vor den Bürgerkriegen sprechen, dann sprechen wir über eine Gefühlslage ebenso wie über eine Theorie, über eine ideologische Haltung ebenso wie über ein politisches Programm; und es ist wichtig, sich klarzumachen, daß diese Haltung und Gefühlslage schon während jener Zeit, als sie am tiefsten empfunden wurden, schwer zu verstehen waren.

Ursprünglich scheint »Puritaner« ein Spottname gewesen zu sein, mit dem man recht unbestimmt Leute bezeichnete, die irgendwie mit der Staatskirche unzufrieden waren. Da der Inhalt dieser Unzufriedenheit manchmal recht trivial war, bezeichnete der Ausdruck bald eine streitsüchtige, dickköpfige Geisteshaltung, ein humorloses Sichereifern über Nebensächlichkeiten. Elisabeth selbst hatte sich beschwert, daß die Puritaner »allzu verwegen mit Gott dem Allmächtigen umgehen, da sie mit allzu viel Akribie Seinen heiligen Willen erforschen, wie Rechtsanwälte die Testamente der Menschen.«[5] Ein anderer Beobachter stellte 1623 fest:

Ich sehe viele, die Puritaner geheißen werden, aber kaum einen oder niemanden, der sich zu dem Namen bekennt. Wofür der Grund gewiß der ist, daß er meist für einen Schandnamen gilt, und ist so neu, daß er noch kaum eine Definition gefunden hat; und ist auch keine Bezeichnung, die sich von dem Namen eines Mannes herleitete, dessen Schriften wir in einem Bande gesammelt finden könnten: daher irren wir oft in seinem Gebrauch . . . Der eine nennt den so, der gottgefällig lebt und sich nicht an wüsten Ausschweifungen vergnügen mag; ein anderer den, der nur in manchen Grundsätzen eigenwillig ist; ein anderer den, der keinen Eid schwören will. Es genau zu definieren, denke ich, ist ein schwieriges Unterfangen. Manche kenne ich, die sich des Namens erfreuen, aber dies sind eher solche, die ihn am wenigsten verstehen. Da er immer mehr gebraucht wird in dieser Zeit,

[5] »Queen's Proclamation Against Non-Conformists«, 1573. Zitiert nach Ralph Barton Perry: *Puritanism and Democracy* (New York, Vanguard Press, 1944), S. 37.

meine ich, wir sollten ihn einen Kirchen-Rebellen nennen, oder einen, der die Ordnung aufheben möchte, damit sein Verstand regieren könne.[6]

Vielen Engländern jener Zeit bedeutete der Puritanismus also eine ärgerliche Übertreibung herkömmlicher Werte, ähnlich wie der Fundamentalismus von heute. Welches auch immer die besondere Note ihres Unbehagens sein mochte, die Puritaner schienen eines normalen Sinns für Humor und für Maßstäbe zu ermangeln, aufgrund ihrer hartnäckigen Bereitschaft, die Autorität der Kirche in Frage zu stellen und »die Welt mit Gezänk über unbestimmbare Glaubenssätze zu erfüllen«.[7]
Für die ersten Stuartkönige hatten jedoch diese theologischen Exzentrizitäten einen besonders unheilverkündenden Klang. Die Bürger in den Kaffeehäusern mochten die Puritaner als eine Gruppe verrückter, rechthaberischer Leute verachten, Jakob I. und Karl I. aber glaubten, daß von diesen nüchternen Gruppen eine tiefe Bedrohung ausging. Für sie bedeutete der Puritanismus eine religiöse Konfession, eine politische Partei, eine revolutionäre Kraft – und in jeder dieser Hinsichten eine Gefahr für den Thron. Doch selbst als die königlichen Gefühle zu diesem Gegenstand am deutlichsten zum Ausdruck kamen, wußten wenige Leute bei Hof, geschweige auf dem flachen Lande, wer diese Puritaner waren oder was sie vorhatten. 1620 schrieb zum Beispiel ein Berichterstatter aus Dublin an einen Freund bei Hofe, mit der Bitte, daß der König doch einmal versuchen sollte, dieses Wort »Puritaner« zu definieren, damit die Bekehrung der Iren in Frieden vonstatten gehen könne:

Ich hoffe, es ist Euch nicht unbekannt, welcher Schade der Kirche aus diesem Namen, Puritaner, entstanden ist und wie sehr darin der gute Wille Seiner Majestät mißbraucht und entstellt wird, und das besonders in diesem armen Lande, wo der Papst und die Papisterei so geschätzt werden . . .[Die Priester hier] haben nun einige schlaue Papisten aufgereizt, die ganz frech die [anglikanischen] Geistlichen und das Volk schmähen und sagen, man wollte diese verdammenswerte Ketzerei des Puritanismus unter ihnen aussäen, ein Wort, von dem man, obwohl man es nicht versteht, nur weiß, daß es Seiner Majestät verhaßt ist, und flößt vielen Furcht ein, sich dem Evangelium anzuschließen . . . um also größeren Unfrieden, der noch daraus erwachsen könnte, zu verhindern, wäre es gut, Seine Majestät zu ersuchen, daß er definieren möge, was ein Puritaner ist, womit diesen lästernden Feinden Schweigen geboten wäre.[8]

---

[6] Owen Felltham: »Resolves: Divine, Moral, Political« 1623, zitiert nach *Seventeenth Century Prose,* herausgegeben von Peter Ure (London, Penguin Books, 1956), II, S. 94–5.

[7] *Ibid.,* S. 95.

[8] Brief von Emmanuel Downing an James Ussher, 1620, *Collections of the Massachusetts Historical Society,* Fourth Series, II, S. 120–21.

Es überrascht nicht, daß Jakob Schwierigkeiten hatte zu definieren, »was ein Puritaner ist«, wie eindringlich er die Gefahr auch spürte, die von jener Seite für seinen Thron ausging, denn viele der Männer, die sich später von der Erregung der Bürgerkriege mitgerissen sahen, wußten selber nicht sicher, was sie dahin gebracht hatte. Die puritanische Bewegung bestand aus einer breit gemischten Ansammlung von Menschen: In den ersten Jahren nach 1640 trafen sie zum ersten Mal zusammen, blieben lange genug zusammen, um gegen ihren König zu Felde zu ziehen, und begannen dann, wieder in die vielen Richtungen auseinanderzubröckeln, aus denen sie gekommen waren. Jeder von ihnen war von seinen eigenen privaten Vorstellungen getrieben, und jeder gehorchte seinen eigenen privaten Überzeugungen. Für den zeitgenössischen Beobachter, ebenso wie für den späteren Historiker, war es keine leichte Aufgabe zu verstehen, wer diese Leute waren oder was schließlich aus ihnen wurde.

Die Gruppe, die nach Neu-England emigrierte, scheint jedoch in Fragen der Glaubenslehre recht homogen gewesen zu sein. Das Denken der Heiligen von Neu-England ist in einer Anzahl vorzüglicher Arbeiten behandelt worden, besonders in den Schriften von Perry Miller[9], und die folgenden Bemerkungen gehen daher weniger auf den Inhalt der puritanischen Theorie als auf die »Weltanschauung« ein, welche diese Theorie erzeugen half.

Obwohl der Puritanismus in seiner eigenen Zeit als eine »gefährliche Neuheit« bekannt war, war die Tonlage der Bewegung ursprünglich weit eher auf Wiedererweckung als auf Reform gestimmt. Allgemein ausgedrückt, begann der Glaube des Puritaners mit einer Art Ursprungsnostalgie. Als Christ sehnte er sich nach einem persönlichen Erlebnis der Gnade, nach einer Gelegenheit, Gott direkt anzurühren und von ihm angerührt zu werden, und da er sich in diesem Bestreben durch die strengen Formalitäten der Kirche gehindert fühlte, lernte er die meisten der von der Gesellschaft zur Vermittlung zwischen Gott und den Menschen erfundenen Institutionen abzulehnen. In dem rituellen Prunk des Gottesdienstes erblickte er nur ein Gestrüpp, das ihm den Blick auf Gott versperrte, in der weit verzweigten Hierarchie der organisierten Kirche sah er wenig mehr als ein ausgeklügeltes Filtersystem, durch das sich der Ausdruck seines Glaubens hindurchzwängen mußte. Sofern er überhaupt so etwas wie ein Programm hatte, wollte der Puritaner die Kirche wieder zu der Einfachheit zurückführen, die sie in den Tagen der Apostel gekannt hatte: Er wollte beim Gebet seine eigenen Worte wählen, den Gottes-

---

[9] Vgl. insbesondere *The New England Mind: The Seventeenth Century* (New York, Macmillan, 1939).

dienst in einem schlichten Rahmen abhalten, all die Dekorationen und Insignien, Regeln und Formeln abstreifen, die sich wie eine Kruste über den ursprünglichen Kern des Christentums gelegt hatten. Das ist vermutlich, was jener Beobachter meinte, als er den Puritaner als einen Menschen bezeichnete, der »die Ordnung aufheben möchte, damit sein Verstand regieren könne«.
Diese Beobachtung ist jedoch nicht ganz gerecht, dann die Puritaner verfügten über ein Werkzeug der Autorität, von dem ihr Leben so fest geleitet wurde wie nur von allen Bischöfen der Christenheit – die Heilige Schrift selbst. Vielleicht der wichtigste Unterschied zwischen den Puritanern und ihren anglikanischen Landsleuten war der, daß die Puritaner die Bibel als eine vollständige Anleitung zum christlichen Leben betrachteten, als eine Sammlung aller Statuten und Bestimmungen, die für eine menschliche Regierung nötig waren. Die Schrift enthielt die Regeln nicht nur für allgemeinere Fragen der Kirchenverfassung, sondern ebenso auch für die unscheinbarsten Belange des täglichen Lebens, und manche Puritaner brachten es fertig, von einem Geistlichen zu verlangen, daß er ein Emblem von seinem Gewand entferne, wenn er diese Extravaganz nicht durch Nachweis einer diesbezüglichen Bibelstelle rechtfertigen konnte. Dies ist nun, was Elisabeth gemeint hatte, als sie die Puritaner mit Rechtsanwälten verglich und sich über ihre Wortklaubereien beschwerte: Es schien oft, daß die Puritaner mehr auf die Fußnoten als auf den Haupttext menschlichen Erlebens achteten.
Wie die meisten Erweckungsbewegungen war der Puritanismus zu Anfang überhaupt keine organisierte Bekenntnisform. Solange er eine Haltung tiefer Frömmigkeit blieb, die von einigen Gläubigen geteilt und von Gemeindepredigern gefördert wurde, solange hatte der Puritanismus eine gewisse Frische und Vitalität, von der eine gewaltige Anziehung ausging; sobald man aber diese subjektive Geisteshaltung in Prinzipienerklärungen übersetzte, wurde daraus jenes stachlige Dogma, das zu verstehen Jakob I. solche Schwierigkeiten hatte. Die Spannungen, aus denen sich die tiefe Sehnsucht des Puritaners nach der Gnade speiste, die Konflikte, die seine außerordentliche Disziplin schärften, die Ängste, die ihn in steter Furcht vor der Sünde hielten – all diese inneren Spannungen sahen wie ebensoviele Widersprüche aus, wenn man sie in sprachliche Formeln übertrug. Es war eine emotionale und ideologische Tonlage, die sich nicht leicht zu Papier bringen ließ.
Die ersten Puritaner, die nach Massachusetts kamen, sahen niemals die Widersprüche in ihrer Theorie (und hätten sie sie gesehen, es hätte sie nicht gekümmert) und lebten weiter in dem Gefühl, ihre Haltung sei von der denkbar gesündesten Logik bestimmt. Es ist jedoch wichtig, zu verste-

hen, daß die Kraft dieser Logik wesentlich in der Überzeugung lag, daß die Wahrheit ein für alle Mal in ihrer Gesamtheit offenbart worden sei. Die puritanische Logik war nicht eine Methode, die Wahrheit zu erfahren; sie war ein rhetorisches Werkzeug, um sie anderen zu übermitteln. Der Leser des zwanzigsten Jahrhunderts, der sich durch die Nebel des puritanischen Denkens hindurchzutasten versucht, mag früher oder später zu der Ansicht kommen, das sei nichts weiter als ein geschicktes Spiel mit Sophismen, doch muß er bedenken, daß Menschen, welche die Wahrheit schon *kennen,* wenig Sinn für die Feinheiten induktiver Argumentation haben. Die Wahrheit, so wie die Puritaner sie sahen, war völlig klar. Gott hatte eine Elite dazu erwählt, Ihn auf Erden zu vertreten und in den Himmel zu Ihm zu kommen. Die Menschen, die zu dieser Elite gehörten, erfuhren davon in einem tiefen Bekehrungserlebnis, das ihnen eine besondere Verantwortung und Befähigung verlieh, die Geschicke anderer Menschen zu lenken. Menschen, die nie von diesem Moment der Gnade angerührt worden waren, konnten keine Ahnung haben, was die Bekehrung bedeutete, und waren damit einfach nicht qualifiziert, andere die Wahrheit zu lehren oder an der Regierung der Menschen teilzunehmen. Dies ist nur einer von mehreren Aspekten, in denen der Puritanismus des siebzehnten Jahrhunderts den Geist des Marxismus im neunzehnten Jahrhundert vorwegnimmt: Wie in der einen Epoche die von Gott Verworfenen, so waren in der anderen die Bourgeois nicht wirklich fähig, die Wahrheit zu erkennen, gleichgültig, mit wieviel Ernst und Sympathie sie es versuchten; zu ihrem eigenen Besten mußten sie sich daher der überlegenen Einsicht derer unterwerfen, die sie erkannt hatten.

Trotz des Konservatismus und Intellektualismus vieler ihrer Gelehrten standen die Puritaner manchmal den politischen Bewegungen ihrer Zeit recht fern; sie lebten in einer gewissen kulturellen Isolierung. Zunächst einmal hatten sie sich von vielen jener kulturellen Wahrzeichen abgewandt, die jedem Volk einen Eindruck von seinem Platz in der menschlichen Geschichte und Gesellschaft geben – den Gebräuchen und Traditionen, der Kunst und Literatur, den Denkmälern und Erinnerungen, die zu einem Teil der nationalen Identität werden. Darüber hinaus hatten die Puritaner wenig Interesse oder Achtung dafür, wie Menschen gewöhnlich ihre eigene Vergangenheit ansehen. Die Geschichte, wie die Puritaner sie sahen, war ohnehin nur eine Geschichte des religiösen Verfalls, eine öde Chronik der Ritter und Prinzen, Schlachten und Königreiche, die nichts mit den fundamentalen Realitäten der Existenz zu tun hatte. Die Realität gehörte nicht einer bestimmten Zeit oder einem bestimmten Ort an: Sie entsprang in der Vorstellung Gottes, und des Menschen einzige Hoffnung, dieser Wahrheit teilhaftig zu werden, lag darin, seine ganze Aufmerksamkeit dem einen Dokument zu widmen, in dem Gott seine Absichten ausgesprochen hatte.

Die Bibel war jedoch nicht nur eine Verkündigung von Gottes Zielen. Sie war ein Katalog aller möglichen Formen menschlicher Erfahrung, ein Kompendium der Geschichte, der vergangenen wie der künftigen. Ereignisse, die im Leben der Menschen eintreten und in ihnen die Illusion wecken, daß die Zeit in geordneter Weise ablaufe, sind nur das Echo von Gedanken im Geiste Gottes, wie sie für immer in der Bibel aufgezeichnet stehen. Und so gewann die puritanische Welt ihre Form eher aus Analogien als aus der Zeitfolge. Alles, was in der gegenwärtigen Welt geschieht, ist nur flimmerndes Abbild von etwas, das zuvor geschehen ist, Wiederholung einer göttlichen Wahrheit, und die Puritaner nahmen an, daß sie die Archetypen, von denen sich ihre eigene Erfahrung herleitete, durch sorgfältiges Studium der Welt, die sie umgab, erkennen könnten. In einem sehr realen Sinne wußten sie, daß es nichts Neues unter der Sonne gibt.

All dies läßt die Widersprüche des Puritanismus nur schärfer hervortreten, und wenn man bedenkt, wie viele Themen im Geiste des Puritaners ineinander spielten, so wird es leichter, die Folgerung zu verstehen, zu der so viele seiner englischen Zeitgenossen gelangten: daß die puritanische Lebensauffassung fast ganz und gar aus Paradoxen zusammengewoben war.

Das erste Paradox wird sichtbar, wenn man die Puritaner in den historischen Kontext ihrer Zeit zu stellen versucht, denn der Puritanismus scheint zugleich ein Relikt der mittelalterlichen Vergangenheit und ein entschiedener Protest gegen alles zu sein, was diese Vergangenheit repräsentiert hatte. Mehr als alle anderen Protestanten Europas entlehnten die Puritaner ihre Vorstellungswelt der spätmittelalterlichen Religion, mit der sie die alles durchdringende Erwartung des Jüngsten Gerichts, die verzweifelte Frömmigkeit und das angstvolle Bewußtsein der Sünde gemein hatten. Gleichzeitig aber verwarfen sie Prunk und Festlichkeiten, Farbe und Stil, die früher einmal die Strenge jener Kosmologie ausgeglichen hatten. Wir finden die gleiche Schicksalsgläubigkeit im Massachusetts des siebzehnten Jahrhunderts wie im Frankreich des fünfzehnten, aber ohne die majestätischen Kathedralen, die Zuflucht gewährten, ohne das Glockengeläut, um den Schrecken zu mildern; nirgends sehen wir den Geist der mitleidigen Jungfrau. In vieler Hinsicht waren die Puritaner die unmittelbarsten Abkömmlinge der mittelalterlichen Tradition, aber in anderer Hinsicht waren sie wieder die Allerletzten in Europa, die sich mit diesem Erbe abfinden mochten.

Das zweite Paradox ist, daß die Puritaner ein erstaunliches Maß sowohl von Stolz wie von Demut in derselben Haltung vereinen konnten. Einerseits sind sie unwürdige Geschöpfe dieser sündigen Welt, Elende, die sich in Begierden wälzen, verachtenswert vor ihrem Gott. Andererseits sind dieselben Geschöpfe nach dem Bilde der Engel geschaffen und sie haben von Gott den Auftrag, die Heiden zu bekehren, die Hochmütigen zu erniedrigen, die Sünder zu bestrafen und die Verantwortung auf sich zu nehmen, in Seinem Namen zu handeln. Und so scheint der Puritaner immer einen doppelten Charakter zu zeigen. Im Gebet betont er, daß er unwürdig und verächtlich sei, in seiner Lehre aber erklärt er, es sei sein besonderes Vorrecht und seine Verpflichtung, alle bestehenden Traditionen der Christenheit in Frage zu stellen. Demut ist das Kennzeichen seiner Heiligkeit, Heiligkeit aber wiederum ist eine Legitimation, alle Welt zu seiner Denkweise zu bekehren. Jakob I. war diese Zwiespältigkeit nicht entgangen. Er wies hin auf

> die scheinheilige Demut eines dieser stolzen Puritaner . . . (die sagen), »Wir sind alle nur elende Würmer, und doch werden wir zu Gericht sitzen und unserem König das Gesetz vorschreiben, aber niemand wird uns richten oder beherrschen.« Sicher ist unter einem solchen schwarzen Hut mehr Stolz als unter Alexanders des Großen Diadem.[10]

Das dritte Paradox ist, daß die puritanische Denkweise ihr Gleichgewicht immer nur im steten Wechsel zwischen Überzeugung und Ungewißheit fand. Die harte Logik ihres Bekenntnisses verlangte von den Puritanern, daß sie immer die Eindrücke der Sinne, aber niemals die Grundsätze der Religion in Zweifel zogen. Das Leben war eine lange und oft mühsame Suche nach den Zeichen der Gnade: Der Sucher mußte jeden Winkel seines Bewußtseins nach den Anzeichen der Bekehrung durchforschen, seine Gedanken wägen, seine Stimmungen prüfen, jeden seiner Impulse untersuchen, er durfte sich von dieser Selbsterforschung keine Erholung gönnen, aus Furcht, daß sich die Sünde in seine Seele einschlich, wenn er nicht auf der Hut war. Manchmal kann gerade die Schlichtheit dieser Suche ergreifend sein. »Ich bin nun vierzig Jahre alt«, schrieb ein Steinmetz aus Quincy in sein Tagebuch,

> und kann nicht anders, als mich zu schämen, wenn ich zurückblicke und bedenke, wie ich meine verlorene Zeit hingebracht habe; ich weiß überhaupt nicht, ob meiner Seele echte Gnade zuteil wird oder nicht: die Verderbnis in mir ist sehr mächtig, die Gnade (wenn überhaupt) ist sehr schwach und träg . . .[11]

---

[10] Basilikon Doron, 1599. Zitiert nach Charles H. McIlwain (Hg.): *The Political Works of James I* (Cambridge, Mass., Harvard University Press, 1918), S. 38.

[11] Zitiert nach Charles Francis Adams: *Three Episodes of Massachusetts History* (Boston, Houghton Mifflin, 1903), III, S. 718.

Und in anderen Fällen kann die bohrende Ungewißheit sich in furchtbaren Gewalttaten entladen, wie John Winthrop in seinem Tagebuch berichtet:

Eine Frau aus der Gemeinde von Boston, die in großer geistiger Verwirrung war über ihren Seelenzustand, fiel schließlich in tiefe Verzweiflung und wollte von keinem Troste hören etc., und so nahm sie eines Tages ihr kleines Kind und warf es in einen Brunnen, und dann kam sie ins Haus und sagte, nun sei sie sicher, daß sie verdammt sein werde, denn sie habe ihr Kind ertränkt . . .[12]

Eine wichtige Folge dieser Unsicherheit war jedoch, daß sie den Puritaner all der Dinge, die er wußte, nur um so gewisser machte. Die Bibel sagte ihm, welches der Unterschied zwischen Richtig und Falsch war, und in seiner Anstrengung, die Welt nach diesen klaren Richtlinien zu gestalten, konnte er unbändig sein. Massachusetts war eine Gesellschaft, in der schon der Gedanke an geistige Kontroversen absurd erschien: Schließlich war die Wahrheit doch so klar wie die Buchstaben in jedermanns Bibel, und jeder, der noch Zweifel hegen konnte, nachdem ihm diese Wahrheit von den frommen Geistlichen erklärt worden war, mußte entweder an einer schweren Störung leiden oder aber in den Schlingen des Satans gefangen sein. Wenn ein überzeugendes Argument die Gewißheit des Puritaners erschüttern oder ein gescheiter Gedanke ihn verwirren konnte, so hatte er allen Grund zu argwöhnen, daß irgendeine Teufelei dahinter stecke. Eines Tages vertraute der Präsident des Harvard College, der bald darauf wegen seiner Ansichten über die Kindertaufe entlassen wurde, seine Gedanken einem der führenden Geistlichen der Bucht an. Der Letztere schrieb in sein Tagebuch:

An jenem Tag . . . als ich von ihm kam, hatte ich ein seltsames Erlebnis. Ich fand dringliche und zwingende Gedanken gegen die Kindertaufe, und Bedenken und Zweifel schlichen sich ein, ob die andere Ansicht nicht richtig und die Kindertaufe eine Erfindung der Menschen wäre; und ob ich mit gutem Gewissen Kinder taufen könnte und Ähnliches. Und diese Gedanken machten mir Eindruck und hinterließen eine seltsame Mattigkeit in meinem Geiste. Doch mich dünkte, es war nicht schwer zu erkennen, daß sie von dem Bösen kamen . . . Und es machte mir Angst, ohne Not zu Mr. D(unster) zu gehen; denn mich dünkte, ich fand ein Gift und eine Tücke in seinen Sticheleien und Argumenten gegen die Kindertaufe.[13]

---

[12] John Winthrop: *History of New England,* herausgegeben von James K. Hosmer (New York, Scribner's, 1908), I, S. 230. Im folgenden zitiert als Winthrop, Journal.

[13] Zitiert nach Brooks Adams: *The Emancipation of Massachusetts* (New York, Houghton Mifflin, 1919), 2. Auflage, S. 277. Der Geistliche war Jonathan Mitchell.

Zweifel war in der Tat ein »seltsames Erlebnis« für einen puritanischen Heiligen, sogar dann, wenn er, wie im obigen Falle, einer der empfindlichsten Geister war, die die Kolonie hervorgebracht hat.

Im allgemeinen bestand also die Welt des Puritaners aus scharfen Kontrasten auf allen Seiten – und dies machte ihn außerordentlich empfänglich für das Wunderbare. Auch in dieser Hinsicht erinnern uns die Puritaner an ihre mittelalterlichen Vorfahren. Sie besaßen dieselbe Leichtgläubigkeit, denselben Sinn für Wunder und Geheimnisse, dieselbe Fähigkeit, verborgene Bedeutungen in dem Rascheln eines Blattes, in plötzlichen Zahnschmerzen oder einem anderen unerwarteten Ereignis zu sehen. Die Stimmen Gottes waren überall in der Natur zu vernehmen, und die Puritaner wußten ihnen mit kindlicher Ehrfurcht zu lauschen.

Aber vielleicht das auffälligste Paradox der Kolonie in Neu-England (und das wichtigste für diese Untersuchung) ist, daß die innere Beschaffenheit des puritanischen Glaubens oft unvereinbar schien mit den äußeren Zuständen, die dieser Glaube zu schaffen half. Wie wir später sehen werden, brachte der Puritanismus in der Bucht schließlich sowohl Achtung vor der Freiheit des Einzelnen als auch ein Bedürfnis nach äußerer Disziplin hervor, einen Sinn für die persönliche Privatsphäre und ein System öffentlicher Verantwortlichkeit, Vertrauen in die Selbstbehauptung und Glauben an das unvoraussehbare Schicksal. Das größte Dilemma des Puritanismus während der Frühzeit der Siedlung war, diese gegensätzlichen Gruppen von Eigenschaften zusammenzubringen.

Diese Paradoxe im puritanischen Ethos rufen uns eine Passage von Erik H. Erikson in Erinnerung:

> Es ist ein Gemeinplatz, daß es zu jedem Charakterzug, den man als »echt amerikanisch« zu erkennen meint, ein ebenso charakteristisches Gegenteil gibt. Das ist aber wohl in bezug auf jeden »Nationalcharakter« der Fall – so sehr, daß man vielleicht überhaupt von der Annahme ausgehen sollte, die Identität einer Nation hänge davon ab, wie die Geschichte gewisse gegensätzliche Möglichkeiten sozusagen kontrapunktisch gesetzt hat und wie dann dieser Kontrapunkt für einen einmaligen Nationalstil mitbestimmend wurde oder aber sich in einen bloßen Widerspruch auflöste.[14]

Als die Puritaner sich allein in der Wildnis von Neu-England sahen, mußten sie ein Gleichgewicht zwischen diesen Paradoxen finden und sie zugleich zu einer nationalen Identität verbinden, die ein Ausdruck des heiligen Gemeinwesens wäre, das sie zu gründen gelobt hatten. Das puri-

[14] Erik H. Erikson: *Kindheit und Gesellschaft* (Stuttgart, Klett, 1976), S. 280.

tanische Experiment war ein Versuch, abstrakte Theorie mit praktischer Erfahrung zu vereinen, die Vollkommenheit in einer entschieden unvollkommenen Welt zu suchen. Es konnte nicht ausbleiben, daß der Versuch zu Unstimmigkeiten führte; und das schwerste Problem der Siedler war daher, einen Regierungsapparat zu schaffen, der sowohl den höchsten Idealen wie den niedersten Erfordernissen des Lebens in der neuen Welt gerecht wurde, ohne daß der Unterschied zwischen beidem sich in einen »bloßen Widerspruch« auflösen durfte.
Nirgends zeigte dieses Problem sich deutlicher als in den Versuchen der Siedler, ein Gesetzeswerk zu formulieren.

Recht und Regierung

Die rechtliche Struktur der Kolonie war in mehrfacher Hinsicht ungewöhnlich. Sie umfaßte eine kuriose Auswahl von Ingredienzen, die aus verschiedenen Winkeln der puritanischen Welt stammten und binnen sehr kurzer Zeit zusammengemischt worden waren. Das Recht von Massachusetts hatte keine Zeit, Reife und Besonnenheit zu erlangen wie das englische Common Law, denn es war zur unmittelbaren Anwendung bestimmt und enthielt Elemente, die nicht eben leicht zu verschmelzen waren: ein Dogma, das seine Kraft zumeist aus der Unerbittlichkeit des Alten Testaments bezog, und eine politische Theorie, die bereits empfänglich war für die traditionellen Schutzbestimmungen des englischen Rechts. Der Gesetzesapparat, der aus dieser ungleichen Verbindung hervorging, kann uns also einiges über den Sinn des Puritaners für Disziplin und seine Einstellung zum Recht verraten.
Man erinnert sich, die Regierung der Buchtkolonie war zuerst als ein Wirtschaftsunternehmen verfaßt, mit der Rechtshoheit über die Ländereien, die es nun innehatte. Der Charta zufolge sollte die Handelsgesellschaft von einem Gouverneur, einem stellvertretenden Gouverneur und einem Gremium von achtzehn Ältesten (»Assistants«) geleitet werden, die jedes Jahr von den Aktionären zu wählen waren. Dieser Ausschuß, einschließlich seiner verschiedenen Beamten, sollte einmal im Monat zusammentreten zu etwas, was wir eine »Aufsichtsratssitzung« nennen könnten, um die laufenden Geschäfte der Gesellschaft zu erledigen. Die Gesamtheit der Aktionäre, die als »Freie« (freemen) bezeichnet wurden, sollte viermal jährlich zu einer Generalversammlung zusammenkommen, um neue Mitglieder aufzunehmen, Beamte zu wählen und Bestimmungen zu erlassen

zum Wohle und Nutzen der besagten Gesellschaft und zur Regierung und Ordnung der besagten Ländereien und Pflanzungen und der Personen, welche dieselbigen bewohnen und bewohnen werden . . . so daß solche Gesetze und Verordnungen den Gesetzen und Bestimmungen Englands nicht zuwiderlaufen.[15]

Praktisch war dies der Rahmen, innerhalb dessen die ersten Siedler ihr Gemeinwesen errichten mußten. Auf den ersten Blick erscheinen die Bedingungen der Charta nicht sonderlich einengend, da von den Kolonisten ja nur verlangt wurde, daß sie die Gesetze des Mutterlandes einhielten, aber die Puritaner, als sie an der Küste von Massachusetts an Land gingen, waren keineswegs sicher, ob dieser Rahmen für ihr Experiment großzügig genug sein werde. Und so war die Anfangszeit der Kolonie von einem ständigen Streit über den Platz des weltlichen Rechts in einer religiösen Gemeinschaft gekennzeichnet. Gleich zu Beginn mußten sich die Siedler mit einem Problem auseinandersetzen, das sie in ihrem ideologischen Gepäck mit über den Ozean gebracht hatten. Der Puritanismus war in England als eine Haltung der Opposition gegen die bestehende Ordnung der Dinge aufgekommen, und dabei hatte er einen Propagandastil und ein Verständnis für Taktik entwickelt, die sich in vieler Hinsicht besser dazu eigneten, das geltende Recht anzugreifen als es neu zu schreiben. Irgendwie mußte die Protesthaltung, welche die puritanische Bewegung in früherer Zeit belebt hatte, in eine neue Art Parteigeist und Parteidisziplin umgewandelt werden.
Außerdem waren die Neuankömmlinge in Fragen der Jurisprudenz nicht sehr bewandert. Zum einen war in England das Common Law als endgültiger Nachfolger der Bischofsgerichtsbarkeit und der verschiedenen Formen des römischen Rechts eben im Aufkommen, aber diese Umstellung war noch so neu und wurde in ihren Bedeutungen so wenig verstanden, daß auf beiden Seiten des Atlantiks nur wenige Menschen zuverlässig hätten sagen können, welches nun wirklich die »Gesetze und Bestimmungen Englands« waren. Coke hatte soeben erst begonnen, seine maßgeblichen *Institutes* zusammenzustellen, das Parlament sollte bis 1641 nicht mehr zusammentreten, und während dieser ereignisreichen Pause in der englischen Geschichte bereiteten sich die Vertreter der verschiedenen juristischen Traditionen auf ein letztes Gefecht vor, in dem zu entscheiden war, welches das Recht des Landes sein sollte. Hinzukam, daß unter den ersten Siedlern kaum jemand war, der sehr viel über Verfassungsrecht

[15] *Records of the Governor and Company of the Massachusetts Bay in New England,* herausgegeben von Nathaniel B. Shurtleff (Boston: Printed by order of the Massachusetts Legislature, 1853–54), I, S. 12. Im folgenden zitiert als Massachusetts Records.

wußte. Die Rechtsvorstellungen, die mit der ersten Welle der Einwanderer über den Atlantik kamen, waren also etwas bunt zusammengewürfelt: ein paar Grundartikel aus dem Common Law, vereinzelte Kenntnisse zu speziellen Bestimmungen und ein grobes Vertrautsein mit den Gepflogenheiten der örtlichen Rechtsprechung in verschiedenen Gegenden Englands.[16]

Aber bei weitem die wichtigste Quelle puritanischen Rechtsdenkens war die Bibel selbst. Unter den Historikern hat es etliche Kontroversen darüber gegeben, in welchem Maße das spätere puritanische Recht tatsächlich aus der Heiligen Schrift hergeleitet war, aber daß die ersten Siedler beabsichtigten, ihre Rechtsordnung fast ganz und gar auf die Autorität der Bibel zu gründen, ist kaum zu bezweifeln. Schließlich war dies ja eines der Hauptziele des ganzen Experiments – zu beweisen, daß Gottes Wort sowohl zuverlässige Grundlage einer menschlichen Regierung als auch Leitfaden für die alltäglichen Geschäfte des Lebens sein konnte.

Dieses aufrichtige Programm jedoch erwies sich in der Praxis als ein wenig umständlich. Von der Predigtkanzel verlesen, schien das Wort des Herrn klare Regeln zu geben, nach denen Menschen sich richten konnten, zog man es aber vor Gericht heran, um gewöhnliche Urteile in Zivil- und Strafsachen zu fällen, so schien es nicht mehr so exakt. Bei all ihrem gebieterischen Ton hatte die Bibel doch nur wenige Stellen, die als Gesetzesbestimmungen gelesen werden konnten; und selbst wenn man das Gesetz Gottes in allen Einzelheiten erklärt hatte, war es immer noch schwer zu sagen, welche Strafe jedem besonderen Verstoß angemessen war. So gerieten die puritanischen Gerichte in ein dauerndes Gewirr von Ableitungen und Interpretationen: Welches ist die richtige Strafe für Personen, die des Einbruchs schuldig befunden worden sind? Soll Mordversuch als Kapitalverbrechen gelten? Gilt das Gesetz gegen Ehebruch, wenn ein englischer Siedler bei einer Indianerfrau gefunden wird? Jeden Tag schienen die Gerichte eine furchtbare neue Sünde zu entdecken, für die es in der biblischen Geschichte keinen Präzedenzfall gab, und bei jedem dieser Fälle mußten die Führer der Gemeinde lange in ihren Bibliotheken und in ihren Gedächtnissen graben, ehe sie eine Regel fanden, die auf den außergewöhnlichen Fall zutraf.

Wenn Fragen dieser Art vor einem weltlichen Gericht auftauchen, werden

---

[16] Vgl. die folgenden Werke: George L. Haskins: *Law and Authority in Early Massachusetts* (New York, Macmillan, 1960); Julius Goebel, Jr.: »King's Law and Local Custom in Seventeenth Century New England«, *Columbia Law Review,* XXXI (1954); Zechariah Chafee, Jr.: »Introduction«, *Records of the Suffolk County Court, 1671–1680* (Boston, Publications of the Colonial Society of Massachusetts, 1933).

sie an Fachjuristen überwiesen, denen man besondere Einsichten in den Sinn des Rechts zutraut; wenn dieses Recht aber als göttlich gilt, sind die Geistlichen die einzig zuständigen Fachleute. Sie waren es demgemäß auch, die in den ersten Jahren der Kolonie die meisten Rechtsfragen regelten, in ihrer Eigenschaft als anerkannte Bibelgelehrte. Immer wenn dem Gericht ein Fall begegnete, der nicht ausdrücklich in der Bibel erwähnt wurde, wandte es sich an einen Ausschuß der örtlichen Pfarrer, mit der Bitte, für den vorliegenden Fall »eine Regel aufzustellen« – und manche der Gutachten, die so dem Gericht unterbreitet wurden, waren recht umfängliche Dokumente.

Dieses Verfahren war genau das, was die Führer des Unternehmens versprochen hatten, als sie ihre Absicht erklärten, eine »geeignete Form« der Regierung sowohl für die Kirche wie für den Staat zu bilden. Die Friedensrichter sollten der weltliche Arm im Dienste der Kirche sein und die Ordnung in der Bevölkerung wahren, so daß das Evangelium in Ruhe und Frieden gelehrt werden konnte, während die Geistlichen die letzte Autorität in den meisten Fragen der längerfristigen Politik darstellten. Insgesamt nahmen die Siedler diese Arbeitsteilung ohne große Besorgnis hin, doch ergaben sich aus dem Gebrauch der Bibel als Gesetzbuch zwei Arten von Reibungen, welche die Zukunft der Kolonie entscheidend beeinflussen sollten.

Das erste Problem war, daß die Heranziehung theologischer Meinungen vor Gericht in vielfacher Hinsicht dem Geiste (wenn nicht dem Buchstaben) des englischen Rechts widersprach. Es ist ein Grundprinzip des Common Law, daß eine Rechtssatzung nur Fälle innerhalb ihres unmittelbaren Geltungsbereichs regeln und nicht auch Analogieschlüsse begründen kann. Das heißt, ein Gesetz, das eine bestimmte Strafe für Diebstahl vorsieht, kann nicht auch zur Bestrafung von Wucher oder Erpressung herangezogen werden, gleichgültig wie ähnlich alle diese Verbrechen aus anderer Sicht erscheinen mögen. Die Bibel war aber als Gesetzeswerk nur dann zu gebrauchen, wenn sich die Geistlichen und Friedensrichter für Analogien und indirekte Ableitungen großzügigen Spielraum ließen, denn das jüdische Recht war einfach nicht spezifisch genug, um für jeden Verstoß Bestimmungen vorzusehen. Wie wir im nächsten Kapitel sehen werden, lautete zum Beispiel eine der wenigen spezifischen Anklagen, die während der Antinomisten-Krise gegen Anne Hutchinson erhoben wurden, daß sie das biblische Gebot, »Vater und Mutter« zu ehren, verletzt habe, mit der Begründung, daß sie es versäumt habe, den »Vätern« der Gemeinde mit dem geziemenden Respekt zu begegnen. Das Prinzip der Analogieschlüsse wurde im Vorwort zu dem Gesetzbuch von 1648 offen erklärt:

Sobald Gott eine politische Regierung in seinem Volk Israel eingesetzt hatte, gab er ihnen ein Gesetzbuch, nach dem sie sowohl in bürgerlichen wie in Straffällen urteilen sollten. Dies waren kurze und fundamentale Prinzipien, aber in allem so vollständig und umfassend, daß aus ihnen klare Ableitungen für alle besonderen Fälle in künftiger Zeit zu ziehen waren.[17]

Wir haben keine Anzeichen dafür, daß dieses Gebaren den oberen Rängen der puritanischen Führer anstößig erschien oder daß es für den Hauptteil der Siedler irgendwelche ernsthaften Schwierigkeiten mit sich brachte, aber viele von ihnen müssen sich über die Legalität eines solchen Verfahrens ein wenig gesorgt haben, besonders weil es bei den gewissenhaften Parlamentariern in England früher oder später Stirnrunzeln erwecken mußte.

Das zweite Problem, das aus der Benutzung der Bibel als Rechtsquelle erwuchs, war, daß viele nachdenkliche Leute in der Kolonie sich bald darüber beunruhigten, so viele Befugnisse in den Händen einer führenden Clique vereinigt zu sehen. Auch hier haben wir keinen Grund zu der Annahme, das Volksempfinden hätte sich gegen die theokratischen Züge des Staates gesträubt, aber es ist klar, daß »das Volk « (womit hier in Wahrheit nur die wahlberechtigten Aktionäre gemeint sind) darauf aus war, ein offizielles Gesetzbuch zu erhalten, und so entbrannte ein Verfassungsstreit, der tiefe Auswirkungen auf das politische Leben der Bucht hatte. Auf der einen Seite stand das Volk, das in der Generalversammlung bald durch gewählte Abgeordnete repräsentiert wurde und der Meinung war, die Bibel würde eine klarere und zuverlässigere Rechtsgrundlage bieten, wenn die Ältesten von vornherein erklärten, wie sie ihre weniger eindeutigen Passagen zu interpretieren gedachten. Auf der anderen Seite stand die regierende Kerngruppe des Gemeinwesens, die Geistlichen und Friedensrichter, die das ganze Unternehmen gefährdet sahen, wenn sie Gottes Wort nicht mehr nach ihrem Ermessen sollten interpretieren dürfen. Dies war nicht einfach ein Machtkampf zwischen einer in ihre Positionen verschanzten Elite und einer expandierenden Mittelklasse, es war ein Streit, der an den tiefsten Nerv der puritanischen Theorie ging und für die ganze Ordnung des heiligen Gemeinwesens von großer Tragweite war.

Praktisch waren die Fronten schon gezogen worden, bevor die ersten Siedler aus England abfuhren. Man erinnert sich, daß die Handelsgesellschaft von einer Gruppe Puritaner kontrolliert wurde, die entweder beabsichtigt hatten, selbst die Reise mitzumachen, oder aber bereit waren, das

[17] Zitiert nach Haskins, *Law and Authority*, S. 56.

Unternehmen aktiv zu fördern. Es ergab sich jedoch, daß von den hundert oder mehr Personen, die Aktien der Gesellschaft besaßen, nur einige wenige tatsächlich mit der ersten Welle der Siedler emigrierten, mit dem Ergebnis, daß sich im ersten Jahr der Kolonie nicht mehr als zehn oder elf Freie auf der amerikanischen Seite des Atlantiks befanden. Diese wenigen Männer hatten natürlich jeder ein Amt in der Gesellschaft inne, was bedeutete, daß die zwei in der Charta vorgesehenen Regierungsorgane, die Versammlung der Ältesten und die Generalversammlung, in der Zusammensetzung nahezu identisch waren. Insofern war jeder Wahlberechtigte auch schon ein Amtsträger. Während der ersten Monate der Siedlung lagen also alle gesetzgebenden, richterlichen und vollziehenden Regierungsgewalten bei derselben kleinen Handvoll Männer.

1631 verabschiedete diese Gruppe eine Resolution, daß jeder neue Bewerber um das Bürgerrecht einer gut beleumundeten Kirche angehören müsse, was faktisch bedeutete, er mußte als Mensch orthodoxer Gesinnung bekannt sein. Es läßt sich nicht sicher feststellen, wieviele Siedler sich in diesem Sinne für das Bürgerrecht qualifizierten, aber die Akten besagen, daß bis Ende des ersten Jahrzehnts nur etwa 1 300 Menschen als Freie vereidigt worden waren – fast mit Sicherheit eine Minderheit der in Frage kommenden Personen männlichen Geschlechts.[18] Die Bürgerpflichten beschränkten sich also auf einen ausgewählten Teil der Bevölkerung, eine Schicht von Männern, auf deren Eintreten für die Hauptprinzipien des Gesamtunternehmens Verlaß war; dennoch gab es bei aller Einigkeit in den Zielen eine Frage, in der der anfängliche Kader und die neueren Bürger sich selten einigen konnten, und dies war die Frage, ob es sinnvoll sei, ein richtiges Gesetzbuch herauszugeben.

Die führenden Männer der Kolonie sahen sich vor einigen heiklen Problemen, als die Frage des Gesetzbuchs zuerst zur Sprache kam. Zunächst einmal hatte die Charta betont, die Gesellschaft dürfe keine Verordnungen erlassen, die den Gesetzen Englands widersprächen, doch nun, wie Winthrop bereitwillig zugab, schickten die Friedensrichter sich an, genau

[18] Die Schätzung auf 1300 Freie stammt von Haskins. Unter den Historikern ist die Zahl der Siedler, welche die Privilegien des Bürgerrechts genossen, recht umstritten. Traditionell wurde geschätzt, etwa ein Fünftel der Bevölkerung seien Freie gewesen, aufgrund einer Mitteilung von Thomas Lechford, der die Kolonie in ihren ersten Jahren besuchte. In den letzten Jahren ist diese Annahme ernsthaft in Zweifel gezogen worden, vor allem von B. Katherine Brown, vgl. »A Note on the Puritan Concept of Aristocracy«, *Mississippi Valley Historical Review*, XLI (1954), S. 105–12, und »Freemanship in Puritan Massachusetts«, *American Historical Review*, LIX (1954), S. 865–83.

dies zu tun.[19] Zumindest taktisch gesehen schien es ein wenig riskant zu sein, den Gesetzen der Kolonie schriftliche Form zu geben, so daß ihre Abweichung von englischen Rechtsgepflogenheiten für die Kritiker daheim nur um so sichtbarer würde. Außerdem paßte die Idee eines förmlichen Gesetzbuchs schlecht zu den anderen Glaubenssätzen der kongregationalistischen Theorie. Die Heiligen von Neu-England waren recht ablehnend gegen jede Form einer zentralen Kirchenhierarchie und sie waren aufrichtig bemüht, die individuelle Autonomie jeder einzelnen Kirchengemeinde zu schützen. Doch wie die meisten Menschen jener Zeit dachten sie keinen Augenblick, daß der Staat in Fragen des Glaubens unterschiedliche Meinungen zulassen sollte, und daher mußte die Gründergeneration einen Weg finden, wie sie die Orthodoxie unversehrt erhalten konnte, ohne doch den verschiedenen Gemeinden irgendeinen äußeren Kontrollapparat aufzuzwingen. Die neu-englische Methode, die Disziplin zu wahren, beruhte auf privaten Konferenzen, öffentlichen Gebeten und einem ganzen Netzwerk anderer Druckmittel, die zwar inoffiziell, aber darum nicht weniger wirksam waren. In diesem Rahmen war natürlich wenig Raum für ein weltliches Gesetzbuch, denn selbst wenn die Geistlichen die führende Rolle bei der Zusammenstellung der Gesetze übernahmen, so würden sie sich doch an eine formale Kontrollstruktur binden und die »Freiheit« der einzelnen Gemeinden leugnen. In gewissem Sinne traten also die Friedensrichter und Geistlichen für lokale Entscheidungsfreiheit gegenüber zentraler Verwaltung ein, ähnlich wie heutzutage die Befürworter einzelstaatlicher oder regionaler Rechte – nur mit dem sehr wichtigen Unterschied, daß sie erwarteten, jede einzelne lokale Verwaltungseinheit werde unabhängig genau die gleiche Entscheidung treffen wie die anderen. Die Kongregationalisten hatten immer behauptet, eine wahre Gemeinschaft von Heiligen könne vortrefflich ohne eine Klasse von Prälaten auskommen, die ihr Tun beaufsichtigte, denn Menschen, die gelobt hätten, Gottes Wort zu befolgen, würden sich per definitionem auch den gleichen Regeln unterwerfen und in allen wichtigen Belangen der Politik übereinstimmen. Wenn dieses Ziel erreicht werden konnte, wozu dann ein schriftliches Gesetzeswerk? Bestenfalls würde es einen Grundsatzartikel des kongregationalistischen Bekenntnisses schwächen und vielleicht den Kritikern in England Argumente liefern; schlimmstenfalls würde es einen gesetzlichen Schirm abgeben, unter dem die Verworfenen ihre Sünden verbergen konnten.

So traten Winthrop und andere aus der Elite dafür ein, daß die Gesetze der Massachusetts-Bucht sich nach und nach im Lauf der Zeit entwickeln

[19] Winthrop, Journal, I, S. 323.

sollten, »durch Gebrauch und Gepflogenheit . . . wie in unserer Kirchenordnung«.[20] Aber die Befürworter des Gesetzbuchs ließen sich von Winthrops Argumentation nicht beeindrucken, und 1635 war ihr Drängen so stark geworden, daß die Generalversammlung anordnete, die Arbeit an dem Werk solle aufgenommen werden.

Nachdem die Abgeordneten große Gefahr für unseren Staat ausgemalt hatten, in Anbetracht, daß unsere Friedensrichter, in Ermangelung eindeutiger Gesetze, in vielen Fällen nach Gutdünken entscheiden könnten, kam man überein, daß einige Männer beauftragt werden sollten, ein Korpus von Grundrechten zu entwerfen, ähnlich einer Magna Charta, welches nach Zustimmung einiger der Geistlichen und der Generalversammlung zum Grundgesetz erklärt werden sollte.[21]

Das Projekt schleppte sich über mehrere Jahre hin, hauptsächlich weil die führenden Männer es in der Frage nicht besonders eilig hatten, wie Winthrop uns freimütig berichtet.[22] 1641 aber verabschiedete die Generalversammlung eine kurze Erklärung der Grundrechte, den *Body of Liberties*, und 1648 schließlich wurde ein umfassendes Gesetzbuch angenommen. Es war die erste Gesetzessammlung ihrer Art in der englischsprachigen Welt.

Über diese beiden Ausgaben des Gesetzbuchs ist viel geschrieben worden, und wir brauchen hier nicht bei einer Besprechung ihres Inhalts zu verweilen. Eigentlich ist schon die Tatsache ihrer Veröffentlichung allein viel wichtiger als irgendeiner der spezifischen Artikel, die sie enthielten, denn das Gesetzbuch war die erste in einer langen Reihe von Maßnahmen, welche die Umsetzung der subjektiven Ethik des Puritanismus in eine objektive Grundsatzerklärung bewirkten. Wie so oft in der Frühzeit dieses Gemeinwesens führte die Kodifizierung der puritanischen Theorie nur dazu, daß ihre inneren Widersprüche deutlicher zutage traten. Wenn ein Siedler vor einem Gerichtshof stand, sah er sich zwei recht verschiedenartigen Rechtstraditionen gegenüber – den gewissenhaften Rechtsschutzbestimmungen des Common Law einerseits und den scharfen Vergeltungsforderungen des Alten Testaments andererseits. Diese beiden Tendenzen konnten im Bewußtsein der Puritaner nebeneinander bestehen, solange sie nicht zur gleichen Zeit an die Oberfläche gezogen wurden, schrieb man sie aber in ein Gesetzbuch ein, so wurde die Diskrepanz ziemlich befremdlich. Es war kaum zu erwarten, daß ein Richter die sorgsamen Schutzbestimmungen des Common Law respektierte, wenn er sich als

[20] Winthrop, Journal, I, S. 324.
[21] Winthrop, Journal, I, S. 151.
[22] Winthrop, Journal, I, S. 324.

rächenden Arm Gottes betrachtete, noch war von einem Angeklagten eine vernünftige Verteidigung zu erwarten, wenn man ihm den Rechtsbeistand verweigerte und wenn er die Nacht vor der Verhandlung in Gesellschaft von Geistlichen verbracht hatte, die sich verzweifelt bemühten, »ihn zur Wahrheit zurückzubringen«.

Der Verfasser des Gesetzbuchs war Nathaniel Ward, ein Geistlicher im Ruhestand, der diesen Widerspruch in seiner Person zu verkörpern schien. Ward war ein Mann von sicheren puritanischen Instinkten – intolerant, streng und der eigenen Erwähltheit vollkommen gewiß. Zugleich aber war er ein Weltmann, weitgereist, mit viel Erfahrung bei Gericht und einigen juristischen Kenntnissen. Es war sicher kein Zufall, daß man gerade diesen Mann wählte: Die Gepflogenheiten Neu-Englands erforderten, daß ein Geistlicher die Abfassung eines Gesetzbuchs überwachte und die meisten Grundlagen aus biblischen Quellen beisteuerte, doch wenn es nur darum gegangen wäre, so waren mehrere andere Geistliche in der Bucht besser qualifiziert als Ward, und tatsächlich gibt es manche Anzeichen dafür, daß John Cotton, bei weitem der geachtetste Geistliche Neu-Englands, einen Alternativentwurf zu dem Gesetzbuch geschrieben hat, den die Generalversammlung verwarf. Ward brachte für die Aufgabe, das Recht zu kodifizieren, eine weitläufige Vorbildung mit, und man darf wohl annehmen, daß die Generalversammlung, als sie ihn für den Auftrag wählte, ebensosehr seine Erfahrungen im englischen Rechtswesen wie seine Bibelkenntnisse im Auge hatte.

Edmund Morgan hat geschrieben, »das Gesetzbuch war nicht nur eine Erklärung der Grundrechte, um die Einwohner von Massachusetts vor Regierungswillkür zu schützen. Es war ein Entwurf des ganzen puritanischen Experiments, ein Versuch, die Grundzüge des Neu-England-Wegs zu erklären«.[23] Es erwies sich jedoch als äußerst schwierig, alle Elemente dieses »Wegs« in einem einzigen Entwurf zusammenzufassen. Wie alle Utopien mußte Massachusetts auf den Weg des Neubeginns viel Altes mitnehmen: indem sie die Bibel als ihr geistiges Erbe, England als ihr politisches Erbe und die Handelsgesellschaft als ihr ökonomisches Erbe anerkannten, verdankten die Kolonisten der Bucht ihre gemeinsame Identität einer Ansammlung gemischter Elemente. Zumindest in der Anfangszeit lag der Preis, den die Siedler dafür entrichten mußten, daß sie diese Flicken aus alten Doktrinen mit neuen Fäden der Erfahrung zu einem dichten sozialen Gewebe verbanden, in der doppelten Unsicherheit, wer sie waren und wohin ihr Weg führte.

---

[23] Edmund S. Morgan: *The Puritan Dilemma – The Story of John Winthrop* (Boston, Little, Brown, 1958), S. 170.

Es ist also ganz natürlich, daß sie nach neuen Orientierungen suchten, die ihnen halfen, sich zu erinnern, wer sie waren; und ebenso natürlich ist es, daß sie anfingen, mit wachsender Besorgnis auf das Treiben des Teufels zu blicken. Einer der sichersten Wege, um sich einer Identität zu vergewissern, ist für Gemeinschaften wie für Individuen die Suche nach einem Maßstab für das, was man *nicht* ist. Und als die Siedler in diesem neuen und unsicheren Land sich selbst zu vermessen begannen, lernten sie, mit besonderer Sorgfalt die Verkleidungen zu erkennen, in denen der Teufel ihnen erschien – denn er hatte in der puritanischen Vorstellungswelt schon immer die Rolle eines dunklen Feindes gespielt, an dem die Menschen die Kraft ihrer Heiligkeit prüfen konnten.

3
Die Verkleidungen des Teufels

Ihr aber seid das auserwählte Geschlecht, das königliche Priestertum, das heilige Volk, das Volk des Eigentums . . . die ihr vormals nicht ein Volk waret, nun aber Gottes Volk seid . . .
1. Petrus 2, 9-10

Während der ersten sechs Jahrzehnte der Siedlung in Massachusetts traten drei große »Verbrechenswellen« auf, welche die junge Kolonie entscheidend beeinflußten. Jede dieser Wellen wurde zum Gegenstand einer weiteren öffentlichen Besorgnis, und jede brachte eine große Anzahl Delinquenten hervor. In dem nun folgenden langen Kapitel werden wir jede dieser Episoden für sich betrachten, um zu sehen, welchen Einfluß sie auf die entstehenden Konturen des puritanischen Gemeinwesens ausübte. Die Erzählung versucht zu belegen, daß der Antinomistenstreit von 1636, die Quäkerverfolgungen der späten fünfziger Jahre und die Hexenhysterie von 1692 drei verschiedene Versuche der Siedler waren, ihre Stellung im Weltganzen zu klären und die Grenzen abzustecken, in denen sich Neu-England als Experiment mit einer neuen Lebensform heraushob.

Als die Puritaner von Neu-England einen ganzen Ozean zwischen sich und die übrige Welt brachten, erklärten sie im Grunde, daß Fragen von größter Tragweite sie von ihren Zeitgenossen zu Hause schieden. Sie hatten diesen weiten Weg gemacht, um ein neues Modell christlicher Gemeinschaft aufzustellen, eine Ethik, die sie als die des »Neu-England-Wegs« bezeichnen konnten, und naturgemäß war es ihnen wichtig, daß der Charakter dieser Ethik klar genug war, um sie von anderen Ideologien und Programmen der damaligen Welt abzuheben. Der Neu-England-Weg sollte ihre Einmaligkeit als Volk darstellen, die Rechtfertigung ihres Rückzugs in die leeren Räume Amerikas; er sollte ihre Geschichte, ihr Brauchtum, ihr Wahrzeichen, ihr Schicksal sein. Während der ersten Jahre der Siedlung also, in denen Verschiebungen im politischen Klima Europas den Hindergrund änderten, an dem die Kolonie ihre eigene Besonderheit maß, mußten die Siedler immer wieder von neuem überlegen, welche Eigenschaften es waren, die sie von der übrigen Menschheit unterschieden. Dies war etliche Jahre, bevor sie begannen, das Land, das sie besiedelten, als eine Nation zu betrachten: Neu-England war für sie nicht ein »Ort«, sondern ein »Weg«, nicht ein Land, sondern ein Versuchsgelände, wo eine neue religiöse Haltung erprobt und entwickelt werden konnte. Und das bedeutete, daß die Siedler sehr genau bedenken mußten, was für politische und religiöse Institutionen sie ihrer Heimstatt in der Wildnis gaben, denn sie wußten, das Kennzeichen ihres »Weges« würde nur in der Architektur ihres Gemeinwesens gesehen werden: in ihrer Regierungsform, ihrer Kirchenverfassung, dem Charakter ihres Rechtes.

Die folgenden Seiten beschäftigen sich mit dem ersten der in Kapitel 1 eingeführten Themen: daß eine Gemeinschaft angesichts einer größeren Verlagerung ihrer Grenzen, einer Verschiebung in ihrer territorialen Position, wahrscheinlich eine Veränderung insofern durchmacht, als ihre verschiedenen Kontrolleinrichtungen es mit anderen Arten von Verhaltensweisen zu tun bekommen. Der Anlaß, der diese Grenzkrise auslöst, kann von verschiedener Art sein – z. B. eine Verschiebung der Macht innerhalb der Gruppe oder das Auftreten neuer Feinde außerhalb der Gruppe –, in jedem Falle aber kommt die Krise in veränderten Formen der Abweichung zum Ausdruck und wird von den Menschen in der Gruppe als etwas Ähnliches wahrgenommen wie das, was wir hier eine »Verbrechenswelle« nennen. Diese Wellen heben in verschärfter Form die Fragen hervor, um die es geht, wenn eine bestimmte Grenze im Fluß der Ereignisse verschwimmt, und die anschließenden Begegnungen zwischen den neuen Abweichlern und den älteren Kontrollagenten bilden sozusagen ein Forum, wo die Frage klarer artikuliert wird, eine Bühne, auf der sie schärfere Konturen annimmt.

Nun bedarf diese allgemeine Hypothese in zweifacher Hinsicht der näheren Bestimmung. Erstens, wenn wir sagen, daß Grenzkrisen »Verbrechenswellen« auslösen können, so sagen wir zweierlei – daß die Gemeinschaft anfängt, Verhaltensweisen zu mißbilligen, die schon seit einiger Zeit in ihr vorkamen, aber früher keine besondere Beachtung fanden, und daß bestimmte Menschen in der Gruppe, die bereits eine Disposition zu abweichendem Verhalten ausgebildet haben, in die Bresche treten und die fragliche Grenze zu prüfen beginnen. Für den Augenblick ist der Unterschied zwischen diesen zwei Quellen abweichenden Verhaltens nicht wichtig, es sei denn, um darauf hinzuweisen, daß das Gewicht einer »Verbrechenswelle« nicht immer in der Zahl der beteiligten Abweichler oder im Umfang der faktisch begangenen Abweichungen gemessen werden kann. In dem Sinne, wie wir den Ausdruck gebrauchen, bezeichnen »Verbrechenswellen« ein Aufflackern des öffentlichen Interesses, ein Moment der Erregung und Bestürzung, ein Gefühl, das etwas geschehen muß. Ein tatsächlicher Anstieg der Verbrechenhäufigkeit kann damit verbunden sein oder nicht.[1]

Zweitens, das Eintreten einer Grenzkrise bedeutet nicht notwendig, daß eine *neue* Grenzlinie die Aufmerksamkeit auf sich gezogen oder daß überhaupt eine größere Veränderung in der Grundstruktur der Gemeinschaft selbst stattgefunden hätte. Gewöhnlich bedeutet es nur, daß ein anderer Ausschnitt aus den traditionellen Grenzlinien der Gemeinschaft in den Blickpunkt gerückt ist und sorgfältiger definiert werden muß. Zum Beispiel waren zu Beginn des Zweiten Weltkriegs die meisten Bürger der USA sich der Trennlinie zwischen »Demokratie« und »Faschismus« sehr bewußt, denn dieser Unterschied bezeichnete eine der Grundlinien des amerikanischen Lebensverständnisses; dieselben Amerikaner traten aber nach dem Krieg in eine Welt ein, in der plötzlich die Trennlinie zwischen »Demokratie« und »Kommunismus« hervorgetreten war. Diese Veränderung der Blickrichtung bedeutete natürlich nicht, daß »neue« Grenzen aufgetaucht waren, sondern daß sich die Aufmerksamkeit der Nation von dem einen Ausschnitt der vorhandenen Grenzen zu einem anderen hin verschoben hatte, und die verschiedenen Untersuchungen, die sich während der McCarthy-Ära daran knüpften, lassen sich bis zu einem gewissen Grad als Versuche der gesamten Gemeinschaft verstehen, bessere Informationen über die Natur und Lage dieser Trennlinie zu erlangen.

Ebenso folgten die Verbrechenswellen, die im siebzehnten Jahrhundert durch die Kolonie in der Massachusetts-Bucht gingen, jeweils auf eine Periode verunsichernder historischer Wandlungen, welche die Grenzen, die den Neu-England-Weg zu einer Ethik von besonderer Eigenart machten, zu verdunkeln drohten. Anhand dieses skizzenhaften Modells wollen wir in diesem Kapitel untersuchen, warum die Heiligen von Neu-England sich von der Ketzerei, die sie Antinomismus nannten, so alarmieren ließen, warum sie die Quäker unter ihnen plötzlich so gewalttätig behandelten und warum sie schließlich zu fürchten begannen, daß die Luft um sie her von Hexen erfüllt sei.

Eine letzte Bemerkung wäre noch am Platz, bevor wir uns den drei Verbrechenswellen zuwenden. Die Erzählungen auf diesen Seiten sind nicht als Ergänzungen oder Verbesserungen anderer in der historischen Literatur vorliegender Darstellungen gemeint. Der Antinomistenstreit und be-

---

[1] Das Ausmaß an Publizität, das kriminelle Tätigkeiten erlangen, sagt uns gewöhnlich nicht sehr viel über das Ausmaß der tatsächlich begangenen Verbrechen. Vgl. F. James Davis: »Crime News in Colorado Newspapers«, *American Journal of Sociology,* LVII (1952), S. 325–30. Oder vgl. Lincoln Steffens Bericht über den Tag, an dem er selbst in New York eine »Verbrechenswelle« startete, *Autobiography* (New York, Harcourt, Brace, and World, 1931).

sonders der Hexenwahn sind in den letzten Jahren zum Thema ausgezeichneter Studien[2] geworden, und wenn wir diese Geschichten hier noch einmal erzählen, so einzig aus dem Grund, weil der Leser (um vom Autor gar nicht zu reden) erst in dem historischen Klima dieser Ereignisse aufgehen muß, ehe deren soziologische Bedeutung klar wird.

Der Antinomistenstreit

Der Antinomistenstreit von 1636-1638 fing nicht wie eine »Verbrechenswelle« in irgendeinem gewöhnlichen Sinne an. Es war eine konvulsivische Episode, ein Unruhemoment, das durch die Kolonie ging wie ein Windstoß und plötzlich zu einem der stürmischsten Ereignisse für eine ganze Generation in der Geschichte Neu-Englands wurde. Wären die Männer und Frauen, welche die Krise heraufbeschworen, besser organisiert und der eigenen Sache gewisser gewesen, so würden wir uns an sie vielleicht als an die Gründer einer bedeutenden neuen Sozialbewegung erinnern. Wie die Dinge aber lagen, hatte kaum einer dieser aktiv Beteiligten die Bedeutung der Theorie ganz ermessen, die er vertrat, oder begriffen, warum dies einen so gewaltsamen Sturm aufrührte. Die meisten unter ihnen dachten, sie seien in einen örtlichen Streit über Kirchenangelegenheiten verwickelt, und so dachten sie bis zu dem Tag, an dem sie sich als Verbrecher des Landes verwiesen, als potentielle Revolutionäre entwaffnet oder aufgefordert sahen, Verbrechen zu gestehen, von denen sie nie gewußt hatten, daß sie sie begingen. Insofern wurden die Konturen der Antinomistenkrise erst deutlich, nachdem sie schon in der üblichen puritanischen Manier behoben worden war – durch eine unverhüllte Machtdemonstration.
1636, als der Streit zuerst in die Öffentlichkeit drang, stand Massachusetts inmitten eines großen Bauprogramms. Der Zustrom von Einwanderern aus England hatte einen Gipfel erreicht, und die Siedlungen breiteten sich über das Hinterland der Bucht aus und drangen tief in die Wildnis vor. Die Siedler waren dabei, ihr neues Territorium auszumessen, nicht nur in dem Sinne, daß sie das Land in getrennte Parzellen aufteilten, die Zonen gemeinsamen Weidelands abgrenzten und die Grundrisse für neue Städte entwarfen, sondern auch in dem Sinne, daß sie die Umrisse ihrer politischen und religiösen Institutionen zeichneten. Der »Neu-England-Weg« tauchte aus den Nebeln der puritanischen Theorie hervor und

[2] Für die Antinomistenkrise vgl. Emery Battis: *Saints and Sectaries* (Chapel Hill, N. C., University of North Carolina Press, 1962); für die Hexen-Episode Marion L. Starkey: *The Devil in Massachusetts* (New York, Knopf, 1949).

nahm in den Karten der wachsenden Städte und in der Gliederung der neuen Verwaltungsbehörden eine abgemessene Gestalt an.

Das Hauptziel des puritanischen Experiments war in jener Anfangszeit, zu zeigen, daß Menschen sich in einem politischen Gemeinwesen ebensowohl selbst regieren können wie in einer Kirchengemeinde – daß die Bibel eine zureichende Rechtsgrundlage abgab, daß Heiligkeit die Voraussetzung für Staatsbürgerschaft sein und daß die Geistlichen die höchste moralische Instanz in religiösen wie in staatlichen Belangen bilden konnten. Als nun das Gemeinwesen langsam Gestalt annahm, begannen die puritanischen Friedensrichter nach einer politischen Theorie zu verfahren, die ihre Metaphern zumeist dem englischen Kongregationalismus entlehnte, die aber zumindest in der Gestimmtheit um einiges von jener früheren Lehre abwich. In seinen frühesten Stadien, wie wir gesehen haben, enthielt der Puritanismus ein starkes individualistisches Moment, wenn auch nur in dem Sinne, daß er direkt das individuelle Gewissen ansprach und die Achtung vor dem persönlichen Ausdruck und dem persönlichen Erleben des Glaubens förderte. Dieses individualistische Moment ging nun ganz natürlich im puritanischen Denken auf, solange es in den Protesten eines Volkes gegen die Autorität von Rom oder Canterbury zum Ausdruck kam, als aber die Protestierenden selber an die Macht kamen und zu den Hütern ihrer eigenen Kirche wurden, war eine rasche Verschiebung der Akzente notwendig. Vermittels der einen langen Seereise hatten sich Neu-Englands Puritaner aus einer Oppositionspartei in eine herrschende Elite verwandelt, und ein zentrales Anliegen ihrer Führung war es nun, die Gefühlskräfte, die früher den Protest getragen hatten, zu binden und sie für die Zwecke einer straff disziplinierten Orthodoxie nutzbar zu machen. So nahm in den Wäldern Neu-Englands eine neue Art Puritanismus Gestalt an: Frömmigkeit und Selbstausdruck, die ursprünglich die Tonlage der Bewegung bestimmt hatten, verwandelten sich nach und nach in Loyalität und Gehorsam, wie sie für eine weltliche Einrichtung notwendig sind. Ein Volk, dessen Mitglieder sich geschult hatten, das eigene Herz zu überwachen und die eigenen Triebe zu beherrschen, wurde nun aufgefordert, die gleiche Disziplin auch auf die Gemeinschaft als Ganze anzuwenden.

Während die frühen puritanischen Theoretiker betont hatten, daß jeder Einzelne durch eine persönliche Übereinkunft mit Gott verbunden sei, begannen die neu-englischen Theoretiker die Auffassung zu vertreten, daß Gott einen »Bund« mit dem Volk der Kolonie als vereinigter Gruppe geschlossen habe und nur über die Einrichtungen mit ihnen zu verkehren gewillt sei, die sie sich gegeben hatten, um sich zu regieren. Der Schlüsselgedanke der neuen Theologie war also, daß die Beziehung des Einzelnen zu Gott von zwischengeschalteten Instanzen gedeckt sein müsse – von einer Gemeindeversammlung, einer Regierung, einer Verwaltung. Wenn wir auf diese Akzentverschiebung aus der abgeklärten Perspektive eines anderen Jahrhunderts zurückblicken, so kann es scheinen, als ob die Siedler nun einen Kontrollapparat etwa der gleichen Art aufbauten, wie sie ihn in England bekämpft hatten, aber irgendeine Form äußerer Disziplin war notwendig, wenn die Kolonie überhaupt fortbestehen sollte, und nur wenige Siedler schienen darüber beunruhigt zu sein, daß der frühere Individualismus leise aus der Bewegung verschwand. In der Theorie zumindest blieb es jeder Seele überlassen, sich ihren Weg in den Himmel selber auszuhandeln, und jeder war gehalten, nach Maßgabe des eigenen Gewissens zu leben, tatsächlich aber bildete sich langsam ein Verwaltungsapparat heraus, der dafür sorgte, daß jedes individuelle Gewissen auch richtig belehrt und den Regeln und Zwecken des Staates ergeben war. Die Geistlichen spielten in diesem Arrangement natürlich eine wichtige Rolle. Es wurde ihre Aufgabe, unter den verschiedenen Gemeinden Ordnung zu halten, die Menschen über ihre Pflichten gegen den Staat ebenso wie gegen Gott zu belehren und, was vielleicht das Wichtigste war, die Gemeinde in ihren Entscheidungen anzuleiten, welche Personen für die Mitgliedschaft im gesamten Gemeinwesen in Frage kamen. Die Geistlichen konnten keine öffentlichen Ämter bekleiden und sich auch nicht allzu rege in politische Belange einmischen, aber sie waren tonangebend, wenn es darum ging zu entscheiden, wer unter den Siedlern eine echte Bekehrung erlebt und sich somit das Bürgerrecht verdient hatte. In vieler Hinsicht beruhte die ganze Struktur des Neu-England-Wegs auf diesem einen Artikel, denn der Zweck des Unternehmens war ja zu beweisen, daß Gottes erwählte Heilige Sein irdisches Reich in die Hand nehmen konnten und sollten. Niemand behauptete, daß es unfehlbare Richtlinien gab, um zu entscheiden, wer ausersehen war und wer nicht, doch in Ermangelung göttlichen Wissens mußte irgend jemand menschliche Urteile treffen, und diese Verantwortung fiel unvermeidlich den Geistlichen zu.

Wie wir sehen werden, ging es bei dem Antinomistenstreit eben um diesen Punkt. Es war die These Mrs. Hutchinsons und ihrer Anhänger, daß fast keiner der Geistlichen in der Kolonie berufen sei zu beurteilen, ob jemand wahrhaft von der Gnade berührt war oder nicht, und dieser Angriff traf eine der wichtigsten Voraussetzungen des ganzen Experiments. Sie sagten damit faktisch, daß der kraftvolle Individualismus der alten Bewegung nicht in die Orthodoxie der neuen umgewandelt werden könne, und das sagten sie zu einer Zeit, als dieser Unterschied für die Siedler alles in der Welt bedeutete.

Der Antinomistenstreit war vermutlich das folgenschwerste Ereignis im ersten Jahrzehnt der Siedlung, aber er war sogar für die Hauptbeteiligten oft eine undurchsichtige Angelegenheit. John Winthrop, in einer später noch zu zitierenden Passage, befand, nur wenige Leute hätten wirklich verstanden, um was es ging, und sechzig Jahre später schloß Cotton Mather: »Es wird angenommen, daß die Massen von Personen, die auf beiden Seiten Partei ergriffen, bis zu ihrer Sterbestunde nie verstanden haben, worin ihr Gegensatz lag.«[3] Und doch scheinen Winthrop, Mather und alle späteren Historiker der Periode darin übereinzustimmen, daß diese Krise einer der schwersten Momente in der frühen Entwicklung der Kolonie war: Irgendwie legte dieses Ereignis den neu-englischen Puritanismus in der Mitte der 30er Jahre fest, wie kein anderes Ereignis und keine andere Theorie ihn festgelegt haben könnten, denn es markierte eine Verschiebung der Grenzen, welche die Siedler von Massachusetts anders nicht artikulieren konnten.

I

Die Geschichte der Kontroverse beginnen wir am besten mit einer Vorstellung der Hauptpersonen.

Als John Winthrop 1649 starb, war er der unumstrittene Führer seines Volkes und in jeder Hinsicht berechtigt, als der Gründer von Massachusetts zu gelten. Mitte der 30er Jahre jedoch hatte Winthrops Beliebtheit einen abrupten Rückgang erlitten, sowohl in der Kolonie insgesamt wie auch in Boston, seiner Heimatgemeinde. 1634 hatte er erleben müssen, wie man den barschen Thomas Dudley an seiner Stelle zum Gouverneur wählte, und im Jahr darauf wurde ihm John Haynes vorgezogen, ein relativer Neuling in der Bucht. Es ist schwer zu sagen, woher diese unerwartete Wendung seines Glücks kam. Vielleicht benutzten die Freien ihre neugewonnene Abstimmungsmacht dazu, den Friedensrichtern eine Warnung zu erteilen, vielleicht hatte sie auch Winthrops aristokratische Haltung im Hinblick auf das Gesetzbuch und einige andere Fragen, die in den ersten Jahren öffentliches Interesse geweckt hatten, vor den Kopf gestoßen. Welches aber auch der Grund sein mochte, die Puritaner hatten wieder einmal die biblische Geschichte nachgespielt, indem sie sich von ihrem Moses abwandten.

Auch in Boston hatte Winthrops Einfluß zu verblassen begonnen. Er war eines der Gründungsmitglieder der Ortskirche, nahm rege an allen ihren

[3] Cotton Mather: *Magnalia Christi Americana, or The Ecclesiastical History of New-England* (Hartford, Conn., Silas Andrus, 1853), I, S. 508. Im folgenden zitiert als Mather, *Magnalia*.

Angelegenheiten teil und war eng verbündet mit ihren beiden vortrefflichen Geistlichen – die beide in der Krise herausragende Rollen spielen sollten. John Wilson war der Prediger der Kirche, nach allen zeitgenössischen Berichten ein ernster, konventioneller und etwas leicht erregbarer Mann. John Cotton, der sich nach dem merkwürdigen neu-englischen System der Doppelpfarreien mit Wilson in die Kanzel teilte, war einer der führenden Theoretiker des Puritanismus in der englischsprechenden Welt und ein Mann von immensem Ansehen in der Kolonie. In der Periode vor der Antinomistenkrise hatten diese drei Männer sich einer Partnerschaft nach besten puritanischen Traditionen erfreut. Wilson regierte die Bostoner Gemeinde mit einem loyalen Auge für die Wünsche des Friedensrichters, und Winthrop seinerseits erfüllte seine Aufgaben als Gemeinderat mit großem Pflichtgefühl. Cotton spielte zu Winthrops Moses den Aaron, er unterstützte ihn politisch und trat sogar bei mindestens einer der Gouverneurswahlen als Wahlredner für ihn auf. 1636 jedoch waren die drei Partner in eine Reihe eigentümlicher Strömungen verwickelt. Wilson begann zu spüren, daß er bei den Mitgliedern der eigenen Gemeinde an Rückhalt verloren hatte, ähnlich wie Winthrops Einfluß geschwunden war, und beide, Wilson wie Winthrop, merkten langsam, daß sich John Cotton etwas anders gegen sie verhielt.
Während all dieser Vorgänge tauchte eine wichtige neue Figur in Boston auf. Henry Vane war damals ein Mann von dreiundzwanzig Jahren, Sohn eines der mächtigsten Männer in England und ein Günstling des Königs. Vane hatte die Fähigkeiten, die ihn später in den wirren Jahren von Cromwells Herrschaft zu einer der herausragenden politischen Gestalten machen sollten, noch nicht entfaltet, aber für die Leute in der Bucht war er eine attraktive Figur, und er wurde sofort zu einer politischen Kraft in Massachusetts. Er hatte patrizische Umgangsformen und eine rasche, geläufige Sympathie mit den fortschrittlicheren Ideen jener Zeit, zur gleichen Zeit aber konnte er sentimental, unvorsichtig und erstaunlich naiv sein. Vane repräsentierte eine neue Tendenz in der Bostoner Gesellschaft. Zum einen verlieh er seiner puritanischen Gesinnung mit einem Charme und Stil Ausdruck, die auch bei den verhärteten Siedlern der Bucht sofort ankamen. Darüber hinaus gehörte Vane der zeitgenössischen Welt Europas an. Er war von einer Weite der Phantasie, einer Grandiosität selbst in seinen Fehlern, die ein größeres Publikum als das von Massachusetts zu erfordern schienen, und diese Eigenschaften waren für ein seit langem von seinem Heimatland isoliertes Volk höchst anziehend. Zur Zeit des Antinomistenstreits nun hatte Vane gerade erst seinen glanzvollen Einzug in Massachusetts hinter sich und begann er, sich seine gewaltige Popularität zunutze zu machen. 1636, im Alter von vierundzwanzig Jahren, wurde er

zum Gouverneur gewählt. Es war das dritte Jahr hintereinander, das John Winthrop außer Amt blieb.
Kaum hatte Vane sein neues Amt angetreten, als man zu flüstern begann, er habe sich einer Fraktion in Boston angeschlossen, die manche sehr eigenwilligen Meinungen pflegte. Ein Siedler schrieb an einen Freund in London: »Mr. Vane kam als junger Herr aus England, wurde sogleich zum Gouverneur gewählt, und begann, auf seinem Stuhl noch kaum warm geworden, neue Lehren zu verfechten . . . (und) trieb sie so heftig voran, als ob es Dinge von größter Tragweite wären und man lieber den Frieden und das Wohl von Neu-England opfern müßte als zulassen, daß sie nicht stattfänden.«[4]
Die meisten dieser Ansichten schienen aus einem Privathaus in Boston zu stammen, in dem William Hutchinson mit seiner Frau Anne wohnte. Mrs. Hutchinson war damals in den Mittvierzigern, eine Frau von lebhafter Intelligenz, die gern über die dunkleren Fragen der puritanischen Theologie diskutierte und ihre Ansichten mit Hilfe imponierender Bibelkenntnisse zu verteidigen wußte. Obwohl die Hutchinsons erst vor kurzer Zeit in der Kolonie angekommen waren, hatte Annes Talent, Diskussionen und Kontroversen anzufachen, in Boston schon weithin Anerkennung gefunden. Man muß bedenken, daß die religiösen Angelegenheiten fast die einzige Unterhaltung waren, die man in der Bucht kannte, und da das Haus der Hutchinsons immer ganz erfüllt war von dem Klang der religiösen Gespräche, wurde es bald zu einem wichtigen Gemeindezentrum – einer Art theologischem Salon. Bis zu achtzig Leute kamen manchmal im Wohnzimmer zusammen, um über die letzte Sabbatpredigt zu sprechen, und die hervorragendste Stimme in diesen Diskussionen war immer die der Mrs. Hutchinson. Winthrop erschien sie als »eine Frau von hochmütigem und heftigem Betragen, von behendem Verstand und regem Geiste und sehr gewandter Zunge«[5], aber die Besucher ihres Hauses hätten vielleicht hinzugefügt, daß sie eine theologische Frage so eindringlich erörtern konnte, daß sie zeitweise nahezu inspiriert zu sein schien. Binnen kurzem waren die Privatseminare in Mrs. Hutchinsons Wohnzimmer weitaus beliebter als die offiziellen Predigten John Wilsons. Nicht nur

[4] Thomas Hutchinson: *The History of the Colony and Province of Massachusetts-Bay* (Boston, Thomas and John Fleet, 1764 und 1767), I, S. 64–5. Im folgenden zitiert als Hutchinson, *History*.

[5] John Winthrop: »A Short Story of the Rise, Reign, and Ruin of Antinomians, Familists and Libertines, that Infected the Churches of New England«, London, 1644; in *Antinomianism in the Colony of Massachusetts Bay, 1636–1638,* herausgegeben von Charles Francis Adams (Boston, Publications of the Prince Society, 1894), S. 138.

wandten sich die meisten aus der Bostoner Gemeinde an sie, um religiösen Rat zu erlangen, sondern auch viele der leitenden Amtsträger, einschließlich des jungen Gouverneurs, erschienen regelmäßig zu ihren Versammlungen. »Es war ein Wunder«, schrieb Winthrop betrübt, »wie plötzlich die ganze Kirche von Boston (einige wenige ausgenommen) zu ihrer Anhängerschaft geworden war.«[6]

Zuerst scheinen die Diskussionen in Mrs. Hutchinsons Haus recht allgemeinen Charakters gewesen zu sein, als aber die Erregung über die offenkundige Revolte der Gemeinde gegen Wilson in Boston anwuchs, begann die ganze Angelegenheit ein ernsthafteres Ansehen zu bekommen. Vielleicht gab es in ganz Boston, wie Winthrop später behauptete, nur wenige Leute, die Mrs. Hutchinsons Argumentation wirklich bis in ihre Feinheiten hinein zu folgen vermochten, und vielleicht war sie auch selbst ihrer Sache gar nicht so sicher, aber einen Punkt gab es, in dem ihre Meinung für jedermann ziemlich klar war. Sie glaubte, daß nur zwei Geistliche in der ganzen Kolonie mit dem, was sie den »Gnadenbund« nannte, vertraut genug waren, um zu ihrem Amte befähigt zu sein, und sie betonte mit besonderem Nachdruck, daß John Wilson keiner von diesen sei. Es ist im Augenblick nicht von Interesse, in welcher Form sie diesen Ansichten Ausdruck gab, aber es ist wichtig, etwas über die beiden Geistlichen zu sagen, die von diesem harten Urteil ausgenommen blieben. Den ersten, John Cotton, haben wir schon vorgestellt. Mrs. Hutchinson war schon seit einiger Zeit mit den Lehren dieses großen Mannes vertraut, denn sie war in England eine seiner Anhängerinnen gewesen, und sie war in die neue Welt ausgewandert, um in seiner Gemeinde zu bleiben. In der ganzen folgenden Kontroverse äußerte Mrs. Hutchinson kaum je eine Ansicht, die sie nicht Cotton zuschrieb – für ihn ein Anlaß offensichtlicher Verlegenheit.

Der zweite, der dieser allgemeinen Verurteilung entging, war der Pfarrer John Wheelwright, ein Neuankömmling in der Bucht. Er war in Boston erst wenige Stunden nach Vanes Wahl zum Gouverneur gelandet und schien seine glückliche Ankunft damit zu feiern, daß er sich geradewegs in den Kampf stürzte. Er war über seine Frau mit Mrs. Hutchinson verwandt, was sein Eingreifen noch etwas beschleunigt haben mag; wahrscheinlich aber hätte er den Weg auf das Schlachtfeld auch ohne diese Erleichterung gefunden, denn er glühte noch von der Hitze der Geisteskämpfe, die damals in England tobten, und war, wie viele seiner Zeitgenossen daheim, in einer grimmigen, rechthaberischen Stimmung. In vieler Hinsicht stellte er eine Art Puritanismus dar, wie sie bald in den

[6] *Ibid.*, S. 161.

Reihen von Cromwells Heer auftauchen sollte, die aber in den engeren Verhältnissen der Bucht noch keinen Ausdruck gefunden hatte. Massachusetts erlebte mehrere Männer dieses Gepräges, Menschen, deren theologische Haltung sie langsam der Idee näher brachte, daß der Staat verschiedene religiöse Ansichten tolerieren könnte: Henry Vane war einer von ihnen, Roger Williams ein zweiter, und Wheelwright gehörte eindeutig in diese Gesellschaft. Es ist eine bezeichnende Fußnote zu der Geschichte von Massachusetts, daß jeder dieser drei Männer später in dem Unternehmen der Großen Rebellion Bedeutung erlangte und seine Ideen in dem empfänglicheren Boden Englands Wurzel fassen sah.

Als Wheelwright nach Boston kam, lange bevor die Revolte in England ausbrach, war er also bereits eingestimmt auf den Ton der Kontroverse, und es ist ganz natürlich, daß sein Erscheinen auf der Szene das erste größere Gefecht zwischen den Bewunderern Anne Hutchinsons und der herrschenden Gruppe des Gemeinwesens hervorrief.

Das Gefecht begann, als einige Mitglieder der Bostoner Gemeinde, die vermutlich auf Anregung Mrs. Hutchinsons handelten, vorschlugen, Wheelwright als Kollegen Cottons in die Gemeinde zu berufen. Verständlicherweise war Wilson nicht geneigt, diesen Vorschlag anzunehmen, und der nun folgende Streit zeigte in grausamen Einzelheiten, wie weit seine Herde von ihm abgefallen war. Nur vier oder fünf Personen hielten den ganzen bitteren Wortwechsel durch zu ihm, aber einer von diesen war John Winthrop, und der abgehalfterte alte Führer scheint sich der Situation mit ungewöhnlicher Kraft und Entschiedenheit gewachsen gezeigt zu haben. Nach den Regeln der Kirchenversammlung konnte kein Beschluß gefaßt werden, sofern nicht eine Art Arbeitskonsens erzielt worden war, und auf Winthrops scharfe Einwände hin wurde das Thema stillschweigend (wenn auch verdrossen) fallengelassen. Wheelwright nahm eine Berufung in eine andere Gemeinde an, und zumindest für den Augenblick war der offene Konflikt vertagt.

Aber das kurze Handgemenge hatte zwei anhaltende Wirkungen gezeigt. Erstens hatte es klargemacht, in welcher Formation beide Seiten im Falle weiterer Unruhen gegeneinander antreten würden: Mrs. Hutchinson konnte fast die ganze Gemeinde zu ihrer Verteidigung um sich scharen, während Wilson in einer peinlich unsicheren Lage blieb, auf der einen Flanke nur schwach gedeckt durch Winthrops schwindendes Prestige und auf der anderen vollends preisgegeben durch die deutliche Neutralität Cottons. Zweitens war der Streit laut genug gewesen, um auch in anderen Teilen der Kolonie bemerkt zu werden, und bald waren die merkwürdigen Bostoner Unruhen überall Gesprächsthema.

Die Puritaner von Neu-England hatten viel Zutrauen in die Kraft der eigenen Vernunft und reagierten auf Krisensituationen im allgemeinen damit, daß sie Versammlungen einberiefen, um die Angelegenheit zu diskutieren, und so wurde der Antinomistenstreit wie viele andere Zwistigkeiten in der Geschichte der Bucht mit einer Reihe von Konferenzen eingeleitet. Aus allen Teilen des Landes kamen Geistliche nach Boston, um die Probleme der örtlichen Kirchengemeinde kennenzulernen, sich mit Winthrop zu besprechen, mit Vane zu streiten, mit Cotton zu disputieren und mindestens einmal auch Mrs. Hutchinson selbst zur Rede zu stellen. Bis auf den letzten Mann sympathisierten diese Geistlichen mit John Wilson, und bevor noch die Konferenz-Saison ihren normalen Verlauf genommen hatte, waren nahezu alle Gemüter in Boston aufs höchste erregt. Bei einer Gelegenheit eröffnete Gouverneur Vane eine Versammlung der Friedensrichter, indem er in Tränen ausbrach und androhte, er werde die Kolonie überhaupt verlassen, eine Taktlosigkeit, die er später bereute, als die Bostoner ihm zusetzten. Bei einer anderen Gelegenheit richtete Wilson vor einer Versammlung der führenden Männer der Kolonie einen heftigen Angriff gegen die Bostoner Kirche, für den er beinahe von seiner eigenen Gemeinde gerügt worden wäre. Und schließlich, wie um das Unglück voll zu machen, traf Mrs. Hutchinson mit einer Abordnung von Geistlichen zusammen, denen sie verkündete, niemand von ihnen sei fähig, das Evangelium zu lehren. Angesichts dieser alarmierenden Situation gaben die zu Besuch weilenden Geistlichen kurzerhand ihre Friedensmission auf und begannen als ein Ermittlungsausschuß zu arbeiten: Massachusetts bereitete seinen Prozeß gegen die Bostoner Aufrührer vor.

Währenddessen wurden die Bostoner immer unruhiger. Nachdem sie es einmal müde waren, Wilson die eigene Kanzel zu verleiden, begannen sie in lebhaften Gruppen im Lande herumzureisen, andere Geistliche in Verlegenheit zu bringen und andere Gemeinden aufzustören, bis die Luft in Massachusetts mit Erregung geladen war. Winthrop berichtete:

Jeder Anlaß vermehrte so den Streit und bewirkte große Entfremdung der Geister; und die Mitglieder von Boston (die zu den Predigten anderer Geistlicher gingen) verursachten viele Störungen durch öffentliche Zwischenfragen und Einwände gegen deren Lehren, wenn sie nur irgendwie mit ihren Ansichten nicht übereinstimmten; und so wurde es hier allmählich ebenso üblich, zwischen Menschen unter dem Gnadenbund und solchen unter dem Werkbund zu unterscheiden wie in anderen Ländern zwischen Protestanten und Papisten.[7]

---

7 Winthrop, Journal, I, S. 219.

Als die Konferenz-Saison ihrem Ende zuging, waren die konservativen Elemente im Land durch und durch alarmiert und kampfbereit, aber es war deutlich, daß viele Menschen nicht recht wußten, worum der Kampf gehen sollte. Winthrops Meinung war, daß »außer den Menschen von guter Bildung und jenen, welche den Grund der Lehren der anderen Seite kannten, kaum jemand sehen konnte, wo der Unterschied lag«[8], und auch dreihundert Jahre später erscheint die Situation nicht viel klarer. Irgendwie sollte ein Kampf um Fragen stattfinden, die noch keinen Namen hatten – Fragen, die so wichtig waren, daß Männer darüber handgemein werden konnten, aber noch nicht so genau definiert, um die geordnete Diskussion zu gestatten.
Mrs. Hutchinsons Diskussion mit der Geistlichkeit von Massachusetts wurde in einem so ermüdenden Schwall von Worten und Ideen ausgetragen, daß es schwer ist, den Streit in seinen Grundzügen zu verfolgen – besonders, wenn wir aus dem Ton entnehmen, daß es eher ein theologischer als ein politischer Streit war. Der Historiker Charles Francis Adams kommt zu dem Schluß:

Nicht nur blieb dunkel, welches die strittigen Punkte waren, die Diskussion wurde auch in einem Jargon geführt, der inzwischen unverständlich geworden ist; und aus theologischer Sicht ist sie jetzt nicht mehr von Interesse. Bestenfalls kann sie noch eine flaue Neugier wecken, als ein weiteres Beispiel für die kindische Aufregung über Lappalien, die immer und überall die Menschen von den Ankern der gemeinen Vernunft losreißen kann.[9]

Adams' Verzweiflung über den Gegenstand der Diskussion muß ernstgenommen werden, denn niemand hat diese Episode gründlicher untersucht als er. Doch liegt die Bedeutung des Antinomistenstreits nicht so sehr in dem, was gesagt wurde, als vielmehr in der Form der daran anschließenden Ereignisse. Um zu verstehen, warum sich vernünftige Menschen über solche »Lappalien« streiten konnten, müssen wir eher die Gesamtsituation betrachten als die Einzelheiten der Diskussion an sich, denn die Affäre hatte eine Form und Logik, die in den Worten, die gesprochen wurden, nicht ganz zum Ausdruck kommen.
Zunächst einmal war Mrs. Hutchinson eine Frau, und diese einfache Tatsache muß die Erbitterung der Ältesten erheblich vermehrt haben. Die Vorstellungen der Puritaner über die Rolle der Frau im Gemeinschaftsleben waren selbst nach den Maßstäben des siebzehnten Jahrhunderts nicht eben progressiv – eine Tatsache, die Winthrop mehr als deut-

[8] Winthrop, Journal, I, S. 216–7.
[9] Charles Francis Adams, *Three Episodes*, I, S. 367.

lich macht, wenn er erklärt, daß eine Frau aus seinem Bekanntenkreis geisteskrank geworden sei, weil sie zu viele Bücher gelesen habe, »denn«, fügt er im Stil eines Leitartiklers hinzu, »wenn sie ihre Haushaltsgeschäfte besorgt hätte und solche Dinge, wie sie Sache der Frauen sind, und sich nicht solche Mühe gemacht und sich angemaßt hätte, sich in solche Dinge einzumischen, wie sie Männern geziemen, so hätte sie den Verstand behalten und ihn vielleicht noch auf nützliche und ehrenwerte Weise verbessert, an dem Platze, wohin Gott sie gestellt hatte.«[10] Überflüssig zu sagen, daß Männer wie Winthrop über eine Frau von Mrs. Hutchinsons streitbarer Intelligenz erzürnt sein mußten, ob sie nun verstanden, wovon sie redete, oder nicht.

In einer Hinsicht jedoch verstand jedermann, wovon Mrs. Hutchinson sprach. Als sie erklärte, daß unter den vielen Geistlichen der Bucht nur Cotton und Wheelwright im »Bund der Gnade« seien, was unmißverständlich einschloß, alle anderen predigten den »Bund der Werke«, traf sie bei ihrem puritanischen Publikum einen empfindlichen Nerv. So unbestimmt sie auch waren, hatten diese beiden Ausdrücke doch in der Frühgeschichte der Reformation eine bedeutende Rolle gespielt und vermochten immer noch alte Erbitterung und Unsicherheit wieder anzufachen.

Nach der puritanischen Interpretation der Schöpfungsgeschichte hatte Gott einst Adam versprochen, daß seine Nachkommen sich des ewigen Lebens erfreuen sollten, solange er sich vom Baum der Erkenntnis, der verbotenen Frucht, fernhielte. Diesen einfachen Vertrag hatte Adam bekanntlich nicht eingehalten, und die Menschheit wurde zu Mühsal, Entbehrung und schließlich zum Tode verurteilt. Dann aber bot Gott dem Menschen einen neuen Vertrag oder »Bund« an, in dem Er einwilligte, eine kleine Anzahl Menschen in völlig willkürlicher Weise vor der Verdammnis zu erretten; diese waren gleichsam zufällig aus Seinem Volke auserwählt und sie erhielten im voraus Seine Gnade verliehen. Das wichtigste Merkmal dieses neuen Gnadenbundes war, daß es keine Garantien mehr gab, keine Möglichkeit für den Menschen, sich das Heil durch gute Werke zu verdienen. Auf die einfachste Formel gebracht war die erste dieser Übereinkünfte (zwischen Gott und Adam) der Bund der Werke, während der zweite, der diesen ersetzte, der Bund der Gnade war.

Nun waren diese beiden »Bünde« oder Gnadenordnungen (engl. covenants) wesentlich dem Denken der Reformation entsprungen. Als die Reformatoren der ersten Generation die Autorität Roms angriffen, behaupteten sie, die formale Struktur der katholischen Kirche – mit ihren Regeln und Formeln, ihrer Almosen- und ihrer Dispensordnung – sei in

[10] Winthrop, Journal, II, S. 225.

Wahrheit ein Rückfall in den verwirkten Bund der Werkgerechtigkeit, denn die Kirche schien zu lehren, daß sich der Mensch durch Beobachtung einiger weniger einfacher Regeln seinen Weg in den Himmel verdienen könne, genau wie Adam für alle seine Nachkommen das Heil hätte erlangen können, wenn er nur ein einziges Verbot beachtet hätte. Der Gnadenbund hatte also in diesem Zusammenhang eine ganz eigene Bedeutung. Wenn die Gnade willkürlich verliehen wird und in keinem Verhältnis zu dem gegenwärtigen Tun der Menschen auf Erden steht, dann brauchen die Menschen keine religiösen Hilfen, um sich auf die Ewigkeit vorzubereiten, und keine Priesterklasse, die für sie betet. Die Gnade ist ein intimes Verhältnis, eine persönliche Beziehung zwischen Gott und Seinen erwählten Heiligen.

Wie viele andere Lehren des Reformationsdenkens wurde jedoch diese Unterscheidung zwischen Gnaden- und Werkgerechtigkeit häufiger als Metapher denn als buchstäbliche Legitimation verstanden. Eine an der Macht befindliche Partei konnte nur in äußerst vorsichtiger Formulierung davon reden. In ihrer reinsten Form war die Lehre vom Gnadenbund fast eine Aufforderung zur Anarchie, denn sie hielt die Menschen dazu an, sich eher von einem inneren Drange als von äußerer Disziplin leiten zu lassen. Nahm man die Idee ganz wörtlich, so war des Unheils, das jemand anrichten mochte, kein Ende. Angenommen, jemand mißdeutete seine Magenverstimmung als ein göttliches Zeichen und schlug los gegen die Autorität, egal wie legitim sie war? Nein, für revolutionäre Parolen mochte die Lehre vom Gnadenbund taugen, aber für eine Regierung, die erst einmal an der Macht war, war sie in ihrer ungeschmälerten Form kaum zu dulden. Als Martin Luther sich zum Beispiel zuerst gegen Rom auflehnte und sein Mönchsgelübde brach, rechtfertigte er sich damit, daß er eine göttliche Aufforderung erhalten habe; später jedoch, als ganz Deutschland von den neuen Lehren zerrissen wurde und die Bauern aufstanden, wie sie meinten, zu einem religiösen Kreuzzug, da mußte er sich voll Entsetzen abwenden. Irgendwie schienen die Stimmen, welche die Bauern zum Kriege aufriefen, nun doch nicht von der gleichen Göttlichkeit zu sein wie die Stimmen, die Luther geheißen hatten, mit der Kirche zu brechen, und das Problem für die verantwortungsbewußteren unter den Reformatoren war, eine Einrichtung zu schaffen, die beides zu unterscheiden vermochte, ohne in die Formelhaftigkeit und Disziplin der katholischen Kirche zurückzufallen. Während der ganzen Frühzeit der Reformation war dieses Dilemma immer von neuem aufgetreten, und die Menschen von Neu-England waren dafür nicht weniger anfällig. Sie hatten den anglikanischen Bischöfen entgegengehalten, jedermann solle frei sein, seinen Weg in den Himmel selbst auszuhandeln, ohne Einmischung einer zentralen Kirchenhierarchie, aber nun, wo sie ein Land zu besiedeln und ein Volk zu regieren hatten, mußte der Ton ihrer Argumentation sich ändern. Als man die Bostoner Aufrührer »Antinomisten« nannte, schien sich ein bereits vertrauter Zyklus zu wiederholen, denn denselben Namen hatte man auch den radikaleren Ketzern der Lutherzeit gegeben, und viele der Geistlichen in der Bucht waren im alten England selbst so bezeichnet worden.

Anne Hutchinson war womöglich keine Antinomistin im reinsten Sinne des Wortes, aber sie schien eine Art religiösen Enthusiasmus zu verfechten, der in einer Gesellschaft von orthodoxen Heiligen einfach nicht möglich war. Sie sprach zu Menschen, deren Sinn für Theologie durch die endlosen Kontroversen der Reformation geschärft und denen der Kern ihrer Argumentation völlig klar war. Wenn die Heiligen mit Gott durch die Gnadenwahl verbunden sind, so fragte sie, warum ist es dann nötig, daß sie sich die Disziplin einer irdischen Kirche gefallen lassen? Wenn Gott Seine Gnade in einem persönlichen Augenblick der Bekehrung dem Empfänger direkt verleiht, warum muß dann diese Gabe von einem Kirchenbeamten ratifiziert werden, der vielleicht selber nicht erwählt ist? Es ist schwer zu sagen, wie weit Mrs. Hutchinson in ihrem Mißtrauen gegen die Aufsicht der Kirche gehen wollte, denn von ihren eigenen Worten ist wenig erhalten geblieben. Aber sie verkündete jedenfalls, daß die gegenwärtigen Prediger der Bucht ihres Amtes nicht würdig seien, und was auch immer sie sonst noch über die Bedeutung der Kirchendisziplin in einer Gemeinschaft von Heiligen gedacht haben mag, diese Ansicht reichte völlig aus, um den ganzen Staatsapparat gegen sie in Tätigkeit zu setzen.

In mehrfacher Hinsicht wiederholte also Mrs. Hutchinson nur in übersteigerter Form, was schon viele puritanische Prediger vor ihr gesagt hatten, und vielleicht stimmte es, daß viele ihrer Ideen, wie sie selber behauptete, aus den frühen Predigten John Cottons entlehnt waren. Aber die Lehre der Puritaner war seit der Zeit, als Cotton ein junger Geistlicher in Lincolnshire war, beträchtlich revidiert worden. Das Credo einer Minderheitsgruppe war zum Programm einer Regierungspartei geworden, und dabei hatte es eine Reihe neuer Verpflichtungen in sich aufgenommen. Nach und nach hatten zwei Ergänzungen zu der ursprünglichen Lehre von der Gnadenwahl ins Denken der Kongregationalisten Eingang gefunden, deren jede eher eine Verschiebung in den Akzenten als in den Inhalten der Lehre bedeutete. Die erste lag in dem Gedanken, daß ordinierte Geistliche fähig waren zu beurteilen, wer eine echte Bekehrung erlebt hatte und wer nicht, womit die Geistlichen jede nur erforderliche Legitimation erhielten, die Kandidaten für die Kirchenmitgliedschaft und für das Bürgerrecht auszuwählen. Die zweite Ergänzung lag in dem Gedanken, daß auch ein noch so sicher erwählter Heiliger der Kirchendisziplin unterliegen und vom Willen der Gemeinde geleitet sein sollte, nicht zwar, weil sein künftiger Lohn davon abhinge, sondern weil er auf die Gnade angemessen vorbereitet sein müßte, wenn sie ihm einmal zuteil werde. Die Geistlichen hoben sorgsam hervor, daß diese Akzentverschiebungen in der Lehre keinen Rückfall in die diskreditierte Werkgerechtigkeit bedeute, aber die Linie zwischen den beiden Positionen wurde immer schwerer erkennbar, denn es wurde deutlich, jemand konnte seine Mitmenschen von seiner Erwähltheit am leichtesten dadurch überzeugen, daß er sich als ergebener Diener der Kirche und loyaler Staatsbürger aufführte. Wie Mrs. Hutchinson sehr richtig spürte, war ein neuer Zug im Denken Neu-Englands aufgekommen. Die Geistlichen behaupteten nicht, daß die äußere Konformität notwendig sei, um die Erwähltheit zu *verdienen,* aber sie schienen zu sagen, daß sie das angemessene Verhalten war, um die Erwähltheit zu *beweisen,* und damit hatte der Gnadenbund so viel von seinem inneren Geheimnis verloren, daß er der alten Werkgerechtigkeit einigermaßen ähnlich sah. Die Geistlichen waren fest überzeugt, den Unterschied logisch erklären zu können, aber das kostete sie so viele mühsame Stunden, daß sich ihre Unsicherheit verriet, wann immer sie auf die Kanzel stiegen oder zur Feder griffen.

Das Gefährliche an Mrs. Hutchinsons Position war natürlich, daß sie den Geistlichen nicht die Autorität gewähren wollte, deren sie bedurften, um die Gnadenwahllehre als politisches Werkzeug zu benutzen. Zu Anfang war ihr Streit mit der Geistlichkeit vielleicht eine persönliche Angelegenheit: Sie vertraute ganz auf die eigene Erwähltheit und glaubte keine Sekunde, daß ein Prediger wie Wilson, welches auch immer seine Ämter oder seine Universitätsdiplome aus Cambridge sein mochten, befugt war, ihre Voraussetzungen für die Heiligkeit zu prüfen. Sie war ganz sicher, daß ein gottgefälliges Verhalten in diesem Leben kein Beweis war, daß man für das Heil im nächsten Leben auserwählt sei. Nun war all dies im besten puritanischen Sinne der Generation zuvor, und hätte sie ihre Argumente anglikanischen Kirchenmitgliedern anstatt den Heiligen von Neu-England vorgetragen, so hätte ihre Haltung vermutlich einige Anerkennung gefunden. Aber Mrs. Hutchinson hatte nicht begriffen, wie die Welt sich geändert hatte. Heiligkeit war nun in Neu-England ebensowohl eine politische Verantwortung wie ein geistiger Zustand geworden, und als sie andeutete, daß ihre Erwähltheit sie über die Herrschaft gewöhnlicher Menschen hinaushob, schien sie eine Freiheit zu verlangen, die keine Regierung ihr guten Gewissens einräumen konnte. Es ist wichtig, daran zu denken, daß Mrs. Hutchinson eine solche Freiheit nicht wirklich verlangte und auch die Rechtshoheit der Regierung über sich nicht bestritt – aber bei dem Versuch, ihre Unzufriedenheit genau zu formulieren, hatte sie eine höchst anspielungsreiche Metapher gewählt und dabei diese Kinder der Reformation an Fragen erinnert, die seit vielen Jahren unter der Oberfläche schwelten. Es war nicht so sehr die Stimme der Mrs. Hutchinson als vielmehr ihr Echo, das den Antinomistenstreit in der Kolonie auslöste.

Der Prozeß gegen Mrs. Hutchinson und ihre Anhänger war also weitgehend ein politischer Prozeß. Was aus ihrem Hause an Argumenten nach außen drang, war in die Sprache der Theologie gekleidet, aber – soweit man beides im Denken des siebzehnten Jahrhundert überhaupt unterscheiden kann – die Anklage gegen sie lautete eher auf Aufruhr als auf Ketzerei, und sobald die Führer der Kolonie einmal bemerkt hatten, welche Wirkung Mrs. Hutchinsons Kreuzzug unter den Siedlern der Bucht hervorrief, gingen sie schwer gerüstet zum Angriff über.

Gegen Ende des Jahres 1636 waren die Friedensrichter so weit, daß sie den Prozeß gegen die Bostoner Aufrührer hätten eröffnen können. Sie konnten es sich nicht leisten, ihre Offensive mit einer massiven Kraftprobe zu beginnen, denn die Bostoner Fraktion war inzwischen sehr stark, aber sie begannen, die Wurzeln dieser Stärke in methodischer, systematischer Weise auszujäten.

Ihr erster Schlag kam eher zögernd. Ende 1636 hatte Wheelwright in Boston auf Einladung der Ortsgemeinde eine Predigt gehalten, und nun, Anfang 1637, zitierte ihn der Ältestenrat vor Gericht, unter der Anklage der Anstiftung zum Aufruhr. Die Predigt, welche diese Maßnahme hervorrief, ist eines der interessantesten unter den aus jener Zeit erhaltenen Dokumenten: Wie so viele der Salven, die während der Kontroverse abgefeuert wurden, ist auch sie äußerst schwer verständlich, aber sie hat einen zornigen Klang – sogar mit einem Hinweis auf Gewalt –, der noch drei Jahrhunderte später zu spüren ist.

> Der Weg, den wir gehen müssen, wenn wir nicht zulassen wollen, daß uns der Herr Jesus genommen wird, ist dieser, wir müssen uns alle auf einen geistigen Kampf vorbereiten, wir müssen die volle Rüstung Gottes anlegen . . . und wir müssen unsere Lenden gürten und bereit sein zu kämpfen . . . Wir alle müssen uns für die Schlacht rüsten und uns gegen die Feinde des Herrn erklären, und wenn wir uns nicht anstrengen, werden die im Bund der Werke obsiegen.[11]

---

[11] John Wheelwright: *Papers,* herausgegeben von Charles H. Bell (Boston, Publications of the Prince Society, 1876), S. 160–61.

Wheelwrights Prozeß begann hinter verschlossenen Türen und dauerte mehrere Tage. Am Ende wurde er der Mißachtung des Gerichts und der Aufwiegelung für schuldig befunden, aber die Entscheidung war so knapp und die Reaktion in der Bevölkerung so stark, daß das Gericht das Urteil bis zu einem späteren und ruhigeren Datum aussetzte. Wheelwright war ohnehin für die Friedensrichter kein wichtiger Gegner, und sie waren bereit abzuwarten, bis ein größeres Problem beseitigt werden konnte.

Dieses Problem war der Gouverneur Vane. Obwohl seine enorme Popularität in der Kolonie insgesamt etwas geschwunden war, war er immer noch der Liebling von Boston und ein Symbol von großer Bedeutung für die Sache der Antinomisten. Seine immer deutlichere Identifizierung mit der Bostoner Fraktion hatte indirekt zu einer Umgruppierung der politischen Kräfte in der ganzen Kolonie geführt. Die ersten Scharmützel hatten zumindest die Schußlinien begradigt, und nun, wo die Fronten klarer waren, begannen sich die übrigen Siedler auf einer der beiden Seiten für den bevorstehenden Kampf einzureihen. Im Zuge dieser Umgruppierung kam John Winthrop wieder aus seinem Ruhestand hervor, um die Führung der konservativen Kräfte zu übernehmen, und so wurden die beiden einander im Format so ähnlichen und im Temperament so verschiedenen Rivalen zu den Hauptkandidaten der Wahl von 1637. Die Friedensrichter hatten Winthrop zu seiner Rückkehr an die Macht den Boden geebnet, indem sie den Ort der Wahl von Boston nach Cambridge verlegten (in jenen Tagen eine mächtige Entfernung), und die konservative Partei machte sich die Situation voll zunutze. Winthrop gewann nicht nur das Gouverneursamt mit einer eindrucksvollen Mehrheit zurück, sondern Vane und zwei andere Kandidaten der Bostoner Gruppe blieben auch ohne jeden Sitz unter den Friedensrichtern, eine deutliche Zurechtweisung unter Menschen, die gewohnt waren, öffentliche Ämter als ein Vorrecht der Hochgeborenen zu betrachten.

Diese Wendung des Schicksals änderte den Charakter des Streits gründlich. Alle Friedensrichter im Lande und alle gewählten Abgeordneten bis auf zwei oder drei waren nun bald gegen die Hutchinson-Fraktion; doch selbst mit dieser Übermacht im Rücken ging die Anklage vorsichtig zuwege. Im Mai 1637 erließ die Generalversammlung eine Verordnung, daß kein Fremder ohne die ausdrückliche Erlaubnis eines der Friedensrichter länger als drei Wochen in der Kolonie bleiben dürfe[12], eine Bestimmung, die bewußt zu dem Zweck erlassen wurde, der Bostoner Gruppe den Nachschub abzuschneiden, »denn es war sehr wahrscheinlich«, teilt Winthrop uns unumwunden mit, »daß sie viele von ihrer Gesinnung aus

[12] Massachusetts Records, I, S. 196.

England erwarteten.«[13] Diese Maßnahme brachte die Erregung in der Kolonie auf einen neuen Gipfelpunkt, und in den folgenden Monaten kamen noch einige Vorfälle hinzu, welche die bereits bloßgelegten Nerven weiter reizten. Zunächst einmal wandte Winthrop das neue Fremdengesetz gleich in voller Strenge an, indem er einer Gruppe von Neuankömmlingen den Verbleib in der Bucht verweigerte, und diese abrupte Maßnahme von seiten eines Mannes, der für seine Gastfreundschaft bekannt war, schuf neue Bitterkeit. Nicht viel später verweigerte ein Kontingent von Männern aus Boston den Militärdienst, weil ihr Kaplan im Bund der Werke stünde – und das trotz der Tatsache, daß sich die Kolonie gerade in einem gefährlichen Krieg mit den Pequot-Indianern befand. Inzwischen ließ Vane in Boston seine schlechte Laune aus und begegnete Winthrop bei mehreren Gelegenheiten mit sinnloser Grobheit. Und als diese Gefühlsausbrüche einen kritischen Punkt erreicht hatten, reiste Vane plötzlich nach England ab und ließ die Bostoner Partei ohne jede politische Führung zurück.

Die Friedensrichter aber zögerten immer noch, zur Tat zu schreiten, denn wenn sie auch wußten, wer die Schuldigen seien und was mit ihnen zu geschehen habe, so wußten sie doch nicht, wie sie die begangenen Verbrechen bezeichnen sollten. Männer wie John Wilson oder Thomas Dudley konnten zwar eine prachtvolle Kette von Adjektiven aneinanderreihen, wenn man sie aufforderte, die Sünden Mrs. Hutchinsons und ihrer lärmenden Gefolgschaft zu beschreiben, aber bei aller Kraft und Farbigkeit bildeten diese Ausdrücke doch noch keinerlei rechtliche Anklage, nicht einmal nach den großzügigen Maßstäben der puritanischen Justiz. Und so berief man im Sommer 1637 eine Kirchensynode ein, um die Angelegenheit zu klären. Die Geistlichen, die zu dieser wichtigen Tagung nach Boston kamen, sollten eine Grundlage schaffen, nach der das Gericht die Handlungen der Antinomisten-Gruppe beurteilen konnte; sie sollten ein ausdrückliches Kirchengesetz formulieren. Wie alle Geistlichen der Bucht waren auch Cotton und Wheelwright eingeladen, aber anscheinend war der erstere in recht versöhnlicher Stimmung und der letztere so schockiert über das Verfahren, daß er sich zurückhielt und sehr wenig sagte. Bevor die Synode zu Ende ging, hatten sich die Geistlichen in eine wahre Orgie der Ketzerjagd hineingesteigert: Sie bestimmten nicht weniger als zweiundachtzig »gefährliche Meinungen«, ehe ihr theologischer Appetit gestillt war, und dann krönten sie ihr Werk, indem sie noch eine Liste von neun »unziemlichen Ausdrücken« hintanfügten. Die Synode dauerte vierundzwanzig Tage, in welcher Zeit die Liste der möglichen Häresien zu

[13] Winthrop, Journal, I, S. 219.

epischer Länge anwuchs, bis die Friedensrichter schließlich die Verfolgungswaffe in den Händen hielten, die sie so dringend brauchten – eine ausdrückliche Beschreibung der Orthodoxie, die sie schützen sollten. Am Ende gab John Cotton, der inzwischen sehr erschöpft gewesen sein muß, bekannt, er habe nun seine Irrtümer eingesehen.
Gestärkt durch den klaren Auftrag der Synode und erleichtert über die Andeutungen von Versöhnungsbereitschaft in der Haltung John Cottons, nahmen die Friedensrichter ihr unerledigtes Geschäft mit neuer Energie wieder auf. Sie begannen mit einem tiefen Griff in die Akten der Generalversammlung, aus denen sie ein nahezu vergessenes Dokument hervorzogen. Als Wheelwright nach seiner Predigt wegen Anstiftung zum Aufruhr verhaftet worden war, hatten die Bostoner eine Petition bei der Generalversammlung eingereicht, in welcher sie gegen diese Maßnahme protestierten. Acht Monate später nun wurde die Petition wieder hervorgeholt, um das Vorgehen gegen die Bostoner Aufrührer zu erleichtern. Winthrop gibt vergnügt zu, daß dieses neu erwachte Interesse an der Petition wenig mehr als ein Vorwand war:

Es bestand große Hoffnung, daß die letzte Generalversammlung einiges Gute bewirken könnte, um die Unruhen und Streitigkeiten über Fragen der Religion zu befrieden, aber es kam anders . . . Woraufhin die Generalversammlung während einer Versammlung (am zweiten November), nachdem sie auf Befragen festgestellt hatte, daß zwei so gegensätzliche Parteien nicht in derselben Körperschaft bleiben könnten ohne Gefahr, das Ganze zu ruinieren, schließlich übereinkam, manche von den Prinzipien beiseite zu lassen; und eine gute Gelegenheit dazu bot die Remonstranz oder Petition, die sie an die Versammlung gerichtet hatten (am neunten März) und worin sie versichern, Mr. Wheelwright sei unschuldig und die Versammlung habe die Wahrheit Christi beleidigt, zusammen mit anderen verleumderischen und aufrührerischen Worten.[14]

In Würdigung dieser »guten Gelegenheit« stürzte sich die Generalversammlung in Aktivität. In einer raschen Folge von Verfügungen entließ die Versammlung 1) zwei Abgeordnete aus Boston, welche die Petition mitunterzeichnet hatten, 2) verbannte Pfarrer Wheelwright und Mrs. Hutchinson aus der Kolonie, 3) entzog acht weiteren Personen aus Boston, die zu der schuldigen Fraktion gehört hatten, das Bürgerrecht und 4) rundete die Säuberung ab mit der Entwaffnung von fünfundsiebzig Personen im ganzen Land, darunter allein achtundfünfzig aus Boston.

Nachdem die Meinungen und Offenbarungen von Mr. Wheelwright und Mrs. Hutchinson viele der Menschen hier in Neu-England verführt und zu gefährlichen Irrtümern verleitet haben, und insofern billige Gründe zu dem Argwohn vorliegen,

---

[14] Winthrop, Journal, I, S. 239–40.

daß sie, wie andere früher in Deutschland, auf irgendeine Offenbarung hin plötzlich über jene herfallen, die anderen Urteils sind als sie, wird zur Verhinderung desselben angeordnet, daß all jene, deren Namen untenstehend aufgeführt werden, (auf mündliche oder in ihren Wohnhäusern hinterlassene Aufforderung) vor dem 30. dieses Monats November in Mr. Canes Haus in Boston alle Gewehre, Pistolen, Degen, Pulver, Blei und Lunten abliefern sollen, die sich in ihrem Besitz oder Gewahrsam befinden, gegen Strafe von zehn Pfund für jede Unterlassung . . .[15]

In ein paar Tagen war alles erledigt.

II

Der Prozeß gegen Anne Hutchinson fand im November 1637 statt, und eine Mitschrift des Verfahrens ist erhalten geblieben.[16] In vieler Hinsicht sagt uns der Prozeß ebensoviel über die durch den Antinomistenstreit ausgelöste Verwirrung wie jede Menge anderer Dokumente; die Prozeßaufzeichnungen sind unsere einzige Möglichkeit, die feindlichen Kräfte im unmittelbaren Gegeneinander zu sehen. Obwohl nur eine einzelne Frau vor Gericht stand, die bei schlechter Gesundheit und ohne jeden Rechtsbeistand war, wurde doch einer ganzen Lebensauffassung der Prozeß gemacht. Anne Hutchinson repräsentierte nicht nur eine Gruppe unzufriedener Kolonisten, die über hundert zählte, sondern auch eine Strömung des Puritanismus, die gelten zu lassen sich die Kolonie nicht länger gestatten konnte. Als Gouverneur Winthrop und Mistress Hutchinson einander an dem ungedeckten Holztisch, um den die Verhandlung stattfand, gegenübersaßen, zeigten sie die Mienen eines gestrengen Richters und einer vorwitzigen, streitlustigen Hausfrau; doch die Stimmen, in denen sie sprachen, trugen sehr viel mehr an Bedeutung. Mrs. Hutchinson symbolisierte den lebhaften Enthusiasmus des alten Puritanismus, Gouverneur Winthrop die politische Reife des neuen, und der Dialog, der folgte, ist kaum zu würdigen, wenn man sich dies nicht gegenwärtig hält. Von den ersten Augenblicken an scheint das Gespräch ruhelos und unsicher – was eigentlich nicht überraschen sollte, denn die beiden Hauptpersonen versuchten, eine Sprache zu sprechen, die noch gar nicht erfunden war, über eine Frage zu diskutieren, die noch nicht definiert war. In gewissem Sinne war die Verhandlung ein Versuch, eine solche Sprache zu entwickeln.

Der Prozeß begann damit, daß Winthrop in einer Person die Rollen des Anklägers und des Richters übernahm, wogegen man in jener Zeit nichts

15 Massachusetts Records, I, S. 211–12.

16 Hutchinson, *History*, Appendix II, Vol. II, S. 482–520.

einzuwenden hatte. Nicht einmal in seinen einleitenden Bemerkungen nannte er spezifische Punkte, die der Angeklagten vorgeworfen würden, sondern beschränkte sich auf Wendungen wie diese: »Mrs. Hutchinson, Sie sind hier vorgeladen als eine von denen, die den Frieden der Kolonie und der Kirchen hier gestört haben . . . «

Mrs. Hutchinson: Ich bin hier vorgeladen, um mich vor Ihnen zu verantworten, aber ich höre keine Dinge, deren man mich anklagt.
Gouv. Winthrop: Ich habe Ihnen schon einige genannt und ich kann Ihnen noch mehr nennen.
Mrs. Hutchinson: So nennen Sie eines, Sir.
Gouv. Winthrop: Habe ich Ihnen nicht schon einige genannt?
Mrs. Hutchinson: Was habe ich gesagt oder getan?
Gouv. Winthrop: Also, was Ihr Tun angeht, das haben Sie getan: Sie haben diejenigen beherbergt und gefördert, die an dieser Fraktion beteiligt sind, von der Sie gehört haben . . .
Mrs. Hutchinson: Welches Gesetz übertreten sie?
Gouv. Winthrop: Das Gesetz Gottes und des Staates.
Mrs. Hutchinson: In welcher Hinsicht?
Gouv. Winthrop: Nun, unter allen anderen in dieser, worin Gott sagt, du sollst deine Mutter und deinen Vater ehren . . . Diese Ehre haben Sie verletzt, indem Sie sie unterstützten.

Dieser müde Dialog ging noch einige Augenblicke zu niemandes Vorteil so weiter, bis Winthrop ihm abrupt mit dem Ausruf ein Ende machte: »Wir gedenken mit Personen Ihres Geschlechts nicht zu streiten, daher nur dies eine: Sie hängen dieser Fraktion an und sind bestrebt, sie zu fördern, und damit entehren Sie uns.«
Dann kam eine neue Linie in das Verhör. Winthrop forderte die Angeklagte auf, die biblische Regel zu nennen, die ihr das Recht gebe, in ihrem Hause Versammlungen abzuhalten, und sie antwortete gewandt, »es steht eine klare Regel bei Titus, daß die älteren Frauen die jungen unterrichten sollen« – aber dieser Nachweis ihrer Bibelkenntnis machte auf das Gericht wenig Eindruck. Dann meinte Mrs. Hutschinson ganz zutreffend, das Gericht solle lieber Regeln angeben, die seine Verfahrensweise rechtfertigten, statt von ihr die Verteidigung der ihren zu verlangen, und daraus ergab sich dieses sonderbare Gespräch:

Mrs. Hutchinson: Ich wünsche, daß Sie mir eine Regel geben, nach der ich die fortschicken kann, die zu mir kommen, und meinen Frieden dabei habe.
Gouv. Winthrop: Sie müssen Ihre Regel angeben, nach der Sie sie empfangen.
Mrs. Hutchinson: Das habe ich getan.
Gouv. Winthrop: Das bestreite ich, denn ich habe mehr Argumente vorgebracht als Sie.

So klang die erste Runde des Verhörs in purer Gereiztheit aus. Der höchste Amtsträger des Landes klaubte mit seiner wildesten Ketzerin Worte, wie bei einem Zank zwischen Schulkindern, doch unangenehm war Winthrops Lage tatsächlich: Der Staat hatte keine spezifischen Anklagen gegen Mrs. Hutchinson vorzubringen, nur die ehrliche Überzeugung, daß etwas geschehen mußte, und eine von Winthrops Aufgaben in diesen ersten Stadien des Verhörs war es, erst einmal eine Basis für die Anklage zu finden. An diesem Punkt mischte sich Thomas Dudley in das Gespräch ein, um den Fall für die Anklage in seiner derben, ungeschminkten Art zu formulieren.

Ich möchte ein wenig deutlicher mit Mrs. Hutchinson reden. Vor rund drei Jahren lebten wir alle in Frieden. Mrs. Hutchinson ist eine Störung gewesen, von der Zeit an, wo sie gekommen ist, und manche, die mit ihr im selben Schiff gekommen waren, unterrichteten mich sogleich, als sie an Land ging, was sie für eine war. Ich war damals im Amt und wandte mich an den Pfarrer und den Lehrer von Boston und wünschte, daß sie sie befragten, und dann erhielt ich befriedigende Antwort, daß sie nichts anderes glaubte als wir. Aber binnen eines halben Jahres hatte sie diverse sonderbare Meinungen herausgelassen und Parteien im Lande gemacht, und schließlich kommt es auch noch so, daß Mr. Cotton und Mr. Vane ihrer Ansicht waren, aber Mr. Cotton hat sich reingewaschen, daß er nicht von der Gesinnung war. Aber nun scheint es nach den Versammlungen bei dieser Frau, daß Mrs. Hutchinson die Geister vieler Leute in diesem Land so aufgehetzt hat mit Hilfe ihrer Versammlungen, daß sie nun eine mächtige Partei im Lande hat. Wenn nun alle diese Dinge uns vom Grund auf bedroht haben, und wenn sie im besonderen alle unsere Geistlichen im Lande verunglimpft hat . . . nun, dies kann nicht geduldet werden! Und wenn wir daher diesen Dingen auf den Grund gehen und finden, daß es Mrs. Hutchinson ist, die all die Geistlichen verunglimpft hat und die Ursache des Vorgefallenen gewesen ist, also, da müssen wir den Grundstein fortnehmen, und das Gebäude bricht zusammen.

Zu keiner Zeit während des Prozesses wurde die Anklage direkter oder aufrichtiger ausgesprochen. Mrs. Hutchinson war zur Führerin »einer mächtigen Partei im Lande« geworden und hatte »alle unsere Geistlichen verunglimpft« – das war es ganz einfach. Aber Dudleys schlichte Folgerung: »dies kann nicht geduldet werden« konnte kaum als hinreichender Grund für eine Verurteilung gelten, und so ging das Schauspiel weiter.
Während der ersten Sitzungen der Verhandlung waren eine Anzahl Geistliche im Gerichtssaal zugegen gewesen, und diese drängten nun die Richter, sich einem Thema zuzuwenden, das für sie von besonderem Interesse war. Pfarrer Hugh Peters, selbst bei guter Laune noch ein sehr reizbarer Mann, beschwerte sich, daß das Gericht auf die wichtigste Anklage gegen Mrs. Hutchinson noch gar nicht eingegangen sei: ihre Mißachtung der neu-englischen Geistlichkeit. Einer nach dem andern sprachen die ver-

sammelten Pfarrer von den Beleidigungen, die ihnen die Angeklagte zugefügt hatte, und jeder erinnerte an die berühmte Versammlung in Boston, wo sie ihre Berufung angezweifelt hatte. Peters' Aussage war kurz und ging zur Sache:

Kurz, sie sagte mir, es sei ein großer Unterschied zwischen unserem Bruder Mr. Cotton und uns anderen. Ich verlangte den Unterschied zu wissen. Sie antwortete, daß er den Bund der Gnade predigt und ihr den Bund der Werke und daß ihr nicht fähig seid, das Neue Testament zu lehren und nicht mehr wißt als die Apostel vor der Auferstehung Christi. Ich fragte sie nun, woran erkennen Sie einen solchen Bruder? Sie antwortete, er habe nicht das Siegel des Geistes.

Mrs. Hutchinson versuchte, sich gegen diese Aussagen der Geistlichen zu verteidigen, aber viel konnte sie nicht tun. Sie erhob ein oder zweimal Einspruch gegen kleinere Ungenauigkeiten, unterbrach, um Kleinigkeiten der Formulierung richtigzustellen, und ging fast ausschließlich auf Einzelheiten ein. Es war fast so, als ob sie nicht recht begriffen hätte, was vorging, denn sie schien damit zufrieden, winzige Details aus dem Sturzbach der Indizien, der sich über sie ergoß, herauszugreifen, und stellte kein einziges Mal den Kern der Aussagen selbst in Frage. In diesem ungewissen Zustand wurde die Verhandlung für diesen Tag beendet.

Am nächsten Morgen eröffnete Mrs. Hutchinson, neu gestärkt, die Verhandlung mit einem unerhörten Verlangen. Sie wies darauf hin, daß die anwesenden Geistlichen sich als Zeugen der Anklage und nicht als neutrale Zuschauer verhielten, und forderte, daß sie ihre Aussagen unter Eid wiederholen müßten. Von einem rein juristischen Standpunkt aus gesehen, war diese Forderung gewiß ganz berechtigt, aber für die Geistlichen der Bucht war sie ein ungeheuerlicher Affront. Egal wie parteiisch ihre Haltung sein mochte, sie waren immer noch die geistliche Obrigkeit der Christenheit, und noch nie hatte ihnen jemand gesagt, daß ihr Wort glaubwürdiger wäre, wenn es durch einen Eid bekräftigt würde. Geistliche wie Richter wurden durch diese unglaubliche Wendung des Geschehens aus der Fassung gebracht, und die Gemüter kamen rasch in Hitze. Bei einer Gelegenheit wandte sich Dudley einem unglückseligen Kollegen zu und fragte, »was wollen Sie das Gericht mit solchen Fragen behelligen?«, und einige Augenblicke später hörte man die Stimme von John Endicott, wie er einen der Abgeordneten anfuhr, »ich will Ihnen mal was sagen, ich denke, daß Ihr Betragen dazu angetan ist, neuen Schmutz auf das Ansehen der Richter zu werfen.« Und Hugh Peters, der nicht einmal Mitglied des Gerichts war, nahm sich einen der wenigen Zeugen der Verteidigung vor und befahl ihm praktisch, zu schweigen, mit einem barschen »wie können Sie es wagen, den Richtern so etwas ins Gesicht hinein zu sagen«. Die Ältesten waren noch nicht bereit, Zeugen der Verteidigung anzuhören; sie hatten sich noch nicht einmal entschieden, wie die Anklage lauten sollte.

An diesem Punkt trat John Cotton in den Zeugenstand, und wir können uns vorstellen, daß es im Gerichtssaal schnell still wurde. Dies war ein Zeuge, den Peters nicht durch ein kurzes Anschnauzen zum Schweigen bringen konnte. Cotton war bei der ersten Zusammenkunft zwischen Mrs. Hutchinson und der Geistlichkeit zugegen gewesen, wo er mehr oder weniger als ein begütigender Moderator fungiert hatte, und jetzt wurde er gefragt, ob seine Erinnerung an jenes Ereignis mit denen der anderen Geistlichen übereinstimmte. Seine Antwort war fast bis zur Nichtssagenheit vorsichtig, aber nach einer Weile wurde klar, daß Cotton die Versammlung nicht so »erinnerte«, wie Peters und die anderen berichtet hatten. »Und ich muß sagen«, fügte er hinzu, »ich fand nicht, daß sie sagte, sie seien im Bund der Werke, und auch nicht, sie predigten den Bund der Werke.« Dies war ein äußerst schwieriges Problem für das Gericht, denn ohne weitere Hilfe von diesem bedeutenden Manne konnte die Anklage nicht gut vorankommen.

Es war Anne Hutchinson selbst, die dem Gericht zuhilfe kam. Vielleicht wollte sie die augenblickliche Verwirrung ausnutzen, vielleicht überkam sie ihr ausgeprägter Sinn für Theatralik. Oder vielleicht werden auch Abweichler ihrer Art von einem inneren Drange getrieben, »Bekenntnisse« abzulegen, die von ihren Richtern nur als »Geständnisse« aufgenommen werden können. Jedenfalls fing sie plötzlich an, lang und breit ihre Lebensgeschichte zu erzählen, und sie beendete diese Darbietung mit der Erklärung, ihre Einsichten seien ihr in einer direkten Offenbarung zuteil geworden. »Ich danke dem Herrn, Er hat mich sehen lassen, welches das wahre Priestertum ist und welches das falsche.« Auch nach all den Jahren noch kann man die Erregung spüren, die sich nun langsam der Richter bemächtigte, als sie zu verstehen begannen, was geschah.

Mr. Nowell: Woher wußten Sie, daß dies der Geist war?
Mrs. Hutchinson: Woher wußte Abraham, daß es Gott war, der ihn hieß, seinen Sohn zu opfern, was doch ein Bruch des sechsten Gebots war?
Abg. Gouv. Dudley: Von einer direkten Stimme.
Mrs. Hutchinson: So auch ich von einer direkten Stimme
Abg. Gouv. Dudley: Wie? Eine direkte Offenbarung?
Mrs. Hutchinson: Durch die Stimme Seines Geistes in meiner Seele.

In dem aufsteigenden Fieber des Augenblicks trug Mrs. Hutchinson weiteres zu ihrer schicksalhaften Aussage bei. Der Herr offenbarte Sich ihr regelmäßig, und sie erwartete fest, vor dem Urteil des Gerichts errettet zu werden wie Daniel aus der Löwengrube. Außerdem warnte sie das Gericht: »Wenn Sie in dieser Weise fortfahren, so bringen Sie einen Fluch auf sich und Ihre Nachgeborenen herab, und der Mund des Herrn hat es gesprochen.«

Ob sie es nun wußte oder nicht, Mrs. Hutchinson hatte ihren Richtern den Anklagegrund geliefert, den sie so eifrig gesucht hatten, denn kein Punkt stand auf dem puritanischen Katalog der Häresien höher als die Behauptung, Gott selbst habe sich einem Menschen persönlich offenbart. Gewiß, Gott hatte selbst zu Abraham gesprochen und ihm sogar befohlen, ein furchtbares Verbrechen zu begehen, aber das war, bevor noch das Gesetz Gottes in seiner letztgültigen Form herausgegeben worden war, und außerdem glaubte kein vernünftiger Mensch, daß Gott Seinen Willen einem einzelnen Menschen mitteilen würde, wo er doch zu diesem Zweck über ein so vortreffliches Werkzeug wie die Kirche verfügen konnte. Alle geachteten Geistlichen der Christenheit waren sich zumindest in dem einen Punkt einig, daß das Zeitalter der Offenbarungen vorüber sei. Mrs. Hutchinson hatte in ihrer Ansprache an die Richter ein sehr schlechtes Beispiel angeführt, denn (wie es in Fällen dieser Art so oft geschieht) sie führte ihnen ihre schlimmsten Befürchtungen vor Augen. Sie sagte, daß ihre Kommunion mit Gott Offenbarungen erbracht habe, die »ebenso wahr wie die Heilige Schrift« seien und sie voll ermächtigten, sich außerhalb des Gesetzes zu bewegen.

An diesem Punkt wandte sich das Gericht wieder dem armen John Cotton zu, mit der Frage, ob er noch weiteres zu Mrs. Hutchinson zu bemerken habe. Cotton sicherte sich ab, so gut er konnte, und hielt einen gelehrten Vortrag über das Thema der Offenbarung, aber er hatte nicht die gewohnte Wirkung auf die Zuhörerschaft, und mitten in seiner Rede sprach Dudley in einer Weise zu ihm, wie er es noch nicht erlebt hatte: »Sir, Sie langweilen mich und stellen mich nicht zufrieden.« Am Ende blieb Cotton nichts übrig, als beiseite zu treten, und als er das tat, schlug eine Flutwelle der Verurteilung über Mrs. Hutchinson zusammen. Sogar der sonst so sanftmütige Winthrop konnte einen Triumphschrei nicht unterdrücken:

Ich sehe eine wunderbare Fügung Gottes, die den Dingen diesen Verlauf gegeben hat . . . Nun hat die Gnade Gottes durch diese Fügung unsere Wünsche erfüllt und sie sich eröffnen lassen, und der Grund all dieser Störungen sind Offenbarungen . . . denn dies ist es, was die Wurzel all des Übels gewesen ist . . . Ja, es ist die finsterste Begeisterung auf der Welt.

Und nun stimmte der ganze Gerichtshof mit ein.

Mr. Nowell: Ich meine, es ist eine teuflische Verblendung.
Gouv. Winthrop: Bei allen Offenbarungen, von denen ich je gelesen habe, war die Handhabe nie so klar wie bei dieser.

Abg. Gouv. Dudley: Offenbarungen wie diese habe ich noch nie bei den Anabaptisten gesehen . . . Diese Unruhen, die es unter den Deutschen gegeben hat, hatten alle ihren Grund in Offenbarungen, und so haben diejenigen, die sie geäußert haben, ihre Zuhörer aufgewiegelt, die Waffen gegen ihren Fürsten zu ergreifen und sich einer dem andern die Kehle durchzuschneiden, und das waren die Früchte von denen, und ob es der Teufel denselben ins Herz gegeben hat, das weiß ich nicht, [aber] ich bin dessen ganz gewiß, daß Mrs. Hutchinson vom Teufel verblendet ist, denn der Geist Gottes spricht die Wahrheit in allen seinen Dienern.
Gouv. Winthrop: Ich bin überzeugt, daß die Offenbarung, die sie vorbringt, Verblendung ist. [Hier vermerkt das Gerichtsprotokoll: »alle bis auf zwei oder drei der Geistlichen rufen aus, ›wir glauben es alle, wir glauben es alle.‹«]
Mr. Brown: . . . Ich denke, sie verdient nicht weniger Tadel als bereits ausgesprochen, sondern noch etwas mehr, denn dies ist der Grund allen Übels und aller schmutzigen Dinge . . .

Der Rest waren Formalitäten. Das Gericht hatte seine Anklage, die Verteidigung hatte sich zurückgezogen, und es blieben nur noch ein paar Einzelheiten des Verfahrens zu regeln. Es kam nun zu einer Diskussion über die Idee der Angeklagten, daß die Geistlichen vereidigt werden müßten (ein Thema, das Dudley so anödete, daß er schimpfte, »da werden wir alle krank vor Hunger«). Es wurde entschieden, daß die Geistlichen den Eid ablegen sollten, sie wiederholten ihre Aussagen, und damit hatte sich's. Winthrop leitete die Abstimmung und verkündete Mrs. Hutchinson das Urteil.

Gouv. Winthrop: Das Gericht hat sich bereits für befriedigt erklärt hinsichtlich des Gehörten, hinsichtlich der Unruhe ihres Geistes und der Gefahr ihres Wandels unter uns, die nicht geduldet werden können. Wenn es daher die Ansicht des Gerichts sein soll, daß Mrs. Hutchinson für unsere Gesellschaft ungeeignet ist, und wenn es die Ansicht des Gerichts sein soll, daß sie von allen unseren Freiheiten zu verbannen und gefangen zu halten ist, bis sie fortgeschickt wird, so mögen diejenigen die Hände erheben.
(Alle bis auf drei.)
Gouv. Winthrop: Diejenigen, die gegenteiliger Ansicht sind, mögen die Hände heben.
(Nur Mr. Coddington und Mr. Colburn.)
Mr. Hennison: Ich kann weder für das eine noch das andre die Hand erheben, und ich werde meine Gründe nennen, wenn das Gericht es verlangt.
Gouv. Winthrop: Mrs. Hutchinson, das Urteil des Gerichts, das Sie jetzt hören, lautet, daß sie aus unserem Rechtsgebiet verbannt sind, als eine Frau, die ungeeignet ist für unsere Gesellschaft, und gefangen gehalten werden, bis das Gericht Sie ausweist.
Mrs. Hutchinson: Ich wünsche zu wissen, wofür ich verbannt werde.
Gouv. Winthrop: Sagen Sie nichts mehr, das Gericht weiß, wofür, und ist befriedigt.

Heutigen Lesern fällt es oft schwer, das Protokoll des Prozesses gegen Anne Hutchinson zu lesen, ohne ihre Sympathien aus dem zwanzigsten Jahrhundert in jenen Text aus dem siebzehnten zu projizieren. Das Verfahren war sicherlich ein übler Mißbrauch des Rechts, sogar nach den Maßstäben jener Zeit, und es scheint ganz natürlich, in der armen Angeklagten die Märtyrerin zu sehen. Aber diese Sicht kann irreführen, denn Mrs. Hutchinson war an den Verhandlungen, die zu ihrer Verbannung führten, voll und ganz beteiligt und tat ebenso viel wie nur irgendwer sonst, um ihren Grundton und Charakter festzulegen. Wir wissen natürlich nicht, ob sie vom Gericht bekam, was sie *wollte,* aber es ist ziemlich klar, daß sie bekam, was sie *erwartete,* und sie trug auch aktiv dazu bei, daß sich diese Voraussicht erfüllte. Jede Seite versuchte, die andere dazu anzustacheln, ihre Position zu erklären, und jede Seite hoffte, die Linie feststellen zu können, die Mrs. Hutchinsons Auffassung des Kongregationalismus von der orthodoxeren Haltung der Friedensrichter schied.

Alles in allem ist es leichter, den Grundzug der Verhandlung zu verstehen, wenn man für den Augenblick vergißt, daß sie die Form eines Strafprozesses hatte. Die Konfrontation zwischen Anne Hutchinson und den Richtern von Massachusetts war eine Stammeszeremonie, ein allegorisches Drama, eine rituelle Begegnung zwischen zwei traditionellen Feinden, und man darf wohl annehmen, daß sowohl der Anklage wie auch der Verteidigung die informellen Regeln, die das Geschehen bestimmten, klarer waren als allen Kommentatoren, die es seither untersucht haben. Wie Tänzer, welche die Schritte einer vertrauten Zeremonie ausführen, so müssen alle Beteiligten gewußt haben, welches der schließliche Ausgang des Dramas sein würde; die Form des Rituals jedoch mußte gewahrt werden, wenn jener Ausgang dauernde Bedeutung haben sollte. Obwohl der Prozeß sich über viele Stunden hinzog, mit vielen Themenwechseln und Veränderungen in den rechtlichen Umständen, verlor er doch nie jenen Ton unerbittlicher Gewißheit. Am Ende forderte Winthrop das Gericht fast mit demselben Satz zur Verurteilung auf, den Dudley zu Beginn des Verfahrens gebraucht hatte: »Das Gericht hat sich bereits für befriedigt erklärt hinsichtlich des Gehörten, hinsichtlich der Unruhe ihres Geistes und der Gefahr ihres Wandels unter uns, die nicht geduldet werden können.« Und einen Augenblick später, als Mrs. Hutchinson vom Gericht eine Urteilsbegründung verlangte, wurde ihr bloß erklärt, »Sagen Sie nichts mehr, das Gericht weiß, wofür, und ist befriedigt.«

Und genau das war es. Das Gericht *wußte,* warum Mrs. Hutchinson verbannt werden mußte, nur konnte es dieses Wissen nicht in irgendeiner damals in Neu-England bekannten Sprache ausdrücken. Die Siedler machten eine Wandlung ihrer ideologischen Einstellung durch, eine Veränderung an den Grenzen der Gemeinschaft, aber sie verfügten über kein Vokabular, mit dem sie sich selbst oder anderen die Natur dieser Veränderungen hätten erklären können. Zweck des Prozesses war es, eine solche Sprache zu erfinden, dem namenlosen Verbrechen, das Mrs. Hutchinson begangen hatte, einen Namen zu geben. Alles in allem waren Mrs. Hutchinson und die Schar ihrer Anhänger eines Verbrechens schuldig, das »Hutchinsonismus« hieß, nicht mehr und nicht weniger, und eines der wichtigsten Ergebnisse des Prozesses war die unzweideutige Erklärung, daß Menschen, die so handelten, die neugesteckten Grenzen des Neu-England-Wegs überschritten hatten.

Massachusetts war mit Mrs. Hutchinson noch nicht fertig. Nach dem Prozeß wurde sie vier Monate lang im Hause eines der führenden Männer der Kolonie gefangen gehalten, und im März 1638 wurde sie entlassen, um sich einer weiteren Prüfung zu stellen, diesmal vor der Bostoner Gemeinde. Der Staat hatte mit dem Verbannungsurteil das Seine für ihr irdisches Schicksal getan, und nun war es Sache der Kirche, sich um ihren geistlichen Zustand zu kümmern. In der Zeit zwischen den beiden Prozessen hatten sich nun aber einige Veränderungen im politischen Klima der Bucht vollzogen. Die wichtigste war, daß John Cotton nun ganz ins konservative Lager übergegangen war und sich sehr energisch bemüht hatte, die Bostoner Aufrührer wieder »zur Wahrheit« zu bringen. Er beklagte sich nun, vor den Karren der Antinomisten-Fraktion gespannt worden zu sein, obwohl er Mrs. Hutchinsons sonderbare Ansichten niemals geteilt habe.[17]

Winthrop berichtet mit begreiflichem Vergnügen, daß Cotton »die meiste Zeit, öffentlich wie privat, damit verbrachte, jene Irrtümer zu enthüllen und die in die Irre Gegangenen zurückzuholen.«[18]Als Mrs. Hutchinson also in ihre Heimatgemeinde zurückkehrte und die Kirche betrat, die der Schauplatz ihrer größten Triumphe gewesen war, stellte sie fest, daß die meisten ihrer alten Anhänger verschwunden waren und daß John Cotton selber der Versammlung vorstand und sich anschickte, als Ankläger gegen sie aufzutreten.

In vieler Hinsicht war der Kirchenprozeß ein reines Ritual. Die Antinomistenkrise war seit mehreren Monaten behoben; die Hauptbeteiligten waren entweder entmachtet, aus der Kolonie verbannt oder in die Ortho-

---

[17] John Cotton: »The Way of Congregational Churches Cleared«, London, 1648, in *Antinomianism in the Colony of Massachusetts Bay,* herausgegeben von Charles Francis Adams, S. 219.

[18] Winthrop, Journal, I, S. 259.

doxie zurückgeholt worden; aber offenbar hatten die Menschen in der Kolonie noch keinen hinlänglich klaren Namen für die Abweichung gefunden, die unter ihnen aufgeflammt und erloschen war. Leser dieser Geschichte denken manchmal, die Ältesten der Gemeinde müßten sehr streng gewesen sein, daß sie von der schon zerbrochenen Angeklagten nun auch noch dies verlangten, und es ist sicher richtig, daß auch die Mißtrauischsten unter ihnen keinen Grund mehr hatten anzunehmen, daß die Hutchinson-Fraktion noch eine Gefahr für den Staat bedeute. Wenn man aber die ganze Affäre als Zeremonie und nicht als Schuldprüfung betrachtet, als Demonstration und nicht als Untersuchung, so sind ihre Akzente und Rhythmen leichter verständlich.

Wie in dem Strafprozeß stand Anne Hutchinson vor ihren Richtern und stritt mit ihnen über einzelne Lehrsätze ihrer Philosophie. Es war ein seltsamer und beängstigender Wettstreit: Die Kirchenältesten waren mit einer großen Keule bewaffnet und zögerten nicht, sie zu gebrauchen, dagegen waren die einzigen Waffen, die Mrs. Hutchinson zu ihrer Verteidigung für angemessen erachtete hatte, Nadeln von solcher Präzision, daß sie zu wenig anderem taugten als zum Haarespalten.[19]

Mr. Cotton: Die erste Meinung, die Ihnen zur Last gelegt wird, ist, daß die Seelen aller Menschen von Natur sterblich seien und sterben wie das Vieh, und dazu geben Sie an Prediger 3, 18-21.
Mrs. Hutchinson: Ich wünsche, daß diese Stelle beantwortet wird: Und der Geist kommt wieder zu Gott, der ihn gegeben hat.
Mr. Cotton: Die Stelle lautet, daß der Geist aufsteigt, so Prediger 12, 7. Der Geist des Menschen wird nicht wieder zu Staub wie sein Leib, sondern kommt zu Gott. Die Seele des Menschen ist unsterblich.
Mrs. Hutchinson: Jeder Mensch besteht aus Seele und Leib. Nun stirbt zwar Adam nicht, nur seine Seele und sein Leib sterben, und in Hebräer, 4, 12, das Wort Gottes ist lebendig und kräftig und scheidet Seele und Geist: also, der Geist, den Gott dem Menschen gegeben hat, der kehrt in der Tat zu Gott zurück, doch die Seele stirbt. Und das ist den Geist, von dem der Prediger spricht, und nicht die Seele. Lukas 19, 10.
Mr. Cotton: Wenn Sie behaupten wollten, daß Adams Seele und Leib sterben und nicht von Jesus Christus erlöst worden sind, so wird damit unsere Erlösung hinfällig. Seele und Leib werden mit einem Preis erkauft, Lukas, 19, 10, des Menschen Sohn ist gekommen, zu suchen und selig zu machen, was verloren ist, 1. Kor., Ende des 6. Kapitels.

---

[19] »A Report on the Trial of Mrs. Anne Hutchinson before the Church in Boston, March, 1638«, *Proceedings of the Massachusetts Historical Society*, Series II, Vol. IV, 1888, S. 161–91.

Mrs. Hutchinson: Ich gebe zu, ich bin erlöst von meinem müßigen Reden, und andere Erlösungen, aber es wird nirgends gesagt, daß er gekommen ist, das Geschlecht Adams zu erlösen, sondern das Geschlecht Abrahams.
Mr. Wilson: Ich wünsche, bevor Sie Ihre Zweifel darlegen, daß Sie sich die angegebenen Stellen ernsthaft überlegen, und die in 1. Kor. 6, Ende: der Geist Gottes bedarf keiner Erlösung, aber dort ist nicht von Gottes Geist die Rede, sondern von unserem Geist.
Mrs. Hutchinson: Ich spreche jetzt nicht von Gottes Geist. Aber ich will meinen Haupteinwand nennen, und der ist, wie kann etwas so unsterblich Elendes unsterblich glücklich sein . . .

Wenn wir in den Seiten dieses Protokolls herumschweifen, verfangen wir uns wahrscheinlich im Gestrüpp der Worte, wenn wir aber weiterlesen, ohne auf den Sinn der Worte zu achten, so spüren wir bald einen rhythmischen Kontrapunkt in den Lauten des Gesprächs – die weichen, abgeklärten Töne John Cottons, die scharfe Logik Anne Hutchinsons, der Chor der Geistlichen im Hintergrund, und das Ganze interpunktiert von den polternden Zornesausbrüchen John Wilsons (»Ich betrachte diese Meinung als gefährlich und verdammungswürdig und nichts weniger als Sadduzismus und Atheismus und daher zu verabscheuen«). Die Vernehmung, die sich über zwei Sitzungen erstreckte, verliert niemals diese metrische Qualität. Die verschiedenen Teilnehmer scheinen sich in einem Gleichtakt zu bewegen, in einer Art zeremoniellem Singsang; und wenn dies auch dem modernen Leser eher auffallen mag, weil er die vorgebrachten Argumente nicht versteht, so kann man sich doch gut vorstellen, daß die Bostoner Gemeinde etwas wie ein Gefühl gemeinsamer Teilnahme an einem rituellen Ketzergericht gehabt hat.
Auch hier wieder stand, wie bei den meisten solcher Rituale, das Ergebnis nie ernstlich in Zweifel; das Problem war nur, wie man es sinnvoll festhalten konnte. Die Geistlichkeit versuchte Mrs. Hutchinson zum Widerruf ihrer Ansichten zu bewegen, denn dies war die Rolle, die den Geistlichen traditionsgemäß in einer solchen Zeremonie zustand, und dies taten sie nach den Regeln ihres Berufs. Aber in der zweiten Sitzung des Prozesses geschah etwas Unerwartetes. Mrs. Hutchinson hatte den Worten der Geistlichen mit besonderer Aufmerksamkeit zugehört, und in der Woche zwischen den beiden Sitzungen war von vielen Seiten auf sie eingeredet worden, und nun, ganz plötzlich, begann sie sich zu fragen, ob die Geistlichen nicht letzten Endes recht hätten! Dies war ein entscheidender Augenblick, denn das offizielle Schema der Zeremonie erforderte, daß eine milde Priesterschaft der widerspenstigen Schwester ihre Irrtümer zeigte und ihr half, zu bereuen; aber was würde in diesem späten Stadium geschehen, wenn ein solches Ereignis nun tatsächlich noch eintrat? Es war

einfach zu spät für die Reue, und die Ältesten hatten kaum eine andere Wahl, als ihre Strategie umzukehren und zu behaupten, daß ihr plötzliches »Geständnis« nicht sehr überzeugend sei. Und so übernahm ein neuer Chor von Stimmen die Verhandlung, indem der eine in ihrem Gebaren die echte »Demut« vermißte, ein zweiter keine Reue in ihr Gesicht geschrieben fand und ein dritter hinzufügte, daß sie zwar ein bißchen Reue gezeigt habe, aber es scheine nicht »aufrichtig und von Herzen« zu kommen. Zuletzt widerstrebte es den Geistlichen so sehr, den Wandel in ihrem Herzen anzuerkennen, daß sie sie der Lüge bezichtigten, und dies war schließlich die Anklage, um derentwillen man sie exkommunizierte. Es war John Wilson, der das gräßliche Urteil verlas:

Dafür, daß Sie, Mrs. Hutchinson, viel gesündigt und verstoßen haben, und dafür, daß Sie auf vielerlei Weise die Kirche mit Ihren Irrtümern gestört und manche arme Seele vom Weg abgeführt und Ihre Offenbarungen vertreten haben; und dafür, daß Sie gelogen haben etc. Dafür erkläre ich Sie im Namen unseres Herrn Jesu Christi und der Kirche nicht nur für wert, ausgestoßen zu werden, sondern ich stoße Sie auch aus, und im Namen Christi überantworte ich Sie dem Satan, damit Sie lernen, nicht mehr zu lästern, zu verführen und zu lügen; und ich erkläre Sie von diesem Augenblick an zu einer Heidin und Zöllnerin, und als solche sollen Sie allen Brüdern und Schwestern dieser und anderer Gemeinden gelten. Daher befehle ich Ihnen im Namen Jesu Christi und dieser Kirche, sich wie eine Aussätzige aus der Gemeinde zu entfernen; so wie Sie früher Gottes heiliges Abendmahl verachtet und verlästert und sich davon abgewandt haben, so sollen Sie jetzt keinen Anteil daran nehmen noch Vorteil davon haben.

Kurz nach dem Kirchenprozeß schrieb Gouverneur Winthrop in sein Tagebuch: »Nachdem sie exkommuniziert worden war, lebte ihre Stimmung, die vorher etwas niedergedrückt gewesen war, wieder auf, und sie rühmte sich ihrer Leiden und sagte, dies sei das größte Glück, gleich nach Christus, das je über sie gekommen sei. Auch für die Kirchen Christi hier war es ein glücklicher Tag und für viele arme Seelen, die sie verführt hatte, die . . . nun (durch Gottes Gnade) von ihren Irrtümern abgebracht worden waren und die Wahrheit wiedergefunden hatten.«[20]

Obwohl es naheliegt, Mrs. Hutchinson in den Mittelpunkt des Antinomistenstreits zu rücken und die ganze Affäre so zu beschreiben, als wäre sie irgendwie eine Ausgeburt ihres ungewöhnlichen Charakters, kann doch keine noch so ausführliche persönliche Biographie allein schon die Ereignisse, die zu ihrer Verbannung führten, erklären. Unser Problem ist nicht,

[20] Winthrop, Journal, I, S. 259.

zu erfahren, warum eine Frau mit ihren ausgefallenen Meinungen und Neigungen im Boston des siebzehnten Jahrhunderts auftauchen konnte, sondern vielmehr, warum sich die Menschen in der Kolonie über die spröde Philosophie, die sie in ihrem Wohnzimmer lehrte, so erregen konnten. Wenn sie, wie Winthrop dachte, die guten Leute von Boston durch ihre listigen Reden »verführt« hatte, dann doch nur, weil diese zu einer solchen Abirrung ohnedies bereit waren, und somit ist es viel wichtiger, den Wechsel der Gestimmtheiten zu verstehen, der die Siedler für ihre Argumente empfänglich machte, als zu verstehen, wie sie diese Argumente vortrug. Menschen wie Mrs. Hutchinson, die das Drängen der eigenen Überzeugungen in eine tiefe Erregung treibt, finden sich allenthalben. Zu Führern von Aufständen oder Propheten des Wandels werden sie nur, wenn die Gemeinschaft um sie her auf die Worte zu merken beginnt, die sie schon lange wiederholen, und dann können sie zu Gefangenen ihres unerwarteten Publikums werden. 1636 entschlossen sich die Bürger von Boston, Mrs. Hutchinson auf ihrem einsamen Kreuzzug zu folgen, und damit stellten sie sie mitten auf eine bedeutsame historische Wegscheide.

Diese Wegscheide war nicht mit den bekannten Zeichen beschildert, denn den Menschen in der Kolonie war nicht wirklich klar, daß sie dort angelangt waren. Die Lehre des Puritanismus in Neu-England hatte begonnen, sich zu ändern: Sie hatte viel von ihrer früheren Betonung des individuellen religiösen Erlebens verloren und begünstigte nun dafür die neuere Lehre der »Vorbereitung« auf das Heil, die Miller »das eigentümliche Kennzeichen der Theologie Neu-Englands« genannt hat[21], und die Folge war, daß der Gedanke der Gnadenwahl nicht mehr von der gleichen intimen Vertrautheit oder nicht mehr von der gleichen revolutionären Kraft war. Dies war eine Veränderung, die sich nicht leicht erklären ließ. Die Kolonie von Massachusetts war eine Gemeinschaft, deren Ursprünge in der Idee lagen, daß Kirche und Staat getrennt sein sollten, eine Gemeinschaft, die der Dezentralisierung der kirchlichen Autorität den Weg gebahnt hatte, eine Gemeinschaft, die in dem Glauben aufgewachsen war, daß jeder Mensch in erster Linie der Stimme des eigenen Gewissens verantwortlich sei; und in einer solchen Gemeinschaft gab es keine Theorien oder Traditionen, die davon Rechenschaft geben konnten, was aus dem Neu-England-Weg geworden war, es gab kein Vokabular, um diese Akzentverschiebung zu erklären. In vieler Hinsicht war die Entscheidung der Friedensrichter, Mrs. Hutchinson zu verbannen, ein Ersatz für die

[21] Perry Miller: *The New England Mind: From Colony to Province* (Cambridge, Mass., Harvard University Press, 1953), S. 63.

Worte, die ihnen fehlten. Das Urteil gegen sie war eine öffentliche Bekanntgabe der neuen Grenzen des Puritanismus in der Bucht von Massachusetts. Indem sie das Urteil fällten, erklärten die Friedensrichter auf die einzige ihnen mögliche Weise, daß die geschichtliche Phase, die Mrs. Hutchinson repräsentierte, vorüber war. Keine einfachere Sprache stand für diesen Zweck zur Verfügung.

Die Invasion der Quäker

Und so litten sie, nicht für ein Gesetz, das sie schon gebrochen hätten, sondern für eines, das erst gemacht werden sollte.[22]

Auf den ersten Blick erscheinen die Quäker-Verfolgungen, die 1656 begannen, dem zwanzig Jahre früheren Antinomistenstreit ähnlich. In beiden Fällen hatten es die Ältesten von Massachusetts mit einer Gruppe schwer greifbarer Gegner zu tun, die ihre Sache selten mit ruhigen Argumenten vertraten und sich vielmehr oft so gebärdeten, als besäßen sie irgendeine besondere Einsicht in den Willen Gottes. Die Antinomisten sprachen verworren über den »Bund der Gnade« und die Quäker sprachen in ebenso unbestimmten Ausdrücken über ein »inneres Licht«, aber beide meinten ungefähr dasselbe: Daß die Menschen ihre Beziehungen zu Gott selbst ordnen und nicht ihr religiöses Erleben unter die Aufsicht von Kirchenbeamten stellen sollten. In breiteren Darstellungen der amerikanischen Geschichte werden die Antinomisten- und die Quäker-Unruhen oft miteinander verbunden, denn es sind erste Anzeichen einer Unzufriedenheit, die später den ganzen Charakter des puritanischen Abenteuers veränderte. In vieler Hinsicht sind diese beiden Verbrechenswellen jedoch auch ganz verschieden. Die Antinomisten gefährdeten die politischen Formen des Neu-England-Wegs, indem sie den Geistlichen der Bucht die Befugnis absprachen, sich in das geheimnisvolle Wirken der Gnade einzumischen, während die Quäker den Gedanken einer orthodoxen Gemeinschaft selbst angriffen, indem sie auf religiöse Toleranz als eine Voraussetzung bürgerlicher Grundrechte drängten. Obwohl die Männer und Frauen, die in beiden Krisen aktive Rollen spielten, einander recht ähnlich waren (unter den Quäkern gab es sogar mehrere, die früher auf seiten der Antinomisten-Fraktion gestanden hatten), bestand in der

[22] George Bishop: *New England Judged by the Spirit of the Lord* (Philadelphia, Thomas Stuckey, 1885), S. 136. Diese Arbeit erschien im Druck zuerst 1703 und wurde geschrieben in zwei Fassungen, die auf 1661 und 1667 datiert sind.

Qualität und vor allem im Ergebnis der beiden Ereignisse ein wichtiger Unterschied. In mancher Hinsicht zumindest kann der Antinomistenstreit als Versuch der Gesamtgemeinschaft betrachtet werden, eine ältere und nicht länger sinnvolle Form des Puritanismus abzustoßen, während die Quäkerverfolgungen als ein Versuch betrachtet werden können, sich gegen das Auftauchen einer neueren Form zu wehren.

Im Rückblick über drei Jahrhunderte hinweg scheint es, daß Massachusetts auf die Bedrohung durch die Quäker mit einer Härte antwortete, die ganz außerhalb jedes Verhältnisses zu der Gefahr stand, die von den Quäkern tatsächlich ausging. Die ersten Quäker, die in die Kolonie kamen, waren zwei Hausfrauen mittleren Alters, die friedlich in der Bucht von Boston an Land gehen wollten, die Behörden jedoch begegneten dieser maßvollen Herausforderung mit einer so gebieterischen Machtdemonstration, daß man ihnen später vorwarf, sie hätten gehandelt, »als ob eine feindliche Armee über unsere Grenzen eingefallen sei«.[23]

In mehr als einer Hinsicht war diese Reaktion nicht so unvernünftig, wie es scheinen mag, denn die beiden Hausfrauen waren von einer Welle weltweiter Entrüstung gegen eben diejenige Orthodoxie nach Boston getragen worden, welche die Siedler sich aufzurichten bemühten, und die Behörden empfingen diese beiden ersten Missionarinnen mit genau derselben Gastfreundlichkeit, die sie auch gegen ein Bataillon bewaffneter Dämonen gezeigt hätten.

Unser Wissen über die Quäkerverfolgungen in Neu-England ist allenfalls flüchtig. Das ausführlichste Dokument ist ein 1661 geschriebenes und 1667 erweitertes Buch von George Bishop, einem englischen Quäker, der viele Berichte von Glaubensgenossen, die nach Massachusetts gereist waren, gesammelt hatte. Bishops Buch wurde in Protest gegen die Regierung der Bucht geschrieben und ist keinesfalls eine objektive Darstellung der Ereignisse; es gibt jedoch etliche Punkte in seinem Text, bei denen seine Informationen anhand anderer Dokumente geprüft werden können, und in jedem dieser Punkte erweist sich seine Schilderung als im wesentlichen zutreffend. Der Ton des Buches ist parteiisch und über die Maßen polemisch, aber die Tatsachen, von denen es berichtet, werden von Historikern allgemein anerkannt. Eine zweite Quelle von Informationen über die Quäkerverfolgungen sind die Gerichtsakten der Kolonie selbst. Wir werden diese Akten in dem gegenwärtigen Abschnitt häufiger zitieren als sonst in dieser Untersuchung, denn sie geben uns die einzigen Anhaltspunkte darüber, wie den Behörden diese merkwürdige »Invasion« vorkam, die da über ihre Küsten hereinbrach.

[23] Ibid.

I

Als die ersten Quäker in Massachusetts auftraten, war die Kolonie in mehreren größeren Änderungen begriffen. Zunächst einmal war die erste Generation der Führer weitgehend von der Bildfläche verschwunden, und die Regierung befand sich in neuen, gröberen Händen. Winthrop war 1649 gestorben, Cotton 1652, und viele ihrer ersten Gefährten waren ihnen entweder ins Grab nachgefolgt oder bei Ausbruch des Bürgerkriegs nach England zurückgekehrt. Außerdem war der Zustrom von Einwanderern in die Bucht mit der Entwicklung eines günstigeren politischen Klimas in England beinahe zum Erliegen gekommen, und Massachusetts hatte infolgedessen viele seiner wichtigsten Kontakte zur übrigen Welt verloren.

In vieler Hinsicht bezeichnete der Tod John Winthrops das Ende eines Zeitalters. Das Gemeinwesen, an dessen Aufbau er so schwer gearbeitet hatte, war nun in sehr strengen Formen organisiert: 1648 war ein Gesetzbuch veröffentlicht worden, das der Kolonie ihre Rechtsordnung gab; im gleichen Jahr war die Cambridge Platform, die Grundsatzerklärung von Cambridge, angenommen worden, um den Kirchen eine schriftliche Verfassung zu geben; und allgemein war der Geist der Inspiration, der früher die wichtigste Kraft des Gemeinwesens ausgemacht hatte, nun in eine Gruppe klar gegliederter Institutionen umgewandelt. Die Dimensionen des Neu-England-Wegs waren in Modelle übersetzt worden, die nun das Gemeinwesen in sehr feste Bahnen lenkten. Die brennenden Fragen der ersten Generation waren gelöst (oder jedenfalls schienen die Siedler dies zu glauben), und die zweite Generation lernte innerhalb dieses Rahmens zu leben. »Neu-England war nun nicht mehr eine Reformation«, schreibt Perry Miller, »es war eine Administration.«[24]

Die vielleicht wichtigste Änderung, die eingetreten war, lag jedoch in der allmählichen Isolierung der Kolonie von ihren Nachschubquellen in England, eine Entwicklung, die nur zu verstehen ist, wenn wir einen kurzen Blick auf die Vorgänge im Mutterland werfen.

Als die puritanischen Kräfte in England schließlich gegen ihren König zu Felde zogen, sahen sie sich in zwei große Lager geteilt, die gemäßigten Presbyterianer, die eine nationale Kirche nach schottischem Vorbild errichten wollten, und die kongregationalistischen Unabhängigen, die eine lockere Föderation der lokalen Kirchen, etwa nach dem Modell Neu-

[24] Perry Miller: *The New England Mind: From Colony to Province* (Cambridge, Mass., Harvard University Press, 1953), S. 11.

Englands, anstrebten. Die Presbyterianer waren stark im Parlament und hatten einigen Rückhalt in den aufstrebenden Händlerschichten, während sich die Unabhängigen vor allem in Cromwells Heer sammelten und im ganzen Lande beträchtliche Popularität genossen. So wurde die politische Situation in England nach Ausbruch der Rebellion recht undurchsichtig, und gleich nach dem Sieg verwandelte sich der Krieg in einen Dreiecks-Konflikt zwischen dem Parlament, dem Heer und dem eben besiegten König.

Als schließlich Cromwell an die Macht kam, frohlockte Massachusetts. Dies war der Augenblick, auf den die Heiligen so lange gewartet, die Reformation, der ihre Anstrengungen gegolten hatten, und eine Zeitlang schien es, als wären ihre schönsten Träume in Erfüllung gegangen. Die Unabhängigen in England fingen an, ihr eigenes Programm als das des »Neu-England-Wegs« zu bezeichnen, und luden sogar eine Gruppe von Geistlichen aus Massachusetts nach London ein, um sich von ihnen beraten zu lassen. Es schien, als sollten die Menschen der Bucht nun endlich die geschichtliche Rolle übernehmen, auf die Gottes Geheiß sie vorbereitet hatte.

Kaum hatte die Kolonie jedoch Glückwunschbotschaften nach England gesandt, als sie schockiert feststellen mußte, daß die Puritaner in Cromwells Heer ein völlig anderer Menschenschlag waren als ihre Glaubensbrüder in der Bucht. Die englischen Puritaner hatten während des langen Feldzugs eine sehr handfeste Art Philosophie gepredigt, und sie waren aus den Kriegen mit einer beinahe kameradschaftlichen Bereitwilligkeit zurückgekehrt, jede Form religiöser Überzeugung zu dulden. Und was das Ganze noch schlimmer machte, sie hörten mit Respekt Männern wie Roger Williams und Henry Vane zu, die genau die falschen Lehren aus den Erfahrungen in Neu-England gezogen hatten. So konnten sich die Siedler nur angewidert abwenden, als die Idee der Toleranz langsam in dem Boden Wurzel faßte, den sie für sich hatten abstecken wollen. Nathaniel Ward formulierte die Haltung von Massachusetts zu dieser Frage mit deutlichem Nachdruck:

Erstens, jene, die unfreundliche Berichte über uns Neu-Engländer gegeben oder erhalten haben, täten gut daran, sich zu besinnen. Wir sind als ein Haufen verbohrter Doktrinäre geschildert worden, die in einer fernen Wildnis Ellbogenfreiheit für unsere fanatischen Lehren und Bräuche gefunden haben. Ich vertraue darauf, daß unsere vergangene wie gegenwärtige Gewissenhaftigkeit im Vorgehen gegen solche Personen und ihren Wandel vorteilhafter für uns spricht. Ich wage es auf mich zu nehmen, als Herold von Neu-England für alle Welt im Namen unserer Kolonie zu erklären, daß alle Familisten, Antinomisten, Anabaptisten und andere Begeisterte volle Freiheit genießen sollen, uns fern zu bleiben; und solche, die dennoch kommen, werden so schnell, sie können, und je eher, je besser, wieder verschwinden.[25]

»Das bewußte Argument« dieser Schrift von Ward, sagt Perry Miller, »ist, daß die amerikanische Erfahrung eine andere Bedeutung gewonnen oder, richtiger, behalten hatte als die Englands.«[26] Und eine Folge war, daß die Kolonie sich vom Gang der Geschichte, den sie doch hatte lenken wollen, abgeschnitten fand und als ein einsames Widerstandsnest der Reaktion weit zurückblieb, während England in die moderne Welt eintrat. Diese Umkehrung der Verhältnisse wurde schärfstens erfaßt in dem Titel eines zeitgenössischen Pamphlets: »Ill Newes from New-England, Wherein is declared that while old England is becoming new, New-England is become old.« (Schlechte Nachrichten aus Neu-England, worin erklärt wird, daß Alt-England neu, Neu-England alt wird).[27]
Das Ärgernis war, daß die Kolonie damit den wichtigsten Grund ihres Bestehens eingebüßt hatte. Die Heiligen waren in die neue Welt gekommen, um der übrigen Menschheit eine greifbare Lehre zu erteilen, und als die englischen Puritaner an dieser Lehre das Interesse verloren, erschien das ganze Unternehmen als ein wenig sinnlos. Perry Miller sagt dies wiederum sehr schön:

Wenn ein Schauspieler, der die Hauptrolle im größten Drama seines Jahrhunderts spielen soll, sich kostümiert, seinen Text probt und dann einen tiefen Atemzug nimmt und auf die Bühne tritt – nur um das Theater leer und dunkel zu finden, ohne Scheinwerfer, und sich selbst ganz allein, dann würde er sich so fühlen wie Neu-England um 1650 oder 1660. Denn in den 40er Jahren während des Bürgerkriegs verloren die Kolonien sozusagen ihr Publikum.[28]

Und so standen die Menschen von Massachusetts vor einem schweren Identitätsproblem. »Wer, so fragen sie sich immer wieder, wer sind wir? – und manchmal sind sie nahe daran, zu sagen, wer zum Teufel sind wir denn überhaupt?«[29] Die Siedler waren aus der historischen Bewegung

---

[25]Nathaniel Ward: »The Simple Cobler of Aggawam«, London 1647, zitiert nach *The American Puritans,* herausgegeben von Perry Miller (New York, Doubleday Anchor, 1956), S. 96–7.
[26] Miller, *The New England Mind,* S. 123.
[27] John Clark: »Ill Newes from New-England . . .«, London 1652, *Collections of the Massachusetts Historical Society,* Fourth Series, II, 1854.
[28] Perry Miller: *Errand in the Wilderness* (Cambridge, Mass., Harvard University Press, 1960), S. 13.
[29]*Ibid.,* S. 15.

herausgefallen, die nun langsam die übrige englischsprechende Welt in eine Epoche allgemeiner Toleranz hineinführte, und aus diesem Grunde konnten sie von der puritanischen Bewegung in England keine Hilfe mehr erwarten, um ihren Platz im Universum zu bestimmen. Das Auftauchen der Quäker in Amerika hatte so für die Siedler einen besonderen Sinn: Was immer Neu-England in diesen ungewissen Zeiten sein mochte, eines war es ganz gewiß nicht, nämlich ein Ort, wo die Freiheit der Religion gefördert wurde, und dies war ein Unterscheidungsmerkmal, das die Siedler buchstäblich publik zu machen gedachten, so gut es irgend ging. Für den Augenblick zumindest war dies die einzige Identität, die sie für sich in Anspruch nehmen konnten.

Außerdem hatte die Kolonie neue Führer, die für eine solche Aufgabe gut gerüstet waren. Die konstruktive Atmosphäre, die früher Winthrop und Cotton um sich verbreitet hatten, war dem sehr viel weniger maßvollen Einfluß von Männern wie John Endicott und John Norton gewichen, die ihren Vorgängern im Amt des Gouverneurs bzw. des obersten Geistlichen gefolgt waren. Diese Männer hatten die Programme und Richtlinien aus der Zeit Winthrops geerbt, aber sie nahmen eher eine Haltung der Defensive als eine der Entwicklung ein und schützten nur, was ihnen hinterlassen worden war, anstatt es nach den Erfordernissen der gewandelten Zeit umzuformen. Die aufrichtigen Zweifel in Fragen der Politik und der Verfahrensweisen, die Winthrop früher seinem Tagebuch anvertraut hatte, hatten nun einer Atmosphäre absoluter Gewißheit Platz gemacht. Endicott, sagt Brooks Adams in einer Passage, die auch John Norton beschreiben könnte, »war nahezu heroisch in seiner wilden Bigotterie und Dreistigkeit, ein vollkommener Streiter für die Kirche.«[30]

So schloß sich in Massachusetts der Zyklus, der begonnen hatte, als sich Winthrop mit seinen Argumenten gegen das Gesetzbuch nicht durchsetzen konnte. Während seiner langen Amtszeit hatte Winthrop die subjektiven Prinzipien des Puritanismus sich zu einem soliden Netz von Institutionen härten sehen, und nun, nur wenige Jahre nach seinem Tode, waren dieselben Prinzipien zu dem geronnenen Erbe in den Händen einer neuen und sehr viel weniger beweglichen Generation geworden. Wenn man Winthrop den Architekten des puritanischen Gemeinwesens nennen kann, so war Endicott sein Hausmeister, der das Gebäude gegen Eindringlinge verteidigte und acht gab, daß die alten Möbel alle sicher an ihrem Platz blieben. Historisch finden wir ein solches Verhalten oft bei Menschen, die ihres Platzes in der Welt nicht mehr gewiß sind, Men-

[30] Brooks Adams: *Emancipation of Massachusetts: The Dream and the Reality*, 2. Auflage (New York, Houghton Mifflin, 1919), S. 273.

schen, die ihre alten Sitten und Gebräuche um so engstirniger bewahren müssen, weil es ihnen schwerzufallen scheint, sich zu erinnern, wer sie eigentlich sind.

II

Wir wissen nicht sehr viel über die Menschen, die von den Quäkerverfolgungen von 1656-1665 betroffen wurden. Einige Dutzend Quäker kamen während dieser Zeit in die Kolonie, entweder zu Lande aus Rhode Island oder zu Schiff aus anderen Häfen, und diese wurden in ihren Missionsbestrebungen von einer großen Zahl ortsansässiger Konvertiten unterstützt. Von einigen kennen wir die Namen, und von etlichen anderen wissen wir, was in dem Jahrzehnt der Unruhen mit ihnen geschah, aber wir haben nur eine unbestimmte Vorstellung davon, wo die meisten von ihnen herkamen oder wohin sie schließlich gingen. Und so gerät jede Beschreibung der Affäre leicht in den Stil einer militärischen Chronik: Wir haben es anscheinend mit anonymen Truppen, nicht mit einzelnen Menschen zu tun, mit Feldzügen, nicht mit Kundgebungen von Bürgern, und all dies hilft uns vielleicht zu verstehen, warum die Beteiligten auf beiden Seiten zu glauben schienen, daß sie einen großen Religionskrieg austrugen. Der rauhe Kampfgeist der Quäker trug sicherlich mit bei zu der Vorstellung, daß sie eine disziplinierte Armee im Dienste Satans seien, und den puritanischen Heiligen war der Gedanke ganz geläufig, daß jeder Gegner, der ihre Lebensweise bedrohte, Teil eines organisierten Angriffs auf die Christenheit sein müsse. Aus soziologischer Sicht jedoch erscheint dieses Bild als unbefriedigend. Es gibt in jener undisziplinierten Schar kaum Anzeichen von Organisation, abgesehen von den Bemühungen einiger weniger erfahrener Missionare, und im Ganzen spricht mehr dafür, daß die Männer und Frauen, die später als die Quäker bekannt wurden, zumeist weder einander sehr gut kannten noch ihr Tun mit großen taktischen Überlegungen geplant hatten. Auch hier wieder wurde eine Verbrechenswelle ausgelöst, weil sich die Gemeinschaft über das Verhalten einiger ihrer Mitglieder beunruhigte, und nachdem dieses Gefühl einmal ausgedrückt war, strömten die Menschen an die Kampflinie, die gezogen worden war.

Obwohl die Generalversammlung früher schon einmal angeordnet hatte, daß alles in der Kolonie gefundene Quäker-Schrifttum öffentlich verbrannt werden sollte, traten die ersten offenen Zeichen der Unruhe erst 1656 auf, als die beiden Hausfrauen in der Bucht von Boston landeten. Die Behörden hatten von deren Ankunft offenbar im voraus erfahren, denn die beiden Frauen wurden verhaftet, bevor sie auch nur vom Schiff an Land gegangen waren. Sie wurden sofort ins Gefängnis gebracht, wo man sie entkleidete und auf Anzeichen von Hexerei untersuchte; am nächsten Tag wurden die Bücher, die sie bei sich gehabt hatten, öffentlich auf dem Marktplatz verbrannt. Nicht viel später kam eine Gruppe von acht oder neun weiteren Missionaren hinzu, die den Frauen in die Bucht nachgefolgt waren, und nach langer Haft (während derer man die Fenster des Gefängnisses vernagelte, um den Kontakt mit Passanten zu verhindern) wurde die ganze Gruppe auf auslaufende Schiffe nach Barbados verladen. Als militärische Operation betrachtet, war diese erste Begegnung mit den Quäkern glatt abgewickelt worden, und wir dürfen annehmen, daß die Behörden mit dem Ergebnis ganz zufrieden waren. Nur eine Kleinigkeit forderte die nachdenklicheren Bürger zu Bemerkungen heraus, und das war die Tatsache, daß es noch keine Gesetze in der Bucht gab, welche den Quäkern die Betätigung verboten.

Dieser Mißstand wurde sogleich behoben. Im Oktober 1656 wurde ein Gesetz gegen »jene verfluchte Sekte von Ketzern, die kürzlich in der Welt aufgekommen ist« von der Generalversammlung der Kolonie verabschiedet und auf verschiedenen Plätzen von Boston öffentlich ausgerufen. Es sah empfindliche Geldstrafen für Schiffseigentümer oder Kapitäne vor, die wissentlich Quäker in die Kolonie brachten, und noch empfindlichere Strafen für Siedler, die Quäker-Missionare beherbergten oder die »Blasphemien« der Quäker wiederholten. Weiterhin stellte die Verordnung fest: »Zuletzt wird hiermit verfügt, daß alle Personen, die Amt oder Person von Friedensrichtern oder Geistlichen beschimpfen, wie es bei Quäkern üblich ist, streng ausgepeitscht werden oder die Summe von fünf Pfund entrichten sollen.«[31] Dazu ist vielleicht zu bemerken, daß die meisten Quäker sich aus Gewissensgründen weigerten, die Geldstrafe zu zahlen, so daß die Strafe dafür, daß man ein Quäker war (oder, genauer, sich wie ein solcher verhielt!), faktisch in der Auspeitschung bestand. Eines der sonderbarsten Merkmale dieser Verordnung ist weiter, daß mit keinem Wort von Verbannung die Rede ist. Offenbar hatte sich die Regierung von Massachusetts wegen ortsansässiger Überläufer zu den Quäkern noch keine Gedanken gemacht, denn die Verordnung war hauptsächlich für fremde Besucher gedacht, die man ohne förmliches Verbannungsurteil ausweisen konnte.

Wenn das Gesetz von 1656 auf die Quäker irgendeine Wirkung hatte, dann nur die, sie zu energischerem Vorgehen anzuspornen. Binnen kurzem schien ein wahres Infiltrationsprogramm gegen die Kolonie angelau-

[31] Massachusetts Records, IVa, S. 277–8.

fen, das von Männern und Frauen ausgeführt wurde, die nichts Geringeres als eine Chance zum Martyrium verlangten, und ihre Mühen zahlten sich bald in der Bekehrung von Ortsansässigen aus. Das Bestürzendste an dieser neuen Welle von Quäkern war vielleicht, daß mehrere unter den Beteiligten von der puritanischen Rechtspflege schon einmal gekostet und offenbar einen Heißhunger nach mehr entwickelt hatten. Für die Behörden selbst konnte das nur heißen, daß ihre bisherigen Gesetze nicht streng genug waren; demgemäß setzte die Generalversammlung ihren Bestimmungen gegen die Quäker 1657 schärfere Zähne ein und trug nun auch der offenkundigen Tatsache Rechnung, daß viele der Schuldigen Einwohner der Kolonie waren.

Und es wird weiter angeordnet, daß, wenn Quäker sich erdreisten, nachdem sie einmal erlitten haben, was das Gesetz erfordert, in diesen Rechtsbereich zu kommen, so soll jedem solchen männlichen Quäker beim ersten Verstoß eines der Ohren abgeschnitten werden, und soll in der Besserungsanstalt solange arbeiten, bis er auf eigene Kosten fortgeschickt werden kann; und beim zweiten Verstoß soll ihm das andere Ohr abgeschnitten werden, und soll in der Besserungsanstalt arbeiten wie besagt; und jede weibliche Quäkerin, der hier Recht geschehen und die sich erdreistet, erneut in diesen Rechtsbereich zu kommen, soll streng ausgepeitscht werden und soll solange in der Besserungsanstalt arbeiten, bis sie auf eigene Kosten fortgeschickt werden kann, und das Besagte soll ihr abermals geschehen, wenn sie noch einmal kommt; und jedem Quäker, Mann oder Frau, der hiergegen ein drittes Mal verstößt, soll die Zunge mit einem heißen Eisen durchbohrt werden, und soll in der Besserungsanstalt solange arbeiten, bis er auf eigene Kosten fortgeschickt werden kann. Und weiter wird verordnet, daß jedem, der von uns zum Quäker wird, Gleiches geschehen soll und soll dieselbe Strafe erhalten, wie sie das Gesetz für fremde Quäker vorsieht.[32]

Drei Personen verloren wegen Verstoßes gegen dieses Gesetz ein Ohr, aber das Tempo der Invasion wuchs weiter beängstigend an, und damit wuchs auch der Umfang der Strafen, welche die Behörden zu verhängen bereit waren. Es gab viele Auspeitschungen, Inhaftierungen, Geldstrafen und verschiedene andere Formen von Gegenmaßnahmen. Ein William Brend, der zu der ersten Gruppe der Quäker gehört hatte, die in Massachusetts erschienen war, soll 117 Schläge mit einer Knotenpeitsche erhalten haben, eine so schwere Auspeitschung, daß der Ortsarzt ihn schlicht für tot hielt und liegen ließ. Nach Bishops Beschreibung: » . . . sein Fleisch war schwarz und wie zu einer Gallerte zerschlagen worden, und unter seinen Armen hing das blutige und zerquetschte Fleisch herunter, gewissermaßen zu Blasen verklebt; und es war so zu einer einzigen Masse

[32] Massachusetts Records, IVa, S. 308–9.

zerschlagen, daß keine Spuren von einem bestimmten Schlag zu sehen waren.«[33] Vielleicht übertreibt dieser Bericht Brends Verletzungen, aber er übertreibt nicht im mindesten die Stimmung bösartiger Wut, die in der ganzen Kolonie herrschte.

Diese gräßlichen Episoden steigerten nur noch die Erregung der Menschen in der Bucht und trieben manche in eine noch schärfere Verfolgungsbereitschaft, andere in eine tiefere Sympathie mit der Bewegung der Quäker. Inzwischen gab es vielleicht zwei Dutzend Fremde, die im Lande herumreisten und sich bemühten, zum Protest aufzustacheln, und hundert oder mehr ortsansässige Konvertiten, die sich zu religiösen Versammlungen trafen. Anfang 1658 zum Beispiel drangen die Konstabler in ein Haus in Salem ein und verhafteten neunzehn Bewohner der Stadt, die sich dort mit zwei fremden Missionaren getroffen hatten.[34]

Spätere Akten des Bezirksgerichts zeigen, daß sich diese Zelle in der einen oder anderen Form weiter über viele Jahre hin traf und bald bis zu einem Mitgliederstand von über 50 Personen anwuchs – eine ganz beträchtliche Zahl in einer so kleinen Stadt.

Als die Generalversammlung im Oktober 1658 zu ihrer jährlichen Sitzung zusammentrat, waren die Behörden also in einer verzweifelten Stimmung. Jede Maßnahme, die sie zur Abschreckung der Quäker ergriffen hatten, schien diese nur zu noch energischeren Aktionen anzustacheln, und mit der Engstirnigkeit, die so oft das Denken der Puritaner kennzeichnete, beschlossen sie, die Strafen gegen die Quäker noch schärfer zu machen, als sie schon waren. Das neue Gesetz sah vor, daß jeder der Quäker-Unruhen Schuldige aus der Kolonie verbannt werden sollte »bei Strafe des Todes«.[35] Der Wortlaut des Gesetzes implizierte also, daß zwar Quäker-Verbrechen nur mit Verbannung zu bestrafen seien, daß aber die Nichtbefolgung der Verbannungsauflagen als todeswürdiges Verbrechen betrachtet werde. Ob der Versammlung das nun klar war oder nicht, diese Verordnung forderte das Unglück beinahe offen heraus, denn nichts konnte das Verfolgungsbedürfnis der Quäker so befriedigen wie die Aussicht, am Galgen für die Sache des Gewissens leiden zu dürfen.

Die Folge war, daß die Hinrichtungskandidaten aus allen Winkeln Neu-Englands herbeieilten, unter ihnen Menschen, die schon die Peitsche des Konstablers gespürt hatten, die viele Monate im Bostoner Gefängnis ge-

---

[33] Bishop, *New England Judged,* S. 57.

[34] *Records and Files of the Quarterly Courts of Essex County, Massachusetts, 1636–1682,* herausgegeben von George Francis Dow (Salem, Mass., The Essex Institute), II, S. 103–4. Im folgenden zitiert als Essex County Records.

[35] Massachusetts Records, IVa, S. 345–6.

sessen hatten, die den Verlust ihres ganzen Vermögens erlitten hatten, und mindestens zwei, die ein Ohr auf dem Richtblock gelassen hatten. Die Behörden beantworteten den neuen Angriff mit der Beschleunigung der Verfolgungsmaßnahmen. Im Mai 1659 verbannte die Generalversammlung sechs Einwohner von Salem nach den Bestimmungen des neuen Gesetzes[36], und kurz darauf verkaufte sie zwei kleine Kinder von Verbannten in die Sklaverei, um Ansprüche gegen ihre Eltern zu befriedigen.[37] Aber jede Feindseligkeit der Friedensrichter schien ihre Gegner nur mit neuer Energie aufzuladen, und bis zum Sommer 1659 war klar, daß Massachusetts sich entweder auf eine maßvollere Position würde zurückziehen oder aber seine Entschlossenheit mit echtem Blutvergießen würde besiegeln müssen. Das Mindeste, was man von beiden Parteien sagen kann, ist, daß sie einander nichts nachgaben.

Mehrere Quäker, die unter Androhung der Todesstrafe verbannt worden waren, kamen während einer Sitzung der Generalversammlung nach Boston zurück, in der Absicht, das neue Gesetz zu prüfen. Mit ihnen kam eine ganze Schar von Anhängern, darunter eine Gruppe von Siedlern aus Salem (einer von ihnen hatte sich der Prozession angeschlossen, »um Leinen zu bringen, in das die Leichen derer, die leiden würden, eingehüllt werden könnten«[38]), mehrere Quäker aus Rhode Island, die gekommen waren, um einen Genossen im Gefängnis zu besuchen, und eine Anzahl anderer Leute, die aus dem einen oder anderen Grund nicht selbst hinter Schloß und Riegel waren. Diese ganze Gesellschaft, mehr als zwanzig Personen, wurde sofort ins Bostoner Gefängnis geworfen, zu einer unbekannten Anzahl weiterer Quäker, die sich bereits dort befanden. »Sie alle«, erklärte Bishop den Beamten von Massachusetts, »kamen wie ein Mann im Geiste und in der Kraft des Herrn zusammen, um Euren verfluchten Gesetzen ins Auge zu sehen und um jene zu geleiten, die unter ihnen leiden müßten.«[39]

Die Generalversammlung antwortete auf die Herausforderung, indem sie drei Personen aus der Schar im Gefängnis auswählte und zum Tode verurteilte – William Robinson, Marmaduke Stevenson und eine Frau namens Mary Dyer, an die man sich in Massachusetts als an eine der getreuesten Anhängerinnen Anne Hutchinsons erinnerte. Bishop berichtet, daß der völlig entnervte Endicott »mit schwacher Stimme sprach, wie

[36] Massachusetts Records, IVa, S. 367.

[37] Bishop, *New England Judged,* S. 89.

[38] *Ibid.,* S. 99.

[39] *Ibid.,* S. 99.

ein Mann, aus dem das Leben entweicht«, und bei der Verhandlung außer Fassung zu sein schien. »Wir haben viele Gesetze gemacht und auf mehrere Weisen versucht, Sie von uns fernzuhalten«, soll er gesagt haben, »und weder die Peitsche noch das Gefängnis noch Ohrenabschneiden noch die Verbannung bei Todesstrafe hält Euch ab . . . Ich wünsche Euren Tod nicht.«[40] Ob nun der Gouverneur diese kläglichen Worte wirklich gesprochen hat oder nicht, die Akten der Verhandlung erwähnen nur, daß er das Urteil gegen die drei Angeklagten verkündete: »Sie werden von hier zu dem Ort gehen, woher Sie gekommen sind, und von dort zum Hinrichtungsplatz, und dort hängen bis zum Tode.« Es ist interessant zu vermerken, daß die Generalversammlung auch einhundert Milizsoldaten aufbot, »in voller Bewaffnung, mit Pike und Muskete, mit Pulver und Blei, um sie zum Hinrichtungsplatz zu eskortieren und sie hängen zu sehen, bis sie tot sind.«[41] Offenbar war die Regierung alles andere als sicher, daß ihr hartes Urteil unter der erregten Bevölkerung von Boston Anklang finden werde.

Bei der Hinrichtung, erzählt Bishop, tauchte ein vertrautes Gesicht in der Menge auf. John Wilson war nun ein verschrobener alter Mann, der vor kurzem seiner Gemeinde gesagt hatte, er würde »das Feuer in die eine Hand nehmen, und Reisig in die andere, um alle Quäker der Welt zu verbrennen.« Als sich die Prozession auf den Galgen zubewegte, eskortiert von den hundert bewaffneten Soldaten und einer Gruppe Trommler, sprang Wilson aus der Menge hervor und redete William Robinson an. »Treten solche Burschen wie Ihr mit dem Hut auf dem Kopf vor Gericht?« höhnte er. »Merke dir«, soll Robinson geantwortet haben, »es ist, weil wir den Hut nicht abnehmen, daß wir getötet werden.« Und später, als Robinson und Stevenson noch ein paar letzte Worte zu den Bostonern sprechen wollten und die Trommler sich ins Zeug legten, um sie zu übertönen, da konnte man durch das Getöse hindurch Wilsons Stimme hören: »Hüte deine Zunge, sei still! Sonst stirbst du mit einer Lüge im Mund.«[42] Als der Lärm und die Verwirrung auf dem Höhepunkt angelangt waren, wurde plötzlich Mary Dyer vom Gerüst heruntergeholt und begnadigt. Wir wissen, daß Vertreter der Regierung von Rhode Island versucht hatten, ihr Leben zu retten, und vielleicht war dies ein wichtiger Beweggrund für die Entscheidung der Friedensrichter; aber wir wissen auch, daß die Menge der Bostoner bei dem Anblick der drei verurteilten Quä-

---

[40] *Ibid.*, S. 99–100.

[41] Massachusetts Records, IVa, S. 383.

[42] Bishop, *New England Judged*, S. 102–3.

ker, die aufgereiht auf dem Galgengerüst standen, unruhig wurde und vielleicht im Begriff war, einzugreifen.

Was immer die Behörden bewogen haben mag, Mary Dyer zu verschonen, es ist nicht schwer, sich vorzustellen, daß ihnen ein wenig unbehaglich zumute gewesen sein dürfte. Fast die ganze Stadt war gekommen, um das Schauspiel mitanzusehen, und auf dem Marktplatz wimmelte es von beunruhigenden neuen Anblicken und Tönen – Soldaten im Gleichschritt mit geladenen Musketen, die Trommler, die ein scharfes Stakkato hinlegten, Trauernde, die Leichentücher trugen und erschreckende Warnungen an die Menge ausstießen, Leute wie Wilson, die das Feuer schürten, indem sie unter den Zuschauern herumliefen und den Henker drängten, seine Sache gut zu machen, und mitten in all dem die Gefangenen selbst, die Hand in Hand gingen, mit dem frohlockenden Blick von Menschen, die schon lange auf das Martyrium gewartet haben. Wer die Szene mitangesehen hatte, würde sie wohl nicht so bald vergessen.

Natürlich nützten die zwei Hinrichtungen wenig, um die Quäker von ihren Betätigungen in der Bucht abzuschrecken, aber die Erregung dieses einen Tages in Boston wirkte in der ganzen Kolonie noch lange Zeit nach. Einerseits stachelte sie die örtlichen Konstabler zu neuen Heldentaten der Strafverfolgung an, und in den folgenden Monaten stieg die Zahl der Vermögenseinziehungen, Hausdurchsuchungen, öffentlichen Auspeitschungen und ähnlicher Dinge mächtig an. Andererseits jedoch begannen die Quäker nun ihre Überspanntheiten mit einer Hingabe vor den Behörden zur Schau zu stellen, die jenen gestrengen Männern ganz unglaublich erschienen sein muß. Es ist leicht, die Behörden von Massachusetts für ihre sinnlose Grausamkeit und Engstirnigkeit während der Quäkerkrise zu verdammen, aber sie waren auch in einer extrem schwierigen und unangenehmen Lage, wie die folgenden Zitate aus den Akten eines Bezirksgerichts bezeugen:

> John Burton erschien vor Gericht in ungebührlichem Aufzug, tadelte das Gericht, indem er sagte, sie seien Räuber und Vernichter der Witwen und Waisen, ihre Priester predigten für Geld, und ihre Religion sei nicht die Gottes; unterbrach und beschimpfte das Gericht, und als man ihm Schweigen gebot, gebot er den Richtern Schweigen und sprach weiter, solange bis das Gericht sich genötigt sah, ihn in den Block schließen zu lassen.[43]
>
> Die Frau von Robert Wilson, weil sie barbarisch und unmenschlich nackt durch die Stadt gegangen ist, wird verurteilt, hinter einen Karren gebunden zu werden, mit dem Leibe nackt bis herunter zum Gürtel, und von Mr. Gidneys Tür bis zu ihrem Hause gepeitscht zu werden, insgesamt nicht über dreißig Schläge . . . [44]

---

[43] Essex County Records, II, S. 337.

Lydia Wardell wurde verurteilt, schwer ausgepeitscht zu werden und eine Strafe an den Marshall von Hampton zu zahlen, für ihre Schaustellung, als sie nackt in das Versammlungshaus von Newbury trat.[45]

Und Thomas Hutchinson, der über hundert Jahre später schrieb, kannte weitere Beispiele:

In Boston liefen ein George Wilson und in Cambridge eine Elizabeth Horton durch die Straßen und riefen, der Herr komme mit Feuer und Schwert, um mit ihnen zu rechten. Thomas Newhouse trat mit einigen gläsernen Flaschen in ein Gemeindehaus in Boston, zerschmetterte die Flaschen vor der Gemeinde und drohte, »So wird der Herr Euch in Stücke schlagen.« Ein andermal kam M. Brewster herein, die sich das Gesicht schwarz wie Kohle beschmiert hatte . . . Ein gewisser Faubord aus Grindleton trieb seinen Enthusiasmus noch weiter und war drauf und dran, in Nachahmung Abrahams seinen Sohn zu opfern, aber die Nachbarn hörten den Jungen schreien, brachen das Haus auf, und konnten die Tat glücklich verhindern.[46]

Kurz nach der Hinrichtung Robinsons und Stevensons veröffentlichte die Generalversammlung eine kurze Erklärung ihres Vorgehens, die vermutlich zur Verbreitung in England bestimmt war. Sie besagte, daß die Generalversammlung sich nur gegen die »frechen und schamlosen Aufdringlichkeiten« der Quäker zu schützen versuche, und kam zu der Folgerung:

Die Berücksichtigung unseres schrittweisen Vorgehens wird uns vor dem lauten Vorwurf der Strenge schützen; unsere rechtmäßige und notwendige Verteidigung erforderte, nachdem andere Mittel versagt hatten, die Spitze zu bieten, in welche diese Personen gewaltsam und willentlich hineingerannt sind, womit sie zu *felons de se* [Selbstmördern] werden . . . [47]

Und tatsächlich schien es manchmal, daß die Quäker mit dem Kopf voran in die Lanze, die die Behörden vor ihnen aufgepflanzt hatten, hineinliefen. In den zwei Jahren nach dem Tod von Robinson und Stevenson erwarben zahlreiche Leute das Anrecht auf den Galgen, indem sie nach einmaliger Verbannung in die Kolonie zurückkehrten, und obwohl der Generalversammlung klar war, daß die Hinrichtungen in der ganzen Kolonie nicht sehr populär gewesen waren, hatte sie sich doch einmal auf diese Vorgehensweise festgelegt. 1660 erreichte Mary Dyer nach monatelangen Versuchen endlich ihr seit so langer Zeit angestrebtes Ziel und

[44] Essex County Records, III, S. 17.

[45] Essex County Records, III, S. 64.

[46] Hutchinson, *History*, I, S. 203–4.

[47] »A Declaration of the Court of Massachusetts«, Oktober 1659, abgedruckt in Mather, *Magnalia*, S. 525–6.

wurde in Boston gehängt. 1661 folgte ihr ein energischer Missionar namens William Leddra nach. Diese beiden Opfer waren jedoch nur ein Bruchteil der Quäker, die sich für die Hinrichtung zur Verfügung gestellt hatten, und als die Warteliste für die Gerichtsverhandlungen zu unmöglicher Länge angewachsen war, wurde klar, daß die Kolonie entweder eine neue Taktik finden oder aber eines der blutigsten Massaker ihrer Geschichte veranstalten mußte.

Zu der Zeit, als Leddra hingerichtet wurde, befanden sich etwa siebenundzwanzig Personen im Gefängnis von Boston, und noch genug weitere Quäker waren über das ganze Land verstreut, um mehrere andere Gefängnisse gleicher Größe zu füllen. In der Hoffnung, dieser Überfülle Herr zu werden, erließ die Generalversammlung eine neue Bestimmung gegen die Quäker, die bald als das »Vagabundengesetz« bekannt wurde. Das Gesetz sah vor, daß alle Reisenden, die »wie Strolche und Vagabunden« in der Kolonie umherzogen, wie folgt behandelt werden sollten:

> nackt ausgezogen, vom Gürtel aufwärts, und hinter einen Karren gebunden und durch die Stadt gepeitscht, und von da aus sofort dem Konstabler der nächsten Stadt übergeben, zu den Grenzen unseres Rechtsgebiets hin . . . und so von einem Konstabler zum nächsten, bis durch die am weitesten außen gelegenen Städte unseres Rechtsgebiets.[48]

Als das Vagabundengesetz in Kraft trat, scheint die Kampagne gegen die Quäker erheblich nachgelassen zu haben. Obwohl Bishop berichtet, daß es in Ausführung der neuen Bestimmungen durch die Konstabler zu manchen bösartigen Auspeitschungen kam, verlor sich doch großenteils der Kreuzzugsgeist auf beiden Seiten der Front. Außerdem sollten die Behörden bald erfahren, daß sie ihren Eifer gegen die Quäker ohnehin würden bezähmen müssen.

Gegen Ende 1661 erhielt die Generalversammlung einen Brief Karls II., der ihr die Anwendung körperlicher Strafen oder der Todesstrafe gegen die Quäker untersagte, und dies gebot den Behörden schnell Einhalt. Die Generalversammlung gab einige lahme Proteste zu Protokoll und beklagte die Tatsache, daß der Monarch über die Angelegenheit so schlecht informiert sei, doch letztlich blieb ihr keine andere Wahl, als alle zur Zeit geltenden Gesetze gegen die Quäker aufzuheben.[49]

Die Quäkerverfolgung in Massachusetts war mit dem Brief des Königs

---

[48] Massachusetts Records, IVb, S. 2–3.

[49] Der Brief des Königs ist abgedruckt bei Bishop, *New England Judged*, S. 214, und die Reaktion der Generalversammlung findet sich in den Massachusetts Records, IVb, S. 34.

noch nicht wirklich zu Ende, besonders weil sich ja das Vagabundengesetz anwenden ließ, ohne daß Bezeichnung »Quäker« überhaupt gebraucht wurde, aber von diesem Augenblick an verlor der Kampf immer mehr an Intensität. Sobald die Quäker sahen, daß ihre Gegner nicht mehr zu Hinrichtungen bevollmächtigt waren, verloren sie allmählich das Interesse an der Sache, was darauf hinweist, daß eine scharfe Definition abweichenden Verhaltens mögliche Abweichler anziehen kann. Irgendwie war der ganze Streit nun, wo er in zivilisierteren Formen ausgetragen wurde, für beide Seiten weniger attraktiv.

Schon 1657 hatte ein angesehener Bürger der Bucht in seinem Tagebuch notiert, daß es den Quäkern nur dann Vergnügen zu bereiten schien, Unruhe zu stiften, wenn die Aussichten, dabei zu Schaden zu kommen, hoch waren. »Sie scheinen geduldig zu leiden und sogar eine Art Vergnügen darin zu finden. In denjenigen Teilen des Landes, wo sie sich frei bewegen könnten (wie in Rhode Island und Providence und Warwick), scheinen sie sich nicht gern aufzuhalten.«[50] Und die Regierung von Rhode Island, in einem Schreiben an die Behörden der Bucht aus dem Jahre 1657, traf im wesentlichen dieselbe Feststellung:

> Was diese Quäker angeht (wie sie genannt werden), die nun unter uns sind, so haben wir hier kein Gesetz, nach dem wir sie bestrafen könnten . . . Und wir finden darüber hinaus, daß an all den Orten in unserer Kolonie, wo die besagten Leute am besten gelitten sind, sich frei auszusprechen, und wo ihren Reden nur mit Argumenten begegnet wird, dorthin begehren sie am allerwenigsten zu gehen, und wir hören, daß sie diesen Ort zu verabscheuen beginnen, weil ihnen die staatliche Autorität nicht entgegentritt, sondern mit aller Geduld und Nachsicht sie ihre Mahnungen und angeblichen Offenbarungen verbreiten läßt; auch ist es nicht wahrscheinlich, daß sie hier viele für ihre Denkweise gewinnen können; und gewiß finden wir es, daß sie Vergnügen daran nehmen, von der Staatsgewalt verfolgt zu werden, und dann gewinnen sie wahrscheinlich mehr Anhänger durch die Schaustellung ihres geduldigen Leidens als durch Zustimmung zu ihren schädlichen Lehren.[51]

Ein Vergleich der Maßnahmen, welche die Behörden von Massachusetts und die von Rhode Island gegen die Quäker ergriffen, zeigt ein wichtiges Verhältnis zwischen abweichendem Verhalten und den Grenzen des Gemeinwesens. Die Bewegung der Quäker speiste sich aus den Grausamkeiten ihrer Feinde und konnte nicht leicht erhalten bleiben, sobald diese

---

[50] John Hull's Diary, *Transactions and Collections of the American Antiquarian Society* (Boston, Printed by the Society, 1857), S. 182.

[51] Hutchinson, *History,* I, Appendix XI, S. 526–7.

Gegnerschaft sich einmal zurückgezogen hatte. Nun war dies eine Lehre, welche zu ziehen die toleranteren Kolonien nach Süden zu, die von Männern wie William Coddington oder Roger Williams beeinflußt waren, sich gestatten konnten, aber die Behörden der Bucht waren kaum in der Lage, dies zu begreifen. Die Quäker hinzunehmen, selbst wenn das die wirksamste Art sein mochte, ihrem ordnungswidrigen Treiben zu begegnen, hätte bedeutet, daß man eine der fundamentalen Ideen verwarf, auf denen der Neu-England-Weg damals beruhte. Für die Menschen in der Bucht war der Kreuzzug der Quäker ein Schaustück von großer Bedeutung, und die Mittel, zu denen sie griffen, um dagegen zu kämpfen, trugen weit mehr dazu bei, diesen Kreuzzug publik zu machen, als ihn einzudämmen.

Am Ende zogen sich also beide Seiten vom Schlachtfeld zurück, als der Krieg seine gewaltsameren Züge zu verlieren begann, womit es späteren Historikern überlassen blieb, zu überlegen, um was überhaupt es in erster Linie gegangen war. Ein Historiker bemerkte: »Puritaner und Quäker waren einander so ähnlich, daß uns sofort der alte Spruch einfällt, wonach es nirgends so bittere Feindschaft gibt wie zwischen Abarten derselben Gattung«[52], und dafür läßt sich einiges vorbringen. Gerade weil die neuenglischen Puritaner so viele Züge mit den Quäkern gemeinsam hatten, mußten sie die wenigen erheblichen Unterschiede so drastisch sie irgend konnten herausstellen. Die Siedler der Bucht waren dabei, sich von einer geschichtlichen und kulturellen Ethik abzuwenden, welche die Quäker-Bewegung nun symbolisierte, und um die neuen Grenzlinien des Neu-England-Wegs zu markieren, mußten sie mit besonderer Anstrengung diejenigen Punkte hervorheben, in denen die Haltungen von Puritanern und Quäkern auseinandergingen. Die Unterschiede zwischen ihnen erscheinen, mit den Maßstäben eines anderen Jahrhunderts gemessen, recht klein, aber zumindest für den Augenblick waren eben dies die Unterschiede, die Neu-England als einen Ort besonderen Charakters abgrenzten.

III

Einer der interessantesten Aspekte der Quäker-Krise in der Bucht ist, daß sich niemand viel darum zu kümmern schien, was die Quäker in theologischer Hinsicht sagten. Weder George Bishops langer Bericht noch die

[52] Charles E. Park: »Puritans and Quakers«, *New England Quarterly,* XXVII (1954), S. 73.

erhalten gebliebenen Akten der Kolonie widmen der Aufgabe Raum, zu erklären, worin die Puritaner mit ihren unwillkommenen Gästen uneins waren, und in dieser Hinsicht verlief der Quäkerstreit ganz anders als die Antinomisten-Kontroverse zwanzig Jahre früher. Die Literatur jener Periode ist zum Bersten voll mit wütenden Anklagen gegen die Quäker, aber bei aller Hitzigkeit dieser verbalen Angriffe scheint es, daß die Behörden weder sehr genau wußten noch wissen wollten, was für Theorien hinter dem Quäker-Kreuzzug steckten. Ja, die Leute in der Bucht waren über die Glaubenssätze der Quäker so schlecht unterrichtet, daß sie ihre Gegner an diesen Merkmalen nicht einmal erkennen konnten. Die wichtigsten Unterscheidungsmerkmale, auf die sich die Puritaner verließen, um Quäker unter anderen Menschen herauszufinden (und das galt sowohl vor Gericht wie in normalen Gesprächen), hatten mit dem Glaubensbekenntnis oder besonderen Lehrsätzen nicht das Mindeste zu tun: Quäker waren Menschen, die in Gegenwart von Amtspersonen den Hut aufbehielten, die altertümliche Anredeformen wie »thee« und »thou« gebrauchten, wenn sie zu einzelnen Personen sprachen, und die manchmal zu privaten Gottesdiensten zusammenkamen. Gewiß, im Prinzip bedienten sich die Behörden dieser Erkennungszeichen nur dazu, Quäker herauszufinden, es waren nicht zugleich auch Gründe, sie zu bestrafen, doch viele Leute in der Bucht merkten schnell, daß man den Quäkern eigentlich in dem ganzen Jahrzehnt der Krise allzu viel anderes nicht vorzuwerfen hatte. Einige Beispiele mögen lehrreich sein, wenn auch nur, weil sie sehr klar zeigen, wie außerordentlich viel kleine Zeichen und Symbole bedeuten können, wenn eine Gemeinschaft sich anschickt, ihre abweichenden Mitglieder zu etikettieren.

Als die beiden ersten Quäkerinnen 1656 in Boston landeten, wurden sie gleich dem stellvertretenden Gouverneur Bellingham zum Verhör vorgeführt, und er scheint sie ins Gefängnis geschickt zu haben, sobald eine von ihnen im Gespräch zum ersten Male die Anrede »thee« gebraucht hatte: »Mehr brauche ich nicht zu wissen«, soll er zu dem Konstabler gesagt haben, »jetzt sehe ich, sie sind Quäker.«[53] Kurze Zeit später kam eine Gruppe Quäker unter der Anklage der Gotteslästerung vor Gericht und begann sich zu verteidigen, daß die Anschuldigung völlig unbegründet sei. Offenbar fiel es den Friedensrichtern schwer, einen Rechtsgrund für die Anklage zu finden, und als die Verhandlung in ein Labyrinth von Einzelheiten geraten war, brachte Simon Bradstreet sie mit einem Meisterstück neu-englischer Argumentation wieder zum Wesentlichen zurück: »Das Gericht wird ein besseres Mittel finden, um einen Quäker zu

[53] Bishop, *New England Judged*, S. 11.

erkennen, als an der Gotteslästerung – daß er den Hut nicht abnimmt.«[54] Und schließlich soll der folgende Wortwechsel zwischen einem ungenannten Friedensrichter und einem ortsansässigen Quäker-Konvertiten namens Edward Wharton stattgefunden haben:

Wharton: Freunde, was ist der Grund und wofür bin ich aus meinem Hause geholt worden, wo ich aufrichtig meiner Berufung nachging, und werde hierher gebracht als ein Missetäter?
Friedensrichter: Ihr Haar ist zu lang, und Sie sind ungehorsam gegen jenes Gebot, das da lautet, »du sollst Vater und Mutter ehren«.
Wharton: Inwiefern?
Friedensrichter: Insofern als Sie den Hut nicht abnehmen vor Gericht.[55]

Alle diese Anekdoten werden von Bishop berichtet, was uns Grund genug geben mag, ihre Richtigkeit zu bezweifeln, aber nach allem, was wir sonst über die puritanischen Behörden wissen, erscheint keine von ihnen als unwahrscheinlich. Man erinnere sich, daß die erste gegen die Quäker erlassene Verordnung von Menschen spricht, »die Amt oder Person von Friedensrichtern oder Geistlichen beschimpfen, wie es bei Quäkern üblich ist« – vielleicht ein Eingeständnis, daß man keine andere Methode kannte, diese merkwürdige Sorte Ketzer zu identifizieren. Außerdem findet sich auch in den uns erhaltenen Gerichtsakten der Kolonie nicht ein einziger Fall, in dem die Überzeugungen des Angeklagten je vor Gericht erörtert worden wären. Die erste Welle der Quäker vor Gericht wurde wegen Verbrechen wie Mißachtung von Amtspersonen, Nichterscheinen zum Gottesdienst und ähnlicher Verfehlungen verurteilt; nachdem aber der Zirkel der Verfolgung erst einmal in Bewegung gesetzt war, gewann er sein Eigenleben. Eine Anzahl Auspeitschungen fand statt, weil Geldstrafen nicht gezahlt wurden, und natürlich kam es zu den vier Hinrichtungen deshalb, weil die Opfer Gerichtsurteile mißachteten, die ihnen geboten, außer Landes zu bleiben. Strenggenommen hatten diese Verbrechen mit religiösen Betätigungen überhaupt nichts zu tun.
In diesem Sinne scheinen sich die puritanischen Behörden über die äußeren Formen der Quäker-Unruhen weit mehr Sorgen gemacht zu haben als über ihre inneren Beweggründe, und auch dies ist bezeichnend für jene Zeit. Während des Antinomistenstreits verwandten die Führer der Gemeinschaft ziemlich viel Zeit auf den Versuch, das eigenartige Temperament zu verstehen, das Menschen wie Anne Hutchinson und ihre aktiveren Anhänger dazu trieb, sich so merkwürdig zu gebärden. Sie gingen an diese Aufgabe natürlich ohne jede Freundlichkeit oder Sympathie heran,

[54] *Ibid.*, S. 71.
[55] *Ibid.*, S. 198–9.

aber sie zeigten ein aufrichtiges Interesse, etwas über die Gefühlslage des Protests und die innere Verfassung der Männer und Frauen, die daran teilnahmen, in Erfahrung zu bringen. Zwanzig Jahre später jedoch, als die Quäker auf dem Schauplatz erschienen, war diese Art von Anteilnahme weithin verschwunden. Während der späten 50er Jahre äußerten die Friedensrichter kaum irgendein Interesse an dem Geist des Quäker-Kreuzzugs oder an den Überzeugungen der Beteiligten, so wenig, daß sie selten danach fragten, welche Beweggründe die Quäker auf ihrer unverantwortlichen Bahn vorantrieben. Hätten sie danach gefragt, so hätte vielleicht die ganze Affäre ein anderes Ende genommen, denn selbst von den gestrengen Theokraten der Bucht kann man sich schwer vorstellen, daß sie Menschen mit so harmlosen Absichten wie denen der Quäker hätten hinrichten können.

Die eigentliche Anklage von Massachusetts gegen die Quäker war, daß sie keinerlei äußeren Respekt vor dem Geist puritanischer Disziplin zeigten und sich nicht an die rituellen Gebote des Gemeinschaftslebens hielten; damit schienen sie eine Art subjektiver Freiheit zu fordern, die zu gewähren die Kolonie nicht in der Lage war. Sie waren gewillt, innerhalb der formalen Struktur des Gemeinwesens zu leben, konnten aber seine religiösen Voraussetzungen nicht teilen; sie waren bereit, sich mit Energie, aber nicht von ganzem Herzen in den Dienst des Unternehmens zu stellen. Und so schienen sie in der puritanischen Welt zu leben, ohne doch wirklich ein Teil davon zu werden. Sie kamen nicht regelmäßig zum Gottesdienst, und wenn sie kamen, dann störten sie oft die Gemeinde, indem sie unaufgefordert Bemerkungen aus dem Zuhörerraum abgaben; sie hielten sich nicht an die neu-englische Gepflogenheit, den Friedensrichtern mit besonderer Ehrerbietung zu begegnen, und sie mißachteten gewisse Sprachkonventionen, indem sie ausgefallene Personalpronomen gebrauchten. Keiner dieser Verstöße scheint schwer genug zu sein, um die harten Maßnahmen zu rechtfertigen, die man gegen sie ergriff, und doch stellten die Quäker für die puritanische Gemeinschaft eine besondere Art Bedrohung dar, weil sie dem neu-englischen Verständnis von Autorität mit bewußter Respektlosigkeit zu begegnen schienen. Schon damit, daß sie abseits der übrigen Gemeinschaft lebten, mißachteten die Quäker eine fundamentale Pflicht, denn sie nahmen keinen Anteil an dem, was Durkheim das »kollektive Bewußtsein« der Gruppe genannt hat – jenem Gefühl festen ideologischen Verpflichtetseins, jener Bereitschaft, ganz in den Rhythmen des Gruppenlebens aufzugehen, jenem Gefühl für das gemeinsame Erbe und das gemeinsame Schicksal das jeder Gesellschaft ihren untergründigen Zusammenhalt gibt. Solange die puritanischen Ältesten bei jedem Quäker diesen grundsätzlichen Verrat argwöhnten, betrachteten sie fast alles, was er sagte und tat, als eine Form der Sünde. Ein ausgezeichnetes Beispiel gibt wiederum Bishop:

Eine Gruppe von Quäkern war verhaftet worden, anscheinend wegen Abhaltens einer privaten Versammlung. Einer der Verdächtigen fragte, warum man ihn für einen Quäker halte, und Simon Bradstreet antwortete für das Gericht, »Sie sind einer, weil Sie mit dem Hut auf dem Kopf hier hereinkommen.« Ein anderer Verdächtiger bemerkte darauf, das sei ein sonderbarer Grund, jemanden vor Gericht zu zerren, und erfuhr nun, in Wahrheit sei er der Gotteslästerung angeklagt. Er machte den vernünftigen Vorschlag, die Friedensrichter sollten erst einmal eine Versammlung der Quäker besuchen, daß sie »hören mochten und berichten, was getan und gesagt wurde, und nicht über etwas urteilen, was sie nicht kennen.« An diesem Punkt sagte Generalmajor Dennison, ein Mann von demselben rauhen Schlag wie Thomas Dudley eine Generation früher, zu den Verdächtigen: »Wenn Sie zusammenkommen und irgend etwas sagen, dann dürfen wir folgern, daß Sie Gott lästern.«[56] Jedenfalls hatte der General damit ausgesprochen, worum es in Wahrheit ging. Es kam nicht viel darauf an, ob man nun wirklich gehört hatte, wie ein Quäker die eine oder andere religiöse Anstößigkeit vor sich hin murmelte, denn daß er ein gotteslästerliches Geschöpf war, hatte er schon durch die bloße Tatsache bewiesen, daß er sich von dem ideologischen Konsensus der Gemeinschaft fernhielt.

Des weiteren wußten die Heiligen kaum etwas über die Quäker, aber sie waren ganz sicher, daß (wie Winthrop während des Antinomistenstreits gesagt hatte) »zwei so gegensätzliche Parteien nicht in derselben Körperschaft bleiben konnten ohne Gefahr für das Ganze.« Wieder war es der Generalmajor Dennison, der die Quäker über diesen Punkt aufklärte. Während eines Verhörs von sechs ortsansässigen Salemer Quäkern wurde Gouverneur Endicott aufgefordert, »den eigentlichen und wahren Grund« der Verfolgungen zu nennen, und er gab kurz zur Antwort, »es ist wegen der Mißachtung der Autorität, durch Nichterscheinen zum Gottesdienst.« Als nun einer der Angeklagten zu protestieren begann, das Höchste, was das Gesetz gegen diesen Verstoß vorsehe, sei eine Geldstrafe, unterbrach ihn Dennison und sagte in den klarsten Worten, die man finden konnte, daß sich das Gericht um solche Kleinigkeiten keinen Deut kümmere: »Wie ich Ihnen schon gesagt habe«, erklärte er, »Ihr und wir, wir können nicht gut zusammenleben, und gegenwärtig liegt die Macht in unseren Händen, und darum muß der Stärkere sich wehren.«[57] Der gute

---

[56] *Ibid.*, S. 59–60.

[57] *Ibid.*, S. 87.

General hatte tatsächlich dasselbe schon einmal gesagt, und seine Worte bei jenem früheren Anlaß sind ebenfalls erhalten: »Wir sind die Stärkeren, und darum nehmt Euch in acht.«[58]

Belustigend ist der Gedanke, daß die sechs Angeklagten bei dieser Lektion in Machtpolitik scharf aufgepaßt zu haben scheinen, denn sie waren unter den Quäkern, die später ihre Beschwerden Karl II. vortrugen, und einer von ihnen, Samuel Shattock, war der Bote, der die Nachricht nach Massachusetts zurückbrachte, daß die Krone den Verfolgungen ein Ende geboten hatte. Die Legende berichtet uns, daß Shattock den Brief des Königs persönlich in Endicotts Haus in Boston übergab und dort stehen blieb, den Hut fest auf dem Kopf, während der sture alte Gouverneur las.

Wie schon früher gesagt, wir wissen wenig über die verschiedenen Menschen, die sich in dem Kreuzzug der Quäker zusammenfanden. Die meisten traten plötzlich aus dem Dunkel heraus in eine kurze und wilde Periode der Namhaftigkeit und entschwinden wieder, sobald die Erregung der Verfolgungen abklingt. Hier und da stoßen wir aber doch auf einen Vermerk in den Akten der Kolonie, der uns zu denken gibt, was aus diesen Menschen später geworden sein mag. 1669 zum Beispiel findet sich eine kurze Eintragung in den Protokollen des Bezirksgerichts von Essex, betreffend eine Mrs. Robert Wilson. Deborah Wilson war dem Gericht keine Unbekannte, denn sie war viele Male wegen verschiedener Quäker-Vergehen dort erschienen und hatte einmal eine gewisse natürliche Unsterblichkeit damit erlangt, daß sie völlig nackt durch die Straßen von Salem ging.

Die Frau von Robert Wilson, vorgeladen wegen häufigen Fehlens beim öffentlichen Gottesdienst, wurde entlassen; Gericht hat erfahren, daß sie krank im Kopf ist.[59]

Und einer von Mrs. Wilsons energischsten alten Mitstreitern hatte 1674 ebenfalls Schwierigkeiten:

Auf Beschwerde an das Gericht, daß Nathaniel Hadlock ein müßiges und verschwenderisches Leben führt, herumwandert und seinen Besitz verschwendet und verschleudert, worunter seine Frau viel zu leiden hat und wahrscheinlich ins Elend gerät, erklärte das Gericht, daß jedermann in der kommenden Zeit von ihm weder kaufen noch an ihn verkaufen noch Geschäfte mit ihm über irgend etwas machen soll, was zum Besitz seiner Frau gehört, bis auf weitere Anordnung des Gerichts . . .[60]

---

58 *Ibid.*, S. 76.

59 Essex County Records, IV, S. 88.

60 Essex County Records, V, S. 356.

Nun ist es nicht sehr wahrscheinlich, daß Deborah Wilson und Nathaniel Hadlock typisch waren für die Quäker, die den Frieden von Massachusetts störten, aber es bestehen kaum Zweifel, daß die Friedensrichter schließlich anfingen, dies zu glauben. Als die Verfolgungen vorüber waren und die Menschen in der Bucht auf die ganze Episode zurückblickten, kamen sie zu dem bequemen Schluß, daß die Quäker allesamt verrückt gewesen sein mußten. Mit der Weisheit dessen, der ein halbes Jahrhundert später lebt, gab Cotton Mather eine simple Diagnose:

Ich bin fest überzeugt, daß diese elenden Quäker binnen kurzer Zeit (wie wir jetzt gesehen haben) zunicht geworden wären, wenn der Staat keine bürgerlichen Strafen gegen sie verhängt hätte; auch betrachte ich den Häretizid nicht als eine evangelische Art, die Häresien auszutilgen . . . Es ist richtig, diese Quäker legten eine unerträgliche Mißachtung der Autorität an den Tag und zogen ohne Notwendigkeit eine Rache auf sich, aus welcher die Autorität sie nur zu gern entlassen hätte, wenn sie mit einer Entlassung einverstanden gewesen wären; aber es ist auch richtig, daß sie Verrückte waren – eine Art Irre, Fanatiker und von Dämonen Besessene . . .[61]

Und über hundert Jahre nach der Hinrichtung William Leddras in Boston redete Thomas Hutchinson etwa denselben Gedanken nach:

Wegen dieser und ähnlicher Störungen könnte man sie als Subjekte betrachten, die in ein Irrenhaus oder in eine Besserungsanstalt gehörten, und es ist zu beklagen, daß überhaupt strengere Strafen angewandt wurden.[62]

Als die Menschen von Massachusetts also über die Quäker-Unruhen nachdachten, verstanden sie die Affäre als einen Zusammenstoß zwischen einer allzu aufgeregten Regierung und einem wilden Haufen Fanatiker. Wie im Antinomistenstreit hatten die Behörden einen Ausnahmezustand erklärt; Männer und Frauen aller Art waren auf die Bühne gestürmt, um sich an dem anschließenden Gefecht zu beteiligen, und nachdem alles vorbei war, hatten sich die Grenzen des Neu-England-Wegs sichtlich verändert. Doch bestand zwischen den beiden Verbrechenswellen, soweit es Massachusetts betraf, ein wichtiger Unterschied. Der Antinomistenstreit muß als ein Sieg für die führenden Ältesten der Bucht gewertet werden, denn sie hatten Unterstützung für die Art von Orthodoxie mobilisieren können, die sie begründen wollten. Die Quäker-Krise dagegen ist als eine Niederlage zu werten: Die Puritaner boten an der Frontlinie eine solche Konzentration von Menschen und Material auf, um der Invasion den Weg zu verlegen, daß in dem Vakuum hinter ihnen der Gedanke der

[61] Mather, *Magnalia*, S. 525.
[62] Hutchinson, *History*, I, S. 204.

Toleranz stillschweigend Eingang fand und zu einem dauernden Erbteil Neu-Englands wurde. Sie erkannten allzu spät, daß die Invasion von innen kam, daß die Quäker eine geistige Strömung repräsentierten, die ebensogut zu den Erfahrungen Neu-Englands gehörte wie die müde Orthodoxie, welche die Puritaner zu verteidigen suchten. Fast ein Jahrzehnt lang widmete die Kolonie einen Großteil ihrer ideologischen Kräfte der Aufgabe, ihre Ablehnung der Toleranzidee hervorzuheben, denn dies war der eine Unterschied, der den neu-englischen Puritanismus von der neueren Spielart trennte, die nun in England Wurzel faßte. Und als sich dieser Unterschied nicht mehr aufrechterhalten ließ, hatten die Siedler kaum noch etwas, worauf sie sich zurückziehen konnten.

Denn am Ende unterlag Massachusetts in dem Kampf mit den Quäkern. Erstens einmal errangen die ortsansässigen Quäker schließlich zumindest eine Spur jener Duldung, die sie gefordert hatten, und sie hielten weiterhin private Versammlungen ab, mit einem Minimum an Störungen. Man erinnert sich zum Beispiel, daß sich während des langen Jahrzehnts der Verfolgungen eine starke Quäker-Zelle in Salem regelmäßig getroffen hatte. 1674 nun, fast zwanzig Jahre nach der Razzia der Konstabler auf diese Gruppe von Dickköpfen, wurden sie erneut verhaftet, wegen eines »Rechtsbruchs, genannt Quäker-Versammlung«. Dieses Mal jedoch standen sie einem völlig gezähmten Gericht gegenüber, und nach einer nahezu höflichen Diskussion der Angelegenheit wurden sie mit einem milden Verweis entlassen.[63] John Endicott, der in der Nähe begraben lag, hätte sich geschüttelt vor Zorn.

Zweitens jedoch erreichten die Quäker indirekt eine noch viel bezeichnendere Veränderung für die Kolonie. Als Karl II. 1660 nach London zurückkehrte, um den Thron seines Vaters zu besteigen, hatte sich das Gesicht Englands unverkennbar geändert. Das Zwischenspiel der Puritanerherrschaft hatte die Sekten zu so lebhafter Betätigung angespornt und die Idee der Toleranz so umfassend verbreitet, daß nur noch wenige Menschen bereit waren, auf diese Freiheit wieder zu verzichten. In gewissem Sinne war die Toleranz in England schon zu einer Tradition geworden, und Karl mußte begreifen, wenn auch unbestimmt, daß diese Tendenz zur Meinungsvielfalt und zum Dissidententum im religiösen Leben des Landes nicht mehr rückgängig zu machen war. Massachusetts hatte eine Welle von Verbannten nach der andern nach England abreisen sehen, wo sie ihre Beschwerden vor Gericht vortrugen, aber während der Generation von 1630 bis 1660 war niemand in England so recht in der Lage gewesen, ihnen zu helfen. Als die Quäker jedoch ihre Klagen

[63] Essex County Records, V, S. 298.

Karl II. unterbreiteten, fanden sie in Whitehall verständnisvollere Ohren. Nicht nur gebot der König, wie wir gesehen haben, den Verfolgungen in Massachusetts Einhalt, sondern sein Befremden über diese Angelegenheit schlug sich auch bald in etwas nieder, das einer Kolonialpolitik nahekam. In einem 1662 datierten, aber in der Generalversammlung erst 1665 verlesenen Brief erneuerte der König seinen Befehl, daß allen Bewohnern der Kolonie Freiheit und Gewissensfreiheit (»freedom and liberty of conscience«) zu gewähren seien, und dann versetzte er der Orthodoxie von Massachusetts einen mächtigen Schlag:

> Wir werden uns vergewissern, und gebieten dies allen Personen, die es angeht, daß bei der Wahl des Gouverneurs oder der Ältesten ausschließlich Verstand, Tugend und Integrität der zu wählenden Personen berücksichtigt werden sollen und nicht irgendwelche Neigungen hinsichtlich ihrer Meinungen oder ihrer äußeren Berufe, und daß alle Freisassen mit hinreichendem Vermögen, sofern sie von gesittetem Betragen und in der Religion orthodox sind (jedoch von unterschiedlichen Überzeugungen hinsichtlich der Kirchenregierung), bei der Wahl aller Beamten ihre Stimme haben sollen, sowohl für zivile wie für militärische Posten . . . [64]

Mit einem Widerstreben, das man sich leicht vorstellen kann, beugte sich die Generalversammlung der königlichen Autorität und hob alle Gesetze auf, die das Bürgerrecht auf die Kirchenmitglieder einschränkten.[65]
Die Friedensrichter und die Geistlichen brachten es dennoch fertig, den Befehl des Königs so zu interpretieren, daß die formale Struktur der Theokratie weitgehend erhalten blieb, aber mit dem Ende der Quäkerverfolgungen und dem Eintreffen des königlichen Dekrets aus England scheint sich doch viel von dem Enthusiasmus, der die alte Ordnung getragen hatte, stillschweigend verloren zu haben. Die Theokratie stand noch aufrecht, und selbsternannte Verteidiger wie Increase und Cotton Mather blieben weiterhin auf ihren immer mehr vereinsamenden Wachtposten, aber größtenteils war das Gebäude von Neu-England nun eine leere Hülse. Von jener Zeit an bis zum Ende des Jahrhunderts wandten sich die Siedler der Bucht allmählich von den ursprünglichen Plänen des puritanischen Experiments ab und begannen anderswo nach neuen Grundlagen der Autorität und neuen Kontrasten zu suchen. Neu-England war nun nicht mehr »eine Stadt auf einem Hügel«, die durch ihr augenfälliges Beispiel die übrige Menschheit in die Reformation geleiten konnte; es war nicht länger die feste Burg gegen jene Übel der Toleranz, die in England

---

[64] Massachusetts Records, IVb, S. 165–6.
[65] Massachusetts Records, IVb, S. 167–8.

die puritanische Bewegung aus der Bahn geworfen hatten. Neu-England war nur noch es selbst – und dies war die eine Rolle, auf welche die Siedler durch ihre Theologie nicht vorbereitet waren.

Vielleicht machte es die Verschiebung von der theokratischen Disziplin in Richtung auf Toleranz für die Menschen notwendig, sich mehr auf ihre inneren Kräfte und inneren Sicherheiten zu verlassen, aber was diese Veränderungen auch bewirkt haben mögen, wir können bei den Siedlern eine neue Tendenz feststellen, die Wahrzeichen, die sie brauchten, um die Grenzen des Neu-England-Wegs zu bestimmen, im eigenen Innern zu suchen. Auf der einen Seite führte dies zu der Unabhängigkeit und Integrität, der handfesten Klugheit, die bald zum Kennzeichen des Yankee-Charakters wurden. Andererseits verlieh es der Gemeinschaft in ihrer Suche nach einem neuen Bezugsrahmen eine individualistischere Orientierung – und vielleicht liegt ein gewisser Sinn darin, daß Menschen, welche Disziplin als eine Folge *innerer Zuverlässigkeit* zu betrachten beginnen, ebenso auch abweichendes Verhalten als Folge *innerer Besessenheit* verstehen.

Jedenfalls sollten die Puritaner bald dem gräßlichsten Feinde begegnen, den Satan je auf Neu-England losgelassen hatte, den Hexen.

Die Hexen von Salem Village

Der Hexenwahn, der in Salem Village begann (einem Städtchen einige Meilen entfernt von dem eigentlichen Salem), ist wohl die bekannteste Episode aus der Geschichte von Massachusetts und in einer Reihe sorgfältiger Arbeiten beschrieben worden. Auf den folgenden Seiten werden wir die Geschichte daher ziemlich kurz zusammenfassen. Lesern, die an einem ausführlicheren Bericht über jene ungewöhnlichen Ereignisse interessiert sind, sei das Buch von Marion L. Starkey: *The Devil in Massachusetts* empfohlen, ein Buch, welches das ganze düstere Drama jener Zeit einfängt, ohne etwas von seinen Verdiensten als wissenschaftliche Arbeit einzubüßen.[66]

Zwischen dem Ende der Quäkerverfolgungen im Jahre 1665 und dem Anfang der Salemer Hexen-Hysterie im Jahre 1692 hatte die Kolonie manche schweren Tage durchgemacht. Zunächst einmal waren die politischen Konturen des Gemeinwesens plötzlichen, oft heftigen Änderungen ausgesetzt gewesen, und die Menschen in der Kolonie waren über ihre

[66] Marion L. Starkey: *The Devil in Massachusetts* (New York, Knopf, 1949).

Zukunft im ungewissen. Die Dekrete des Königs während der Quäker-Unruhen hatten zwar in der Struktur des puritanischen Staats nur geringfügige Änderungen bewirkt, aber sie hatten ein Moment von Unruhe und Besorgnis in die Kolonie hineingetragen, das während der dreißig Jahre nicht verschwunden war; und kaum hatte Karl II. bei der Regierung von Massachusetts sein neues Interesse an ihren Angelegenheiten angemeldet, als er auch schon vier Kommissare in die Bucht entsandte, die sich seine fernen Herrschaftsgebiete ansehen und dafür sorgen sollten, daß seine gelegentlichen Befehle ausgeführt wurden. Von diesem Augenblick an befürchtete Neu-England das Schlimmste. Die Predigten jener Zeit waren voller schrecklicher Prophezeiungen für die Zukunft der Bucht, und während der 1670er und 80er Jahre wurde in Neu-England der Katalog der politischen Kalamitäten immer länger und gewichtiger. 1670 zum Beispiel kam es zu einer Folge herber Streitigkeiten zwischen Gruppen von Friedensrichtern und Geistlichen, womit das Bündnis in Gefahr kam, das der Grundstein des Neu-England-Wegs gewesen war. 1675 brach ein brutaler und kostspieliger Krieg gegen einen Bund von Indianerstämmen unter Führung eines schlauen Häuptlings mit Namen König Philip aus. 1676 begann Karl II. die Ansprüche anderer Personen auf Ländereien innerhalb der Rechtshoheit von Massachusetts zu prüfen, und es wurde zunehmend klarer, daß die alte Charta der Kolonie vielleicht ganz aufgehoben werden würde. 1679 erteilte Karl Massachusetts den sehr bezeichnenden Befehl, die Gründung einer anglikanischen Kirche in Boston zu gestatten, und 1684 sahen die Siedler die Zukunft der Kolonie so pessimistisch, daß sich mehrere Städte einfach nicht mehr darum kümmerten, Abgeordnete in die Generalversammlung zu entsenden. Das Gefühl des bevorstehenden Unheils erreichte 1686 einen Gipfel. Zunächst einmal wurde die Charta, die seit mehr als einem halben Jahrhundert die einzige Rechtsgrundlage der Kolonie gebildet hatte, mit einem Strich der königlichen Feder annulliert, und außerdem schickte der König zur Vertretung seiner Interessen einen Königlichen Gouverneur in die Bucht, einen Anglikaner, der den allgemeinen Zielen Neu-Englands in lebhafter Feindschaft gegenüberstand. Im Augenblick sah es so aus, als ob das heilige Experiment vorbei wäre: Nicht nur hatten die Siedler den Rechtstitel auf das Land verloren, auf dem sie standen, sie liefen auch noch Gefahr, den endgültigen Zusammenbruch der Gemeindekirchen mitansehen zu müssen, die sie unter so großen Mühen errichtet hatten.

Die Siedler wurden aus den Katastrophen von 1686 schließlich gerettet, aber sie waren nur um Haaresbreite davongekommen, und auch das nur vorläufig. 1689 begannen Nachrichten in die Bucht durchzusickern, Wilhelm von Oranien sei in England gelandet, um das Haus Stuart abzusetzen, und die Hoffnung schlug in der ganzen Kolonie hohe Wellen; aber bevor man in der Bucht noch wissen konnte, wie dieser Kampf in England ausgegangen war, erhob sich in Boston plötzlich ein protestierender Mob und legte den Königlichen Gouverneur in Ketten. Zum Glück für Massachusetts waren Wilhelms Streitkräfte in England erfolgreich, und der Bostoner Aufstand wurde als wenig mehr denn eine verfrühte Feier zu Ehren des neuen Königs betrachtet. Doch bei all der Aufregung hatte sich wenig geändert. Zur Zeit der Hexenhysterie bemühten sich in London Beauftragte von Massachusetts, Wilhelm zur Wiederherstellung der alten Charta zu bewegen, oder zumindest zur Erteilung einer neuen, die Massachusetts all die Vorteile gewährte, deren es sich in der Vergangenheit erfreut hatte; doch wußte jedermann, daß die Kolonie nie wieder die gleiche Autonomie genießen würde. Während also die Menschen der Bucht auf Nachrichten über die Zukunft ihrer Siedlung warteten, waren sie begreiflicherweise voller Angst.

Während dieser ganzen Periode politischer Krisen zog eine noch dunklere Wolke über der Kolonie herauf. Unter den Heiligen selbst griffen nämlich wütende Zwistigkeiten um sich. In einer Kolonie, die auf ein hohes Maß an Harmonie und Gruppengeist angewiesen war, schlängelten sich nun die Gerichte durch ein Labyrinth von Landstreitigkeiten und persönlichen Fehden, ein kompliziertes Knäuel von Straf- und Zivilprozessen. Außerdem war an die Stelle der ernsthaften Bemühungen um Einmütigkeit, welche die Politik der Ära Winthrop gekennzeichnet hatten, nun etwas getreten, was dem offenen Parteienstreit ziemlich ähnlich war. Als z. B. John Josselyn 1668 Boston besuchte, bemerkte er, daß die Leute dort in ihren Beziehungen untereinander »wild zerstritten« seien und sich mehr von Neid und Begierde leiten ließen als von irgendwelchen religiösen Zwecken.[67] Und die Predigten jener Zeit gebrauchen noch stärkere Worte, um den Verfall der Moral zu schildern, der die Zukunftsaussichten Neu-Englands zu verdunkeln schien. Der Geist der Brüderlichkeit, auf den die ersten Siedler so sehr gezählt hatten, hatte sich zuletzt in eine Atmosphäre wirtschaftlicher Konkurrenz, politischen Zanks und persönlichen Übelwollens aufgelöst.

So waren das politische Gebäude, das die erste Generation so sorgsam errichtet hatte, und der geistige Konsensus, den die zweite Generation so energisch verteidigt hatte, beide in Auflösung begriffen. Zur Zeit der Salemer Hexenmanie waren die meisten vertrauten Wahrzeichen des Neu-England-Wegs von Änderungen im geschichtlichen Klima verwischt

[67] John Josselyn: »An Account of Two Voyages to New-England«, *Collections of the Massachusetts Historical Society,* Vol. III, Third Series, S. 331.

worden, wie Wegweiser, die ein Unwetter unleserlich gemacht hat, und die Menschen in der Bucht wußten nicht mehr, was die Vergangenheit gewesen war oder was die Zukunft versprach. Massachusetts war, wie Alan Heimert gesagt hat, »eine Gesellschaft [geworden], die nicht mehr fähig war, sich irgend zuverlässig selbst zu beurteilen.«[68]

1670 nahm das Abgeordnetenhaus die Furcht und Verwirrung zur Kenntnis, die sich über das Land auszubreiten begannen, und erarbeitete ein kurzes Inventar der Schwierigkeiten, vor denen die Bucht stand:

> Abirren von dem ursprünglichen Werk der Gründung, Neuerungen in Lehre und Gottesdienst, Meinungen und Handeln, eine Beschneidung der Rechte, Freiheiten und Privilegien der Kirchen, Anmaßung fürstlicher und bischöflicher Gewalt über Gottes Erbe, Zerrüttung der Kirchenordnung, und all dies mit einer gefährlichen Tendenz zur völligen Verheerung der Kirchen, zur Verwandlung der wohlgefälligen Gärten Christi in eine Wildnis, zur unvermeidlichen und völligen Austilgung der Grundlagen und Säulen der kongregationalen Auffassungen; dies ist das Gift, der Eiter, die ansteckende Seuche, das Bild des Neides, herausfordernd aufgerichtet vor dem Herrn, das verfluchte Ding, das Gottes Zorn erregt hat, und droht mit weiterer Vernichtung.[69]

Der Ton dieses Beschlusses gibt uns einen ausgezeichneten Einblick in die Stimmungslage der Zeit. In den nächsten zwanzig Jahren gewöhnte sich Neu-England mehr und mehr an den Gedanken, daß die Siedler sich darauf gefaßt machen mußten, Gottes Zorn zu erleben, weil die Kolonie ihre ursprüngliche Hingabe und ihr Sendungsbewußtsein verloren hatte. Das Motiv, das in dem Beschluß angeschlagen worden war, kehrt wie ein Leitthema im Denken der Zeit immer wieder: Die Siedler, die aus der Wildnis heraus einen Gottesstaat geschaffen und an ihrer Stelle »die wohlgefälligen Gärten Christi« gepflanzt hatten, sollten wieder in die Wildnis zurück. Aber hier findet ein jäher Wechsel der Bilder statt, denn die Wildnis, die sie ehemals gemeistert hatten, das waren das dichte Unterholz, die wilden Tiere, gefährliche Jahreszeiten und plündernde Indianer gewesen, während die Wildnis, die sie nun erwartete, ganz andere Gefahren in sich barg. »Die Wildnis, durch die wir hindurchziehen ins Gelobte Land«, sagte Cotton Mather in einem Buch, das den Zustand Neu-Englands zur Zeit der Hexenprobleme beschrieb, »ist ganz voller feuriger fliegender Schlangen . . . Unser Weg in den Himmel führt an lauter Löwengruben vorbei und an Bergen der Leoparden; unglaubliche

---

[68] Alan Heimert: »Puritanism, The Wilderness and The Frontier«, *New England Quarterly,* XXVI, (1953), S. 381.

[69] Thomas Hutchinson: *The History of the Colony and Province of Massachusetts-Bay* (Neuausgabe, Cambridge, Mass., Harvard University Press, 1936), S. 232.

Scharen von Teufeln verlegen uns den Weg.«[70] Wir werden dieses Thema der Wildnis am Ende dieses Kapitels noch einmal aufnehmen, aber für den Augenblick ist es wichtig festzuhalten, daß Massachusetts sein Interesse an Institutionen und Politik zum großen Teil verloren und dafür begonnen hatte, eine Sicht seiner Zukunft aus dem Blick in eine gespenstische unsichtbare Welt erlangen zu wollen.
Und zu der Zeit, als die Menschen in der Kolonie diesen Fragen nachhingen, da schlugen die Hexen zu.

I

Niemand weiß wirklich, wie die Hexenhysterie anfing, aber sie ging aus von dem Hause des Pfarrers Samuel Parris, Geistlicher der Ortskirche. Anfang 1692 begannen mehrere Mädchen aus der Nachbarschaft ihre Nachmittage mit einer Sklavin namens Tituba in Parris' Küche zu verbringen, und nicht lange, so stattete eine mysteriöse Schwesternschaft von Mädchen zwischen neun und zwanzig Jahren dem Pfarrhaus regelmäßig ihren Besuch ab. Wir können nur spekulieren, was hinter der Küchentür geschehen sein mag, aber wir wissen, daß Tituba aus Barbados nach Massachusetts gekommen war und in der Nachbarschaft für ihre magischen Fertigkeiten bekannt war. Als die Mädchen sich enger zusammenschlossen, schien eine bemerkenswerte Änderung über sie zu kommen: Vielleicht stimmt es nicht, daß sie, wie später jemand berichtet hat, in den Wald hinaus zogen, um ihre Version einer schwarzen Messe zu feiern, aber es scheint, daß sie in einem Zustand der Hochspannung zu leben begannen und einander Geheimnisse anvertrauten, die stillen puritanischen Jungfrauen kaum geziemten.
Bevor der Winter um war, erlagen die beiden jüngsten Mädchen der Gruppe den Gefahren ihrer Vergnügungen und begannen eine höchst ungewöhnliche Krankheit zu zeigen. Sie stießen unverständliche Schreie aus, verfielen in groteske Konvulsionen und liefen manchmal auf Händen und Knien umher, wobei sie bellten wie Hunde. Kaum hatte die Nachricht von diesem außergewöhnlichen Leiden die Runde gemacht, als es sich wie eine ansteckende Krankheit auszubreiten begann. Im ganzen Städtchen krochen junge Mädchen in panischer Angst und Erregung auf dem Boden herum, und wenn auch manche der weniger Leichtgläubigen

---

[70] Cotton Mather: »Wonders of the Invisible World«, Boston und London, 1693; zitiert nach Samuel G. Drake (Hg.): *The Witchcraft Delusion in New England* (Roxbury, Mass., W. Elliot Woodward, 1866), S. 80–1.

unter den Bürgern versucht waren, nach ihren Gürteln zu greifen, in der Hoffnung, den Mädchen ein bißchen Anstand einzubläuen, so sahen doch die übrigen in hilflosem Entsetzen den Qualen der Mädchen zu.

Der einzige Arzt des Ortes tat, was er konnte, um die Epidemie aufzuhalten, aber sein dürftiger Vorrat an Heilmitteln war bald erschöpft, und er sah sich gezwungen zu folgern, daß das Problem außerhalb des medizinischen Fachbereichs lag. Der Teufel sei nach Salem Village gekommen, verkündete er; die Mädchen seien verhext. Auf diese beunruhigende Nachricht hin kamen die Geistlichen aus vielen Nachbargemeinden, um sich mit ihrem Kollegen zu besprechen und zum besten zu geben, was sie an Ratschlägen wußten. Unter den ersten, die ankamen, war ein bedächtiger Pfarrer namens Deodat Lawson, und er war erst ein paar Stunden in der Stadt, als er zum Zeugen einer erschreckenden Bekundung des Teufelswerks wurde. »Am frühen Abend«, erzählte er später von seinem ersten Tag im Ort,

> ging ich Mr. Parris einen Besuch abstatten. Als ich dort war, hatte eine Verwandte von ihm, Abigail Williams (12 Jahre alt), einen heftigen Anfall; sie rannte zuerst mit großer Heftigkeit im Zimmer hin und her (obwohl Mrs. Ingersoll sie festzuhalten versuchte), tat manchmal so, als ob sie flöge, streckte die Arme so hoch sie konnte und schrie mehrmals »wisch, wisch, wisch!« . . . Danach rannte sie zum Feuer und begann brennendes Holz im Hause herumzuwerfen; und rannte gegen die Rückwand, als ob sie den Schornstein hinauflaufen wollte, und, wie man mir sagte, hatte sie in anderen Anfällen versucht, in das Feuer hineinzugehen.[71]

Angesichts so klarer Indizien kamen die Geistlichen rasch zu der übereinstimmenden Auffassung, daß man Satans neuem Vorstoß tatkräftig begegnen müsse, und das hieß, daß die befallenen Mädchen angeben mußten, wer die Hexen waren, die sie quälten.

Es ist kaum zu erraten, was die Mädchen in diesen ersten Tagen der Unruhe durchmachten. Sie zogen die Aufmerksamkeit auf sich, wohin sie auch gingen, und übten eine Macht über die Erwachsenen der Gemeinde aus, die auch unter den gesündesten Bedingungen schon sehr aufreizend auf sie hätte wirken müssen. Aber was immer auch sonst in ihnen vorgegangen sein mag, nach und nach muß den Mädchen der Gedanke gekommen sein, daß sie tatsächlich verhext seien, und nachdem man ihnen wieder und wieder zugeredet hatte, ihre Quälgeister anzugeben, nannten sie schließlich drei Frauen aus dem Ort und beschuldigten sie der Hexerei.

---

[71] Deodat Lawson: »A Brief and True Narrative of Witchcraft at Salem Village«, 1692; in *Narratives of the Witchcraft Cases, 1648–1706,* herausgegeben von George Lincoln Burr (New York, Scribner's, 1914), S. 154.

Wenn alle Klatschbasen Neu-Englands zusammengekommen wären, um die Kandidatinnen zu nominieren, so hätten sie keine besseren finden können. Die erste war begreiflicherweise Tituba, eine Frau, die in den reichen Farben und den phantastischen Legenden von Barbados aufgewachsen und vermutlich mit einer Art Woodoo vertraut war. Die zweite, Sarah Good, war ein Musterbild von einer Hexe, wenn es in Salem Village je eine gegeben hatte. Mit einer Pfeife in ihrem ledernen Gesicht streunte sie in der Gegend herum, kümmerte sich nicht um ihre Kinder und bettelte, und bei mehr als einer Gelegenheit hatte man gehört, wie die alte Vettel, wenn sie besonders schlechter Laune war, Drohungen gegen ihre Nachbarn ausstieß. Sarah Osburne, die dritte Verdächtige, war von höherem sozialen Rang als ihre beiden mutmaßlichen Komplizinnen, aber sie war vor ein, zwei Jahren in einen Ortsskandal verwickelt gewesen, als ein Mann zu ihr ins Haus zog und sie erst einige Monate später heiratete.

Sofort wurde ein erstes Verhör anberaumt, um zu entscheiden, ob die drei Frauen in Gewahrsam zu nehmen seien. Die Mädchen wurden auf die Plätze in der ersten Reihe des Versammlungsraums gebracht, wo sie sich den verfügbaren Raum voll zunutze machten, indem sie, offenbar in Qualen, auf dem Boden herumrollten, wann immer eine Laune (oder ein unsichtbarer Sendbote des Teufels) es ihnen gebot. Es war ein bemerkenswerter Anblick. Sonderbare Kreaturen flogen im Raum umher und pickten nach den Mädchen oder machten sich aus den Dachsparren über sie lustig, und für jedermann war ohne weiteres klar, daß die drei verdächtigen Frauen für all die Unordnung und all das Leiden verantwortlich waren. Als Sarah Good und Sarah Osburne in den Zeugenstand gerufen und gefragt wurden, warum sie diese Phantome gesandt hätten, um die Mädchen zu quälen, waren sie zu bestürzt, um viel zu ihrer Verteidigung vorbringen zu können. Als aber Tituba vortrat, hatte sie eine Antwort parat. Ein Leben in Sklaverei ist eine schlechte Vorbereitung für ein Verhör vor einer Versammlung von Friedensrichtern, und Tituba war ohnehin eine erregbare Frau, die schon die wärmeren Winde der karibischen See geatmet hatte und über die Magie Dinge wußte, die ihre mürrischen alten Richter nie lernen würden. Was immer auch der Grund gewesen sein mag, Tituba führte ihrem Publikum eines der überschwenglichsten Geständnisse vor, die je in einem Gerichtssaal in Neu-England vernommen wurden. Sie sprach von den Kreaturen, welche die unsichtbare Welt bewohnen, von den dunklen Riten, die sie im Dienste Satans aneinander binden, und als sie mit ihrer erstaunlichen Schilderung zu Ende war, hatte sie jedermann in ganz Salem Village überzeugt, daß das Problem ein weit schlimmeres war, als man sich vorzustellen gewagt hatte.

Denn Tituba schloß nicht nur Sarah Good und Sarah Osburne in ihr eigenes Geständnis mit ein, sondern verkündete auch, daß noch viele andere Leute in der ganzen Kolonie an der Verschwörung des Teufels gegen die Bucht mitbeteiligt seien.
So wurde das Verhör, das der Angelegenheit ein rasches Ende hatten setzen sollen, zu einem Stich ins Wespennest. Die Mädchen wurden nun gedrängt, weitere Verdächtige und neue Unruheherde anzugeben. Schon waren die Mädchen nicht mehr bloß unschuldige Opfer: In den Augen der Gemeinschaft waren sie Hellseherinnen, Prophetinnen, Medien, Wahrsagerinnen, denn nur sie konnten die fürchterlichen Phantome sehen, die über das Land herzogen, und die Personen nennen, die sie ausgeschickt hatten. Als sich die Mädchen in Begeisterung für ihre neue Aufgabe hineinsteigerten, begannen sie ihre Suche nach mutmaßlich Verdächtigen auf alle Winkel der Gemeinde auszudehnen. Martha Corey war eine der aufrechten Frauen des Städtchens, und ihr einziger Fehler war, daß sie über die Geschichten der Mädchen ungläubig grinste. Dorcas Good, fünf Jahre alt, war eine Tochter der Angeklagten Sarah Good. Rebecca Nurse war eine fromme alte Frau, die während der ersten Verhöre bettlägerig gewesen war. Mary Esty und Sarah Cloyce waren Rebeccas jüngere Schwestern; sie wurden ebenfalls beschuldigt, als sie die alte Frau energisch zu verteidigen begannen. Und so ging es weiter – John Proctor, Giles Corey, Abigail Hobbs, Bridgit Bishop, Sarah Wild, Susanna Martin, Dorcas Hoar, der Pfarrer George Burroughs. Als es Frühling wurde, wuchs die Liste der Verdächtigen zu gewaltiger Länge an, und das Gefängnis von Salem war gestopft voll mit Leuten, die dem Prozeß entgegensahen. Wir wissen nichts über die Lebensbedingungen im Gefängnis, aber man kann sich leicht vorstellen, wie die Spannungen in jenen grauen Mauern widergehallt haben müssen. Manche der Gefangenen hatten in dem verzweifelten Bemühen, die Aufmerksamkeit von sich selbst abzulenken, ihre Verwandten und Freunde bezichtigt, andere waren zu stumpfsinnig, um recht zu begreifen, was mit ihnen geschehen war, und einige wenige (sehr wenige, wie sich herausstellte) nahmen ihr Los mit ruhiger Würde hin. Wenn wir uns Sarah Good vorstellen, wie sie neben Rebecca Nurse saß und sich ihre stinkende Pfeife ansteckte, oder Tituba, wie sie mit Pfarrer George Burroughs Ansichten über übernatürliche Erscheinungen austauschte, so mag uns das ein grobes Bild von dem Leben in jenem überfüllten Quartier geben.
Inzwischen hatte die Hysterie weit über die Grenzen von Salem Village hinausgegriffen, und mit ihrer Reichweite wuchs auch der Appetit der jungen Mädchen. Sie begannen nun auch Personen, die sie nie gesehen hatten, aus Ortschaften, wo sie nie gewesen waren, zu beschuldigen (wo-

bei einige absurde Fehler unterliefen[72]), doch wurden ihre Aussagen so wenig in Zweifel gezogen, daß sie gewöhnlich ausreichende Handhabe waren, um geachtete Leute in Ketten zu legen.

In Charlestown, in beträchtlicher Entfernung von Salem, erfuhr Nathaniel Carey, daß seine Frau der Hexerei bezichtigt worden war, und er reiste sogleich mit ihr nach Salem, »um zu sehen, ob die Befallenen sie kannten.« Die beiden machten einen ganzen Tag voller Verhöre durch, und danach berichtete Carey:

Ich stellte fest, daß die Befallenen zwei Mädchen von ungefähr zehn Jahren waren und etwa zwei oder drei andere von etwa achtzehn Jahren . . . Die Gefangenen wurden einer nach dem andern hereingerufen, und wenn sie kamen, rief man ihre Namen aus . . . Der Gefangene mußte sich in sieben oder acht Fuß Abstand von den Richtern aufstellen, und zwischen ihnen und den Richtern die Anschuldigerinnen; dann wurde ihm befohlen, direkt vor die Richter hinzutreten, wobei ihn an jeder Hand ein Wärter festhielt, damit er sie damit nicht behexen könne, und der Gefangene mußte stets zu den Richtern hinblicken, denn wenn er die Befallenen ansah, dann bekamen sie entweder einen Anfall oder schrien auf, daß er ihnen etwas antue . . . Dann sagten die Richter zu den Anschuldigerinnen, »welche von euch geht jetzt den Gefangenen berühren?« Nun wagten die Mutigsten sich vor, aber gewöhnlich fielen sie hin, als ob sie einen Anfall hätten, ehe sie noch drei Schritte gemacht hatten. Die Richter befahlen, daß man sie aufhob und zu dem Gefangenen hintrug, damit sie ihn berühren konnten, und sobald der Gefangene von den Anschuldigerinnen berührt wurde, sagten die Richter, »es geht ihnen besser«, ehe ich noch irgendeine Änderung erkennen konnte . . . Soweit war ich nur als Zuschauer zugegen; zeitweise war auch meine Frau da, doch die Befallenen nahmen keine Notiz von ihr, nur ein oder zweimal kamen sie zu ihr und fragten sie nach ihrem Namen.

Nach dieser kläglichen Vorstellung zogen sich die Carys zum Essen in das örtliche Gasthaus zurück, aber kaum hatten sie Platz genommen, da stürmte eine Gruppe der befallenen Mädchen in den Raum; sie begannen zu Mrs. Carys Füßen »wie Schweine herumzupurzeln« und beschuldigten sie, die Ursache ihrer Leiden zu sein. Interessanterweise saßen die Friedensrichter zufällig gerade im Nebenraum – »sie hatten auf dies gewartet«, befand Cary später –, und auf der Stelle wurde ein Verhör improvisiert.

---

[72] John Alden berichtete später in seiner Darstellung der Ereignisse, daß die Mädchen, als sie ihn zuerst der Hexerei bezichtigten, mit den Fingern auf den falschen Mann zeigten und ihren Fehler erst begriffen, als ein gefälliger Passant sie berichtigte. Vgl. Robert Calef: »More Wonders of the Invisible World«, Boston, 1701, in Burr, *Narratives,* S. 353.

Als sie vor die Richter gebracht wurde, waren hauptsächlich zwei Mädchen ihre Anschuldigerinnen. Meine Frau erklärte den Richtern, bis zu diesem Tage nie etwas von ihnen gewußt zu haben; sie wurde gezwungen, mit ausgestreckten Armen stehenzubleiben. Ich verlangte, eine ihrer Hände halten zu dürfen, doch es wurde mir verweigert; dann bat sie mich, ihr die Tränen aus den Augen und den Schweiß aus dem Gesicht zu wischen, und das tat ich; dann wollte sie sich an mich lehnen, sie sagte, sie würde ohnmächtig. Richter Hathorne antwortete, sie sei stark genug, um jene Menschen zu quälen, also sollte sie auch stark genug sein stehenzubleiben. Ich sagte etwas gegen ihr grausames Verfahren, worauf sie mir befahlen, ich sollte still sein, sonst würde ich aus dem Raume gewiesen. Ein Indianer . . . wurde auch als einer der Anschuldiger hereingeführt: kaum war er drinnen, fiel er sogleich (als er vor den Richtern stand) hin und purzelte herum wie ein Wildschwein, sagte aber nichts. Dann fragten die Richter die Mädchen, »wer hat den Indianer behext?«, und sie antworteten, »sie« (und meinten meine Frau) . . . Dann befahlen die Richter ihr, ihn zu berühren, damit er geheilt würde . . . aber der Indianer packte sie auf barbarische Weise; dann wurde sie aus seinem Griff befreit, und ihre Hand auf seine gelegt, und schnell war er geheilt . . . Dann wurde der Haftbefehl gegen sie geschrieben.[73]

Als ein weiteres Beispiel für den Hergang der Verhöre wollen wir uns für einen Augenblick die Untersuchung gegen Mrs. John Proctor anhören. Dieses Protokoll wurde von Pfarrer Samuel Parris selbst mitgeschrieben, und von ihm stammen die Anmerkungen in Klammern. Ann Putnam und Abigail Williams waren zwei der tatkräftigsten jungen Anschuldigerinnen.

Richter: Ann Putnam, tut diese Frau dir etwas an?
Putnam: Ja, Sir, ganz schön oft. (Dann sah die Beschuldigte sie an und sie hatte einen Anfall.)
Richter: Das Buch bringt sie dir nicht, oder?[74]
Putnam: Doch, Sir, oft, und sagt, sie hat ihr Mädchen unterzeichnen lassen.
Richter: Abigail Williams, tut diese Frau dir etwas an?
Williams: Ja, Sir, oft.
Richter: Bringt sie dir das Buch?
Williams: Ja.
Richter: Was sagt sie, was du damit tun sollst?
Williams: Unterschreiben, und dann werde ich gesund.
Putnam zu Mrs. Proctor: Haben sie mir nicht gesagt, daß Ihr Mädchen unterschrieben hat?

---

[73] Abgedruckt bei Calef, »More Wonders . . .«, in Burr, *Narratives*, S. 350–2.

[74] Mit dem »Buch« ist das Teufelsregister gemeint. Die Mädchen wurden angeblich gequält, weil sie es ablehnten, sich in das Buch einzuschreiben und sich mit Satan zu verbünden.

Mrs. Proctor: Liebes Kind, es ist nicht so. Es gibt noch ein anderes Urteil, liebes Kind. (Dann hatten Abigail und Ann Anfälle. Immer wieder riefen sie aus, »seht doch, da ist Herr Proctor auf dem Fensterbrett.« Dann riefen beide Herrn Proctor selbst an und sagten, er wäre ein Hexer. Sogleich hatten viele, wenn nicht alle, der Behexten schwere Anfälle.)

Richter: Ann Putnam, wer tut dir etwas an?

Putnam: Herr Proctor und seine Frau auch. (Manche von den Befallenen riefen, »da geht Proctor Mrs. Pope die Füße hochheben«, und ihre Füße wurden sofort hochgehoben.)

Richter: Was sagen Sie zu diesen Dingen, Herr Proctor?

Proctor: Ich weiß nicht. Ich bin unschuldig.

Williams: Da geht Proctor zu Mrs. Pope (und sogleich hat besagte Mrs. Pope einen Anfall).

Richter: Da sehen Sie, der Teufel wird Sie im Stich lassen. Die Mädchen konnten sehen, was Sie tun würden, bevor der Frau etwas geschehen war. Ich würde Ihnen raten zu bereuen, denn der Teufel gibt Sie preis.[75]

Solche Indizien und Zeugenaussagen sammelten die Richter für die Prozesse, und es war höchste Zeit, denn die Gefängnisse waren überfüllt mit Verdächtigen. Im Juni setzte der neuangekommene Gouverneur der Bucht, Sir William Phips, eine höchstrichterliche Kommission ein, die sich der wachsenden Anzahl schwebender Verfahren in Hexerei-Fällen annehmen sollte. Dieses Sondergericht ging sogleich an die Arbeit. Ehe der Monat um war, waren sechs Frauen am Galgen in Salem gehängt worden. Und immer neue Scharen von Verdächtigen wurden ermittelt.

Als das Gericht die Arbeit aufnahm, kamen jedoch mehreren bedächtigen Leuten in der Kolonie leise Bedenken. Zunächst einmal, das Netz der Verdächtigungen begann weitere Kreise zu erfassen; es reichte nicht nur über das ganze Land hin, sondern griff auch die soziale Stufenleiter weiter hinauf, so daß sich unter den Insassen der überfüllten Gefängnisse nun auch eine Anzahl einflußreicher Leute befanden. Nathaniel Cary war ein angesehener Bürger von Charlestown, und noch andere Männer von gleichem Rang (darunter der fast legendäre Captain John Alden) wurden in den sich erweiternden Kreis von Furcht und Schrecken miteingeschlossen. Langsam aber sicher kam ein Hauch von Skepsis auf, die zwar für einige Zeit noch keinen mäßigenden Einfluß auf das Gebaren des Gerichts ausüben konnte, aber doch schon zu einem Element in dem turbulenten Klima Neu-Englands im Jahre 1692 geworden war.

Inzwischen betätigten die Mädchen weiter ihre außerordentlichen Fähigkeiten. Zwischen den Gerichtsverhandlungen folgten sie einer Einladung in die Stadt Andover, um den Einwohnern bei der Überführung aller

[75] Hutchinson, *History*, II, S. 27–8.

Hexen, die vielleicht noch frei unter ihnen herumliefen, behilflich zu sein. Trotz des Nachteils, daß sie niemanden in der Stadt kannten, gelang es den Mädchen, binnen weniger Stunden über fünfzig Hexen zu identifizieren. Vierzig Haftbefehle wurden auf der Stelle erlassen, und bei dieser Zahl blieb es nur deshalb, weil der örtliche Friedensrichter schlicht die Feder weglegte und sich weigerte, das beängstigende Spiel weiter mitzumachen – an welchem Punkt er, wie vorauszusehen, selber verdächtig wurde.

Aber noch strengten die Richter sich an, mit ihren jungen Sachverständigen schrittzuhalten. Anfang August wurden in Salem fünf Personen gehängt. Einen Monat später wurden fünfzehn weitere vor Gericht gestellt und abgeurteilt; von diesen wurden acht sofort gehängt, die übrigen wurden verschont, vermutlich, weil sie bereit waren, ihre Sünden zu gestehen und als Zeugen der Anklage auszusagen. Neunzehn Personen waren hingerichtet worden, sieben weitere verurteilt, und einer war unter einem Haufen Steine totgedrückt worden, weil er vor Gericht kein Wort gesagt hatte. Zumindest zwei weitere Personen waren im Gefängnis gestorben, womit sich die Zahl der Toten auf zweiundzwanzig belief. Und in der ganzen Zeit war nicht ein einziger Verdächtiger, der vor Gericht kam, freigesprochen worden.

Am Ende dieser für die Justiz so anstrengenden Zeit begann die ganze Hexenmanie nachzulassen. Zum einen waren die Menschen in der Bucht durch den Schock über den Tod so vieler Leute in eine Stimmung nüchternen Nachdenkens gebracht worden. Zum andern hatten die behexten Mädchen offenbar aus ihrer Erfahrung in Andover nicht viel gelernt und begannen einen Ehrgeiz an den Tag zu legen, der ihre Glaubwürdigkeit weit überforderte. Es war schon schlimm genug, daß sie Männer wie John Alden und Nathaniel Cary beschuldigten, als sie aber den Namen von Samuel Willard vorbrachten, zugleich Pfarrer an der ersten Kirche Bostons und Präsident der Harvard-Universität, da sagten ihnen die Richter rundheraus, sie müßten sich irren. Nicht viel später zeigte ein unverschämter Finger geradewegs zum Haus des Gouverneurs in Boston, wo Lady Phips die Rückkehr ihres Gatten von einer Expedition nach Kanada erwartete, und eine Überlieferung will sogar wissen, daß auch Cotton Mathers Mutter zuguterletzt noch bezichtigt wurde.[76]

Dies genügte, um sogar einen Puritaner in seiner Leichtgläubigkeit schwanken zu machen. Einer nach dem andern begannen die führenden Persönlichkeiten der Bucht die ganze Sache neu zu überdenken, und die Frage wurde laut, ob die Beweismittel, die in Hexenprozessen anerkannt

---

[76] Burr, *Narratives,* S. 377.

wurden, der bestehenden Ausnahmesituation wirklich angemessen waren. Es wurde klar, daß man Menschen auf die Aussagen von ein paar erregten Mädchen hin verurteilte, und den verantwortungsbewußteren Geistern der Kolonie machte in erster Linie der Gedanke Sorgen, daß der Erregungszustand der Mädchen womöglich unzulänglich diagnostiziert worden war. Wie wenn die Mädchen direkt vom Teufel besessen und nicht nur von den Hexen als seinen Zwischenträgern berührt worden waren? Wie wenn sie einfach den Verstand verloren hatten? Oder wenn sie gar logen? In jedem dieser Fälle mußten die vor Gericht geltenden Beweisregeln revidiert werden – und zwar schnell.

Zu entscheiden, welche Beweismittel in Hexenprozessen zulässig seien, war in jedem Fall eine dornige Angelegenheit. Als das Sondergericht zuerst zusammengetreten war, hatte es für die ungewöhnliche Situation einige Grundregeln aufgestellt, die nicht ganz mit der normalen puritanischen Strafprozeßordnung übereinstimmten. Erstens hatte man die in der Bibel begründete Regel, daß es für den Schuldspruch bei Kapitalverbrechen zweier Augenzeugen bedurfte, dahingehend modifiziert, daß zwei beliebige Zeugen ausreichten, auch wenn sie verschiedene Vorfälle bezeugten – mit der interessanten Begründung, Hexerei sei ein »Gewohnheitsverbrechen«. Das heißt, wenn ein Zeuge aussagte, er habe gesehen, wie Susanna Martin 1660 ein Pferd behexte, und ein anderer sagte aus, sie sei zwanzig Jahre später ungebeten in seine Träume eingedrungen, so galten beide als Zeugen für dasselbe allgemeine Verbrechen. Wichtiger war aber noch, daß das Gericht den alten Gedanken als Arbeitsgrundlage gelten ließ, Satan könne nicht die Gestalt eines Unschuldigen annehmen, was faktisch bedeutete, daß alle irgendwo gesichteten Erscheinungen, die einem der Angeklagten ähnelten, auf seine direkte Anweisung handeln mußten. Wenn z. B. eines der befallenen Mädchen John Proctors Erscheinung »sah«, wie er mit bösem Gesicht draußen auf dem Fensterbrett kauerte, dann stand außer Zweifel, daß Proctor selbst seine Erscheinung dorthin gebracht hatte, denn der Teufel konnte seine Gestalt nicht ohne Erlaubnis des Eigentümers zur Verkleidung ausgeliehen haben. In einem der ersten Verhöre wurde eine der Angeklagten gefragt: »Wie kommt Ihre Erscheinung dazu, diese [Mädchen] zu verletzen?« – »Wie soll ich das wissen?« hatte sie gereizt zur Antwort gegeben, »Er, der in der Gestalt Samuels, eines himmlischen Heiligen erscheinen konnte, kann in jedermanns Gestalt erscheinen.[77] Nun war dies keine üble Erwiderung, denn jeder, der seine Bibel gelesen hatte, wußte, daß die Hexe von Endor

[77] Cotton Mather: »Wonders of the Invisible World«, in Drake, *The Witchcraft Delusion*, S. 176.

einmal das Bild Samuels hatte vor Saul erscheinen lassen, und dieser biblische Beleg, daß der Teufel tatsächlich fähig sein mochte, in Gestalt eines Unschuldigen aufzutreten, erwies sich für das Gericht als ein schwer zu bewältigendes Problem. Hätte die Angeklagte sich mit ihrem Argument durchsetzen können, so wäre die ganze Maschinerie des Gerichts unter ihm zusammengebrochen; denn wenn die gräßlichen Phantome, welche die Mädchen heimsuchten, bloß beliebige Erscheinungen waren, die der Teufel ausgeschickt hatte, dann gab es für das Gericht überhaupt nichts mehr anzuklagen.

Alles in allem hatte das Gericht während der ersten Runde der Prozesse fünf verschiedene Arten von Beweismitteln zugelassen. Das erste Beweismittel waren Proben, von denen das Aufsagen des Vaterunsers – etwas, wovon angenommen wurde, daß Hexen es unmöglich vollbringen könnten – und das Heilen von Anfällen durch Berührung am häufigsten angewandt wurden. Das zweite war das Zeugnis von Personen, die ihre eigenen Mißgeschicke auf die Hexerei eines angeklagten Nachbarn zurückführten. Das dritte waren körperliche Merkmale wie Warzen, Leberflekken, Narben oder andere Unvollkommenheiten, die es dem Teufel erlaubt haben mochten, sich sein Teil Blut abzusaugen. Das vierte waren phantasmagorische Indizien von der eben erwähnten Art, und das fünfte waren die Geständnisse der Angeklagten.

Für die Männer, die sich daran machten, die Prozeßordnung zu revidieren, war es nun ganz klar, daß die ersten drei Arten von Beweismitteln recht unzuverlässig waren. Schließlich konnte jedermann ein Fehler beim Aufsagen des Vaterunsers unterlaufen, besonders wenn sich um ihn herum schreiende Mädchen in Krämpfen auf dem Boden wälzten, und es hatte auch nicht viel Sinn, jemanden hinzurichten, bloß weil er gehässige Nachbarn oder ein paar Flecken auf der Haut hatte. Nach solchen Kriterien hätte man halb Massachusetts aufhängen können. Blieben also nur noch die Phantome und die Geständnisse. Was die letzteren anging, so konnte das Gericht schwerlich behaupten, dieser Form des Beweises bisher viel Aufmerksamkeit gezollt zu haben, denn von den hingerichteten Hexen hatte keine gestanden, und von den vielen, die gestanden hatten, war keine hingerichtet worden. Weit davon entfernt, die Schuld zu beweisen, war ein wohlformuliertes und unter Tränen abgelegtes Geständnis vielmehr die beste Garantie gegen das Aufgehängtwerden. So kam alles auf die phantasmagorischen Beweismittel an, und die juristische Meinung in der Kolonie neigte sich langsam zu der Theorie hin, daß auch diese Form des Beweises wertlos sei.

Im Oktober trug Gouverneur Phips den wachsenden Zweifeln Rechnung, indem er den Sondergerichtshof auflöste und mehrere Verdächtige aus

der Haft entließ. Das Blatt hatte sich zu wenden begonnen, aber immer noch waren 150 Personen in Haft, und etwa 200 weitere waren bezichtigt worden.
Im Dezember schließlich berief Phips eine neue Sitzung des obersten Gerichtshofs ein, um gegen die restlichen Verdächtigen zu verhandeln, und dieses Mal waren sich die Richter einig, daß phantasmagorische Beweismittel nur in Grenzfällen zugelassen werden sollten. Zweiundfünfzig Personen kamen im Laufe des nächsten Monats vor Gericht, und von diesen wurden neunundvierzig sogleich freigesprochen. Drei andere wurden verurteilt (»zwei davon«, bemerkte ein zeitgenössischer Beobachter, »waren die vernunftlosesten und unwissendsten Kreaturen, die man hatte finden können«[78], außerdem wurden die Hinrichtungsbefehle für fünf Personen unterzeichnet, die schon früher verurteilt worden waren. Gouverneur Phips beantwortete diese sorgfältig begründeten Urteile ohnehin damit, daß er alle acht Verurteilten begnadigte, und daraufhin begann das Gericht die Gefängnisse zu leeren, so schnell es die Fälle nur abwickeln konnte. Schließlich beendete Phips das kostspielige Verfahren mit der Entlassung aller Häftlinge der Kolonie und einer Generalamnestie für alle noch unter Verdacht Stehenden.
Binnen eines Jahres nach ihrem ersten Auftreten in Salem Village war die Hexenhysterie völlig ausgeräumt worden.

II

Historisch ist nichts Besonderes dabei, daß in Massachusetts Leute wegen Hexerei vor Gericht kamen. Wie der Historiker Kittredge erklärt hat, sollte man das ganze Ereignis »nicht als abnormen Ausbruch von Fanatismus und nicht als vereinzelte Tragödie [betrachten], sondern als bloßen Zwischenfall, als kurze und vorübergehende Episode in der Biographie eines furchtbaren, aber völlig natürlichen Aberglaubens.«[79]
Der Glaube an Hexen ist natürlich so alt wie die Geschichte, aber die Vorstellung von der bösartigen Hexe, die einen Pakt mit Satan schließt und sich gegen Gott wendet, trat in Europa nicht vor der Mitte des vierzehnten Jahrhunderts auf, und in England scheint sie erst Mitte des sechzehnten ernstlich Eindruck gemacht zu haben. Die umfassendste

---

[78] Calef, »More Wonders . . .«, in Burr, *Narratives*, S. 382.
[79] George L. Kittredge: *Witchcraft in Old and New England* (New York, Russell E. Russell, 1956), S. 329.

Darstellung der Hexerei in England beginnt zum Beispiel mit dem Jahre 1558, dem ersten Jahr von Elisabeths Herrschaft, und schenkt den Vorfällen vor diesem Datum nur flüchtige Aufmerksamkeit.[80]

In vieler Hinsicht kam die Hexenfurcht mit demselben Strom von Veränderungen nach England, der auch die protestantische Reformation brachte, und sie nährte sich von den Religionsstreitigkeiten, die während der nächsten anderthalb Jahrhunderte immer wieder in Abständen ausbrachen. Vielleicht gibt es keine andere Form von Verbrechen in der Geschichte, die ein besseres Indiz für soziale Auflösung und Veränderung gewesen wäre, denn Ausbrüche der Hexenmanie fanden im allgemeinen in Gesellschaften statt, die einen religiösen Umbruch erlebten – Gesellschaften, würden wir sagen, die vor Grenzverlagerungen standen. Während der ganzen elisabethanischen Epoche und während der frühen Stuartzeit jedenfalls, als England eine nationale Kirche zu begründen und sie in der Mitte der heftigen Strömungen zu verankern bemüht war, die sich über das übrige Europa ergossen, wurde der Hexerei immer mehr Aufmerksamkeit gewidmet. Elisabeth führte eine Gesetzgebung ein, welche die Gesetze bezüglich der Hexerei klären sollte, und Jakob I. schrieb, ehe er König von England wurde, ein Lehrbuch der Dämonologie, das in den kommenden Jahren als Standardwerk galt.

Es war jedoch erst während der Bürgerkriege, daß die Hexenhysterie in England mit voller Kraft durchbrach. Viele hunderte, wahrscheinlich tausende Hexen wurden zwischen dem Ausbruch der Kriege und dem Beginn von Cromwells Herrschaft verbrannt oder gehängt, und kaum war die Manie in England abgeklungen, als sie in den ersten Tagen der Restauration noch einmal in Schottland ausbrach. Jede größere Krise scheint in jenen Jahren von einem Schwall von Hexenprozessen begleitet gewesen zu sein. Die letzte Hinrichtung wegen Hexerei fand in England noch 1712 statt, aber die fieberhaften Hexenjagden der Bürgerkriegszeit wiederholten sich nicht mehr.

Wenn wir dies bedenken, werden wir nicht überrascht sein, daß auch Neu-England einen Augenblick der Panik erlebte; aber es ist doch ziemlich merkwürdig, daß dieser Augenblick erst so spät im Jahrhundert eintrat.

Während der unruhigen Jahre, als in England zahllose Hexen auf den Scheiterhaufen oder an den Galgen kamen, zeigte Massachusetts an der ganzen Frage nur gelindes Interesse. 1647 wurde eine Hexe in Connecticut hingerichtet, und ein Jahr darauf erlitt auch in Massachusetts eine

---

[80] Wallace Notestein: *History of Witchcraft in England* (Washington, D. C., The American Historical Society, 1911).

Frau das gleiche Schicksal.[81] 1651 beschäftigte sich die Generalversammlung mit der Hexenkrise in England und gab eine fast lakonische Anordnung, daß »ein Tag der Demut« in der ganzen Bucht eingehalten werden sollte, aber davon abgesehen schienen die Wogen der Erregung, die sich über das Mutterland ergossen, überhaupt nicht bis über den Atlantik zu reichen.[82] Gewiß, es fehlte nicht an Beschuldigungen und an der Art Geschwätz, das zu anderen Zeiten gute Männer und Frauen in ein Grab außerhalb des Friedhofs bringen sollte, aber die Behörden der Kolonie trafen keine Notstandsmaßnahmen und erklärten nicht, daß eine Verbrechenswelle in Gang sei. 1672 zum Beispiel wurde ein sonderbarer Mann namens John Broadstreet wegen »vertrauten Umgangs mit dem Teufel« vor das Bezirksgericht von Essex gebracht, doch als er dieses Verbrechen eingestand, war das Gericht so wenig beeindruckt, daß es ihn zu einer Geldstrafe wegen Lügens verurteilte.[83] Und 1674, als Christopher Brown vor demselben Gericht aussagte, er habe Beziehungen zum Teufel unterhalten, schickten ihn die Richter kurzerhand mit der Begründung weg, daß sein Geständnis nicht wahrheitsgemäß zu sein scheine.[84] So blieb also Massachusetts während der schlimmsten Hexenverfolgungen in England relativ ruhig, aber plötzlich brach die Hysterie auch hier mit fürchterlicher Gewalt los, als sie sich in England längst erschöpft hatte.

In vielen wichtigen Belangen kennzeichnet 1692 das Ende des puritanischen Experiments in Massachusetts, nicht nur, weil die alte Charta aufgehoben worden war oder weil der König einen Gouverneur eingesetzt oder auch weil die alte politische Ordnung sich aufgelöst hatte. Das puritanische Experiment war 1692 vielmehr deshalb zu Ende, weil das Sendungsbewußtsein, das es von Anfang an getragen hatte, nicht mehr in erkennbarer Form vorhanden war, und so blieben den Leuten in der Bucht kaum noch feste Bezugspunkte, die ihnen helfen konnten, sich zu erinnern, wer sie waren. Wenn sie auf ihre Geschichte zurückblickten, mußten die Siedler zu dem Schluß kommen, daß der Weg, den sie jetzt nahmen, in eine Richtung ging, die recht verschieden war von der früheren: Sie waren nun nicht mehr Mitwirkende bei einem großen Abenteuer, nicht mehr Einwohner der »Stadt auf einem Hügel«, nicht mehr Mitglie-

---

[81] Winthrop, Journal, II, S. 323, 344–5. Insgesamt wurden in Neu-England vor dem Ausbruch von 1692 fünf oder möglicherweise sechs Personen wegen Hexerei hingerichtet.

[82] Massachusetts Records, IVa, S. 52–3.

[83] Essex County Records, I, S. 265.

[84] Essex Country, Records, V, S. 426–7.

der jener besonderen revolutionären Elite, der es vorbestimmt war, in Gottes Auftrag den Lauf der Geschichte zu wenden. Sie waren nur noch sie selbst, die für sich allein einen abgelegenen Winkel der Welt bewohnten, und für einen mit so hochgespannten Erwartungen begonnenen Kreuzzug schien das ein dürftiges Ende zu sein.

Erstens hatten sich die Menschen in der Kolonie immer als Teilnehmer an einer internationalen Bewegung gesehen, doch bis zum Ende des Jahrhunderts hatten sie die meisten der für sie wichtigen Kontakte zur übrigen Welt verloren. Die puritanische Bewegung in England hatte sich in eine Anzahl getrennter Sekten verlaufen, deren jede nach und nach von dem freieren Klima unter dem neuen Regime aufgesogen worden war, und im übrigen Europa hatte die protestantische Reformation viel von ihrer Wucht verloren, ohne auch nur die Hälfte ihrer Ziele erreicht zu haben. Die Folge war, daß die Siedler den Hintergrund nicht mehr sahen, an dem sie die eigene Bedeutung und den eigenen Platz in der Welt zu ermessen wußten.

Zweitens hatten die ersten Siedler ihre Leistungen nach einer Elle gemessen, die nun nicht mehr so genau zu passen schien. Die Kolonie war von Menschen aufgebaut worden, die glaubten, daß Gott persönlich jede Bewegung auf Erden nach einem Plan jenseits menschlichen Verstehens leitete, und als sie zu ihrer Expedition nach Amerika aufbrachen, legten sie ihr Geschick ganz in Gottes Hand. Es waren Menschen gewesen, die ihre Glaubenslehre darauf vorbereitete, auch die Niederlage dankend hinzunehmen, deren Frömmigkeit auf gelegentliche Momente des Scheiterns, der Entbehrung und sogar der Tragödie angewiesen war. Gegen Ende des Jahrhunderts jedoch konnten die puritanischen Pflanzer auf eine Anzahl eindrucksvoller Leistungen hinblicken. Ihre Geschichte war nicht die Geschichte einer unberechenbar wirkenden Vorsehung, es war eine Geschichte soliden menschlichen Unternehmungsgeistes, und mit dieser Erkenntnis gingen die Siedler, wie Daniel Boorstin gesagt hat, von einem »sense of mystery« zu einem »consciousness of mastery« über[85], d. h. vom hilflosen Sichverlassen auf das geheimnisvolle Schicksal zum festen Zutrauen in die eigenen Fähigkeiten. Dieser Übergang half der Figur des schlauen, praktischen und selbstbewußten Yankees in der Geschichte Amerikas den Weg zu ebnen, aber in der Zwischenzeit blieb die dritte Generation der Siedler ohne klares Verständnis, welches ihre Stellung als erwählte Kinder Gottes war.

Drittens war Massachusetts als eine einsame Insel der Zivilisation inmit-

---

[85] Daniel Boorstin: *The Genius of American Politics* (Chicago, University of Chicago Press, 1953).

ten einer ungeheuren Wildnis gegründet worden, und wie wir gesehen haben, blieb dies auch dann noch eines der wichtigsten Themen in der Vorstellungswelt der Puritaner, als das Unterholz längst gelichtet und die wilden Tiere getötet waren. Die Siedler hatten die örtlichen Grenzen aus dem Blick verloren, nicht nur insofern sich die Kolonisation bis über Berkshire in den heutigen nördlichen Bundesstaat New York hinein ausgebreitet hatte, sondern auch insofern die Wildnis, welche die Gemeinschaft zusammengehalten hatte, indem sie auf allen Seiten von außen dagegen drückte, im Verschwinden war. Die ersten Siedler waren in einer Wildnis voller »wilder Tiere und noch wilderer Menschen« gelandet, doch jetzt, sechzig Jahre später, viele Meilen von der nächsten Grenze entfernt, in der wohlhabenden Hafenstadt Boston, glaubten Cotton Mather und andere Überlebende der alten Ordnung immer noch, sie lebten in einer Wildnis – in einem Territorium, das sie ebenso gründlich erkundet hatten wie nur irgendein Grenzer. Aber der Charakter dieser Wildnis war mit nichts zu vergleichen, was die ersten Siedler je gesehen hatten, denn aus den dichten Wäldern war nun ein Dschungel voller mythischer Ungeheuer geworden, und die Himmel waren voller fliegender Geister. In gewissem Sinne hatte das dauernde Achtgeben auf die Wildnis um sie her der Puritanergemeinschaft geholfen, ihren Platz im Raum zu bestimmen, und nun, wo die sichtbaren Spuren jener Wildnis aus dem Blickfeld verschwunden waren, schufen sich die Siedler eine neue, indem sie die Gestalten des Waldes inmitten der Gemeinschaft selbst erstehen ließen.[86]

Und als die Wildnis diesen neuen Charakter annahm, schien es, daß sogar der Teufel seine geläufigeren Verkleidungen aufgegeben hatte. Er lauerte nicht mehr im Unterholz, denn das war zumeist gelichtet; er trat nicht mehr in Gestalt feindlicher Indianer auf, denn die waren für den Augenblick zumeist ins Binnenland zurückgewichen; er schickte keine Wellen von Ketzern mehr aus, um die Bucht zu verwirren, denn die lebten nun meist in Ruhe und im Schutze der Toleranz; er erschien nicht mehr in den Heeren der Gegenreformation, denn auf den alten Schlachtfeldern war es still geworden und sie lagen auch zu weit entfernt, um die Phantasie zu erregen. Die Leute in der Bucht begannen nun ganz buchstäblich Gespenster zu sehen, und bald schlossen sich die Grenzen Neu-Englands wieder dichter um sie, inmitten eines Raums voller Dämonen und Incubi, Phantome und böser Geister, während die Siedler ein neues Gefühl ihrer Identität zwischen den Grenzzeichen einer seltsamen, unsichtbaren Welt suchten. Cotton Mather, der jede Verkleidung in der

[86] Vgl. abermals den höchst interessanten Aufsatz »Puritanism, The Wilderness, and the Frontier« von Heimert.

Garderobe des Teufels kannte, stellte einen beängstigenden Katalog der Versuche auf, die der Teufel unternommen hatte, um Neu-England zu vernichten.

Ich glaube, nie ist eine Pflanzung mehr vom Zorn des Teufels verfolgt worden als unser armes Neu-England . . . Es war ein gewaltiger Schrecken für den Teufel, als eine große Gesellschaft von englischen Protestanten und Puritanern kam, um in einem Teil der Welt, wo er seit vielen Zeitaltern unumschränkt regiert hatte, Evangelische Kirchen zu errichten; und es ist dem Teufel ein Dorn im Auge, daß unser Herr Christus in dieser heulenden Wildnis bekannt, angebetet und gepredigt werden sollte. Weshalb er denn auch keinen Stein auf dem andern gelassen, um seine Pflanzung zu unterwühlen und uns aus dem Lande zu treiben.
Zuerst wandten die indianischen Powawes alle ihre Zauberkünste auf, um die ersten Pflanzer hier zu belästigen, doch Gott sprach zu ihnen, Rühret sie nicht an! Dann kamen verführerische Geister, um in seinem Weinberg Wurzel zu fassen, aber Gott scheuchte sie fort, so daß sie nicht viel weiter als bis an die Ränder unseres Landes vorgedrungen sind. Danach hatten wir beständig Sturm auf manchen unserer wichtigsten Getreidefelder, wodurch jedes Jahr ein großer Teil unserer gewohnten Nahrung zunichte wurde. Sodann schossen verheerende Krankheiten, besonders brennende und tödliche Fieber, die Todespfeile in unsere Fenster. Nächstens haben wir viele Feinde unserer eigenen Sprache gehabt, die beständig versucht haben, uns die englischen Freiheiten zu rauben, in deren Wahrnehmung diese Länder besiedelt worden sind. Als ob dies noch nicht genug gewesen wäre, haben die Tawnies, unter die wir kamen, unseren Boden mit dem Blut vieler hundert Einwohner getränkt . . . Außer dem allen sind nun schließlich die Teufel (wenn ich so sagen darf) in Person auf uns herabgestoßen, mit solcher Wut, daß es jetzt schon viel ist und bald noch mehr sein wird, aller Welt zum Erstaunen.[87]

Und dieses letzte Unternehmen des Teufels ist von ganz besonderer Art.

Weshalb der Teufel nun einen neuen Versuch gegen uns unternimmt, einen schwierigeren, überraschenderen Versuch, mehr verknäuelt mit unerklärlichen Umständen als alles, was uns bisher begegnet ist . . . Ein Heer von Teufeln ist schrecklich über den Ort hereingebrochen, der das Zentrum und in gewisser Weise die erstgeborene unserer englischen Siedlungen ist: und die Häuser der Menschen dort sind voll von den Schmerzensschreien ihrer Kinder und Dienstmägde, gequält von unsichtbaren Händen, mit ganz und gar übernatürlichen Martern.[88]

Die Hexenhysterie nimmt bloß einen kurzen Augenblick in der Geschichte der Bucht ein. Die Ersten, die sich aktiv beteiligten, waren eine Gruppe erregter Mädchen und einige der weniger beliebten Figuren, die sich an den Rändern der Gemeinschaft herumtrieben, aber die Schnellig-

---

[87] Cotton Mather: »Wonders of the Invisible World«, in Drake, *The Witchcraft Delusion*, S. 94–5.
[88] *Ibid.*, S. 16–7.

keit, mit der die anderen Menschen in der Bucht sich sammelten, um zu Zeugen der Begegnung zu werden und aktive Rollen darin zu übernehmen, ganz zu schweigen von den Eigenschaften der anderen, die schließlich in den Strudel der Ereignisse hineingezogen wurden, dies alles spricht für die Bedeutsamkeit der Fragen, um die es ging. Zumindest einige Jahre lang standen die Siedler von Massachusetts allein in der Welt, bestürzt über den Verlust ihrer alten Bestimmung und ihrer neuen noch nicht bewußt, und in dieser verhängnisvollen Zwischenzeit versuchten sie ein Bild von sich selbst zu gewinnen, indem sie einem Chor von Stimmen lauschten, die ihnen aus den Tiefen einer unsichtbaren Wildnis etwas zuflüsterten.

4
Stabilitäten und Instabilitäten der Verbrechenshäufigkeiten

Obwohl das letzte Kapitel fast die Hälfte des Raums in diesem Buch einnimmt, geht es nur auf eines der drei allgemeinen Themen ein, von denen in Kapitel 1 die Rede war. Um in dieser Hinsicht alle Verwirrung zu vermeiden, ist es vielleicht gut, den Ausgangsplan der Studie noch einmal anzusehen. Man wird sich erinnern, das erste Kapitel enthielt einen ziemlich langen Aufsatz über abweichendes Verhalten, und dann wurden drei Hypothesen jenes Aufsatzes hervorgehoben, die den Ideenrahmen für den Rest des Buches bilden sollten. Kapitel 3 behandelte das Verhältnis zwischen den Grenzen einer Gemeinschaft und den Arten der Abweichung, denen wir in dieser Gemeinschaft wahrscheinlich begegnen. Das jetzige Kapitel bringt nun einen etwas abrupten Wechsel der Gangart mit sich, weil es sich nicht nur einem anderen Thema zuwendet, sondern auch einer anderen Art von Datenmaterial. Die folgenden Seiten beschäftigen sich also mit dem zweiten der im einleitenden Kapitel genannten Themen – daß das Ausmaß der in einer Gemeinschaft auftretenden Abweichungen wahrscheinlich über die Zeit hin konstant bleibt.

Im ersten Kapitel (zu dem der Leser vielleicht noch einmal zurückblättern möchte, ehe er weiterliest) wurde behauptet, daß gesellschaftliche Gruppen wahrscheinlich eine relativ stabile »Quote« von Abweichungen halten, teils weil ihr sozialer Kontrollapparat auf Bewältigung einer gleichbleibenden Menge abweichender Handlungen abgestimmt ist, teils weil die Definition dessen, was in einer Gruppe als abweichend gilt, gewöhnlich so angelegt ist, daß sie immer einen bestimmten Ausschnitt aus der Gesamtheit ihrer Erfahrungen umfaßt (vgl. Seite 32 bis 35). Zweck dieses Kapitels ist es nun, zu sehen, ob diese überaus spekulative Hypothese etwas dazu taugt, uns die Verbrechenshäufigkeiten unter den Puritanern in der Bucht von Massachusetts verständlich zu machen. Es sollte inzwischen klar sein, daß der Ausdruck »Hypothese« in dieser ganzen Untersuchung im allgemeinsten Sinne gebraucht wird – zur Kennzeichnung einer provisorischen Annahme, die wir versuchsweise in der Hoffnung treffen, daß sie bestimmte Tatsachen erklären und uns in der Untersuchung anderer Tatsachen anleiten könne. Unser Vorhaben hier ist nicht, die Annahme zu »prüfen«, sondern festzustellen, ob sie im Lichte tatsächlicher menschlicher Erfahrungen einen Sinn ergibt.

In den vorangegangenen Teilen unserer Untersuchung hatten wir es mit Materialien derselben Art zu tun, deren sich auch die Historiker bedienen, um die Vergangenheit zu rekonstruieren; in diesem Kapitel jedoch werden wir eine etwas andere Klasse von Daten heranziehen: Wir werden die Akten des Bezirksgerichts von Essex auswerten und die dort aufgeführten Fälle zählen, um für diesen einen Teil des Landes die Verbrechenshäufigkeiten zu berechnen.

An dieser Stelle hat die eingangs erwähnte Unterscheidung zwischen den »partikularen« Interessen des Historikers und den »allgemeinen« Interessen des Soziologen eine gewisse Bedeutung. Wenn ein Forscher in erster Linie erfahren will, wie eine bestimmte Gesellschaft sich entwickelt oder von einer Periode zur nächsten gewandelt hat, so wendet er sich naturgemäß jenen Schlüsselereignissen zu, die »Geschichte zu machen« scheinen – entscheidende Schlachten, wichtige Veränderungen in der Grundstimmung einer Nation, oder das Auftreten neuer Ideologien und Technologien. Wer sich jedoch in erster Linie für die Grundstrukturen der Gesellschaft interessiert, muß seine Informationen in den normalen Abläufen des täglichen Lebens suchen, in den Gewohnheiten und Verhaltensweisen alltäglicher Menschen, denn über diese Dimension der Geschichte kann er nur etwas erfahren, indem er beobachtet, wie oft gängige Ereignisse sich wiederholen. Auf den folgenden Seiten haben wir es also mit hunderten unbekannter Siedler zu tun, die eben lange genug in den Gerichtssälen von Essex auftraten, um als eine statistische Größe in den Gerichtsakten aufzuscheinen. Wenige dieser Auftritte vor Gericht haben für sich allein gesehen viel zu bedeuten, zusammen aber sagen sie uns etwas über abweichendes Verhalten im kolonialen Neu-England und, so hoffen wir, über abweichendes Verhalten überall.

Das Bezirksgericht (County Court) von Essex trat erstmals 1636 in Tätigkeit, als eines von vier untergeordneten Gerichten der Kolonie, die das vielbeschäftigte oberste Gericht, den *Court of Assistants* oder das Ältestengericht, entlasten sollten. Obwohl diesen unteren Gerichten ausdrücklich untersagt war, über Verbrechen, die mit Tod, Verbannung oder Entfernung eines Gliedes bestraft wurden, zu verhandeln, war ihre Rechtszuständigkeit in anderen Strafsachen recht unklar, und in den ersten Jahren der neuen Rechtspflege-Einrichtungen war es keineswegs ungewöhnlich, daß das höhere und die unteren Gerichte über Fälle der gleichen Art verhandelten. 1643 wurden die Zuständigkeiten teilweise geklärt, als die Kolonie in vier Bezirke, jede mit ihrem eigenen Gericht, aufgeteilt wurde; es wurde nun üblich, daß Strafsachen zuerst auf der Ebene des Bezirksgerichts verhandelt wurden. Noch 1644 hatte jedoch das Ältestengericht auch mit geringfügigen Vergehen wie Bagatelldiebstahl oder Trunkenheit zu tun, die in den Bezirksgerichten hätten erledigt werden können, doch war die Zahl solcher Fälle erheblich zurückgegangen.[1] 1649 wurde ausdrücklich angeordnet, daß das höhere Gericht nicht mehr in erster Instanz Fälle behandeln sollte, die in die Zuständigkeit der Bezirksgerichte fielen, und von diesem Zeitpunkt an beschränkte sich das Ältestengericht in Strafsachen auf schwerwiegendere Fälle und Berufungen gegen Urteile der Bezirksgerichte.

Von den frühen 1650er Jahren bis 1682 (das letzte Datum, von dem die Akten erhalten sind) war das Bezirksgericht von Essex die wichtigste Einrichtung zur Behandlung abweichenden Verhaltens im nordöstlichen Teil von Massachusetts. Für die Zwecke unserer Analyse werden wir annehmen, daß die Akten des Gerichts aus dieser Zeit *alle abweichenden Handlungen in dem Bezirk (County) vollständig erfassen*. Obwohl diese Annahme wahrscheinlich nicht im buchstäblichen Sinne zutrifft, wollen wir in den folgenden Abschnitten einige Gründe nennen, warum sie für Essex im siebzehnten Jahrhundert nichtsdestoweniger plausibel ist.

Wenn wir behaupten, daß eine einzige Serie von Gerichtsakten annähernd sämtliche Fälle abweichenden Verhaltens in einer bestimmten Region enthält, nimmt man zweierlei an: erstens, daß das betreffende Gericht praktisch als einzige Einrichtung in der Region befugt war, sich mit Abweichungen zu befassen, und zweitens, daß nahezu alle in der Region als Abweichler geltenden Personen vor dieses Gericht gebracht wurden. Nun ist ganz klar, daß keine von diesen beiden Annahmen in den meisten Teilen der heutigen Welt zuträfe, denn Gerichte sind nur eine von mehreren Einrichtungen, die zur Behandlung von Abweichlern ausgestattet sind, und große Zahlen von Abweichungen werden informell behandelt, ohne in irgendwelchen amtlichen Aufzeichnungen registriert zu werden. Doch die strikte Orthodoxie der Kolonie von Massachusetts und ihre strenge Betonung der Gemeinschaftsdisziplin verbinden sich zu einem historischen Fall, in dem beide Annahmen zu gelten scheinen.

Die erste Annahme besagt also, das Bezirksgericht von Essex habe eine so umfassende Rechtszuständigkeit für abweichendes Verhalten wahrgenommen, daß seine Akten praktisch jede von einem Einwohner des Bezirks begangene Abweichung erfaßten. Gewiß, für alle Kapitalverbrechen und eine Reihe anderer schwerer Verbrechen war schon in erster Instanz das Ältestengericht zuständig, und außerdem wurden im Laufe des Jahrhunderts mehrere kleine Gerichte für Fälle von geringerer Bedeutung geschaffen, doch bestehen gute Gründe anzunehmen, daß die Anzahl der vor diesen Gerichten verhandelten Fälle klein blieb.

---

[1] Massachusetts Records, II, S. 138–9.

Die Akten des Ältestengerichts für den hier in Rede stehenden Zeitraum sind zwar nicht vollständig erhalten, doch geben die erhaltenen Fragmente einige nützliche Hinweise zu der Frage, wieviele Einwohner von Essex vor dem Ältestengericht erschienen. Zunächst einmal führen die erhaltenen Akten für den gesamten Zeitraum von 1642 bis 1673 nur neunundzwanzig Verbrechen auf.[2] Diese Zahl kann natürlich völlig bedeutungslos sein, denn wir wissen ja nicht, einen wie großen Teil der Grundgesamtheit von Fällen diese Stichprobe ausmacht, aber selbst wenn die Gesamtzahl viermal so hoch wäre, entfiele immer noch auf Essex (wo rund 25 Prozent der Bevölkerung der Kolonie lebten) nicht mehr als ein Fall pro Jahr. Nun sind aber die Akten des Ältestengerichts vollständig erhalten für die Zeit von 1673 bis 1692, und diese Zahlen erlauben uns eine besser informierte Schätzung. In diesen zwanzig Jahren wurden etwa 97 Strafsachen behandelt[3], und wenn wir berücksichtigen, daß die Bevölkerung der Kolonie bis zu dieser Zeit erheblich angewachsen war, so können wir schätzen, daß die Zahl der Fälle in den dreißig Jahren vorher in der Nähe von einhundert gelegen haben dürfte, wovon etwa fünfundzwanzig aus Essex überwiesen waren – wiederum ein Fall pro Jahr. Wenn man noch hinzudenkt, daß viele wenn nicht die meisten Fälle Berufungen gegen frühere Entscheidungen des Bezirksgerichts waren, so können wir sicher sein, daß nur wenige Abweichler aus Essex vor dem Ältestengericht erschienen, ohne zuvor ihre Spur in den Akten des Bezirksgerichts hinterlassen zu haben.

Die kleineren Gerichte unterhalb der Bezirksebene stellen ein geringeres Problem dar, denn sie waren im wesentlichen dazu da, über kleinere Streitigkeiten zu entscheiden und die Angelegenheiten durchreisender Fremder schnell zu erledigen. In den Fällen, wo diese Kommissions- und Fremdengerichte gegen Rechtsbrecher wegen des einen oder anderen Vergehens verhandelten, wurde außerdem diese Tatsache gewöhnlich in den Akten des Bezirksgerichts vermerkt und wird also von den Zahlen in unserer Untersuchung miterfaßt.

Eine dritte Kategorie von Gerichten wäre noch kurz zu erwähnen. Jede Kirche in der Kolonie hatte die Befugnis, Mitglieder ihrer Gemeinde wegen verschiedener Vergehen vor ein eigenes Gericht zu stellen, aber das Vorhandensein dieser Kirchengerichte beeinträchtigt die Geltung unserer Annahme kaum. Erstens war die Rechtszuständigkeit der Kirchengerichte mit denen der staatlichen Gerichte gedoppelt, so daß unter normalen Umständen jemand erst nach dem Prozeß vor dem weltlichen Gericht

[2] Massachusetts Records, III, Index.

[3] Massachusetts Records, I, Index.

vor das Kirchengericht kam, wie wir es im Falle von Anne Hutchinson gesehen haben. Zweitens sind wir über diese Kirchenprozesse gründlich unterrichtet, und demnach scheint es, daß sie im siebzehnten Jahrhundert selten stattfanden. Emil Oberholzer, der die Kirchenbücher in der ganzen Kolonie eingehend untersucht hat, fand, daß in dem ganzen Zeitraum von 1630 bis 1689 in Essex nur neunundzwanzig Vergehen vor ein Kirchengericht kamen.[4]

In der Zeit von 1641 bis 1682 verurteilte das Bezirksgericht von Essex 1369 Personen wegen 2382 Delikten. Selbst wenn wir die Zahl der Personen aus Essex, die anderswo zu Abweichlern erklärt wurden, großzügig einschätzen, müssen wir immer noch folgern, daß die örtlichen Gerichtsakten ein nahezu komplettes Register der zu amtlicher Kenntnis gelangten abweichenden Handlungen sind.

Die zweite Annahme, die wir begründen müssen, ist, daß das Bezirksgericht eine Art zentraler Verrechnungsstelle für alle Formen von Abweichungen war, auch für solche, die gewöhnlich nicht als »Verbrechen« gelten, und daß die Gemeinschaft es im allgemeinen darauf anlegte, Abweichungen zur Kenntnis der Öffentlichkeit zu bringen, anstatt auf informellere Art damit zu verfahren. Wie wir im letzten Kapitel sehen werden, betrachteten die Puritaner der Bucht abweichendes Verhalten mit einer Art handfester Logik, die nicht viele subtile Abstufungen zwischen verschiedenen Formen von Fehlverhalten erlaubte. An einem bestimmten Tag z. B. mochte das Gericht gegen Personen verhandeln, die zu viel tranken, die »der Vernunft ermangelten«, die ein skandalöses Leben führten, sich unpassend kleideten oder ihr Haar zu lang wachsen ließen, die fluchten, prahlten oder zuviel redeten, ihren Eltern nicht gehorchten oder sich an frivolen Spielen beteiligten. Die Heiligen kümmerten sich nicht um den von späteren Generationen erfundenen Unterschied zwischen Personen, die gegen die Gebräuche einer Gruppe verstoßen, und solchen, die gegen das Recht verstoßen, denn Gottes Wort bestimmte alles und mußte mit dem ganzen Apparat, der dem Staate zur Verfügung stand, durchgesetzt werden. Die Zuständigkeit des Gerichts erstreckte sich also auf alle Verhaltensweisen, die in den Augen Gottes anstößig sein konnten. Zum Beispiel:

Weiter wird angeordnet, daß niemand, weder Familienväter noch andere Personen, seine Zeit müßig oder nichtsnutzig verbringen soll, unter Androhung solcher Strafen, wie sie das Gericht für angemessen befindet; und zu diesem Zwecke wird

[4] Emil Oberholzer, Jr.: *Delinquent Saints: Disciplinary Action in the Early Congressional Churches of Massachusetts* (New York, Columbia University Press, 1956).

angeordnet, daß der Konstabler jedes Ortes Rechtsverletzer dieser Art mit besonderer Sorgfalt und Wachsamkeit ermitteln soll, insbesondere Landstreicher, nichtsnutzige Vogelsteller und Tabaknehmer.[5]

Francis Usselton zu einer Geldstrafe verurteilt, wegen Verwünschung einer Sau von Henry Haggett, »Gott schick' ihr die Blattern, und der Teufel soll sie holen«.[6]

Das Gericht hat erfahren, daß John Haverill entgegen dem Gesetz des Landes in einem Haus ganz für sich allein wohnt, wodurch er vielen Sünden und Lastern ausgesetzt ist, die gewöhnlich ein einsames Leben begleiten; es wird angeordnet . . . daß er binnen sechs Wochen nach diesem Datum zu einer anständigen Familie in der Stadt umzieht und sich den Hausregeln der Familienaufsicht unterwirft . . . wenn er dies verweigert, wird ein Befehl erlassen, ihn in die Besserungsanstalt von Hampton zu verbringen.[7]

Joseph Swetts Frau zu zehn Schilling wegen Tragens einer seidenen Haube verurteilt.[8]

Und so weiter.

Das Gericht war nicht nur für einen langen Katalog von Abweichungen zuständig, die Bürger hatten im allgemeinen auch keinerlei Bedenken, diese Abweichungen dem Gericht zu melden. In unserer Zeit werden viele Menschen, die im Kreis ihrer Familie oder ihrer Nachbarschaft als Abweichler gelten, niemals öffentlich aktenkundig, weil schon auf einer weniger offiziellen Ebene sozialer Kontrolle »etwas mit ihnen getan wird«, aber das war in der Bucht von Massachusetts normalerweise nicht so. Die puritanische Disziplin war weitgehend eine Sache gemeinschaftlicher Wachsamkeit, und von jedem Bürger, egal welches seine Stellung im Kontrollapparat war, wurde erwartet, daß er die öffentliche Ordnung ebenso gewissenhaft mit überwachte wie die Ordnung in seinem eigenen Hause. Das hieß, er war befugt, auf seine Nachbarn achtzugeben oder sogar ihnen nachzuspionieren, sie nach ihren Angelegenheiten auszufragen oder in ihre Privatsphäre einzudringen, solange es sein Hauptzweck war, die Moral der Gemeinschaft zu schützen. Nathaniel Hawthorne hat die Bucht von Massachusetts als einen Ort bezeichnet, »wo das Unrecht ins Sonnenlicht herausgezerrt wurde«, und es galt als strengste Pflicht eines jeden Bürgers, zu diesen moralischen Säuberungsaktionen sein Teil beizutragen. Manchmal, so scheint es, wurde diese Pflicht so ernst genommen, daß selbst die Friedensrichter bestürzt waren:

---

[5] Essex County Records, I, S. 109.

[6] Essex County Records, II, S. 50.

[7] Essex County Records, V, S. 104.

[8] Essex County Records, I, S. 303.

Ein gewisser A., ein frommer Geistlicher, im Bewußtsein seines Eides und seiner Pflicht um das Gemeinwesen, enthüllte den Friedensrichtern manche aufrührerischen Reden seines eigenen Sohnes, welche dieser privat ihm gegenüber geführt hatte; aber das Gericht hielt es nicht für günstig, den Betreffenden nun vorzuladen, denn es widerstrebte dem Gericht, den Vater als öffentlichen Ankläger gegen den eigenen Sohn auftreten zu lassen; vielmehr wünschte man einen anderen Grund oder andere Zeugen gegen ihn zu finden.[9]

Insgesamt können wir also folgern, daß fast jeder in der Kolonie etwas zu den Mechanismen sozialer Kontrolle beitrug, und daß weniger Abweichler durch dieses Netz hindurchschlüpfen konnten, ohne die öffentliche Aufmerksamkeit aus sich zu ziehen, als es in den meisten gegenwärtigen Gemeinschaften der Fall ist. Die Städte waren klein und kompakt, die Gemeinden wachsam und jeder war auf die Schritte seiner Nachbarn eingespielt. In einer Atmosphäre so straffer Disziplin war es kein Wunder, daß die Leute einander aufmerksam bei ihren Geschäften beobachteten und bereit waren einzugreifen, wo auch nur eine Spur von Sünde oder Skandal zu drohen schien. Ein Forscher hat über das gesellschaftliche Leben in der Kolonie geschrieben:

> Die Leute in der Gemeinde kannten einander in ihren Tugenden, Schwächen und Gewohnheiten. Jede Frau in der Stadt wußte, wie viele Kleider Frau Collins in der Truhe, wie viele Teller sie in der Küche und wie viele Federbetten sie von ihrem Vater geerbt hatte, und jede schüttelte den Kopf, wenn sich herumsprach, daß Frau Collins einen Wutanfall bekommen hatte, als ihr die Kuh die Milchkanne umstieß.[10]

Unnötig hinzuzufügen, daß jede größere Unregelmäßigkeit Frau Collins alsbald zitternd vor Gericht brachte, wo ihre Nachbarn in dem sicheren Bewußtsein, daß sie nur ihre Pflicht gegen sie und gegen Gott taten, all ihre Delikte zu Protokoll gaben.

Die Akten des Bezirksgerichts von Essex für die Jahre 1636 bis 1682 liegen in sieben Bänden gedruckt vor. Obwohl sich bei historischen Materialien diese Art keine absolute Garantie geben läßt, gelten die Akten allgemein als vollständig.[11]
Die folgenden Analysen beruhen auf einer sorgfältigen Zählung aller Strafsachen, die von Anfang 1651 (von diesem Zeitpunkt an hatte das Gericht zu einer klaren Abgrenzung seiner Rechtszuständigkeit gefunden)

---

[9] Winthrop, Journal, I, S. 126.

[10] Thomas J. Wertenbaker: *The Puritan Oligarchy* (New York, Grosset and Dunlap, 1947).

[11] Essex County Records (vgl. Fußn. 34, S. 109).

bis Ende 1680 vor dem Gericht verhandelt wurden. Jeder in den Akten verzeichnete Schuldspruch wurde in eine der folgenden Rubriken eingeordnet:

1. Delikte gegen die Kirche (Störung der Gemeinde, Fernbleiben vom Gottesdienst, Mißachtung von Geistlichen usw.).
2. Mißachtung der Autorität (Kritik an der Regierung, Mißachtung des Gerichts, Beschimpfung von Amtspersonen).
3. Unzucht (einschließlich Strafen gegen verheiratete Paare, die zu kurze Zeit nach der Hochzeit ihr erstes Kind bekamen).
4. Störung der öffentlichen Ordnung (Trunkenheit, ungebührliches Betragen usw.).
5. Eigentumsdelikte (meist Diebstahl).
6. Delikte gegen Personen (Tätlichkeiten, Verleumdung, Ehrabschneidung).
7. Anderes.

Die letzte Rubrik umfaßt Verurteilungen wegen unbekannter Delikte (eine Gruppe, die bei der Analyse puritanischer Gerichtsakten oft übersehen wird) sowie Verurteilungen wegen Delikten, die zu selten vorkamen, um in besonderen Kategorien erfaßt zu werden.
Weil es in dieser Studie darum geht, größere Verschiebungen über eine recht lange Zeitspanne hin zu verfolgen, gruppieren wir die Daten in sechs Perioden zu je fünf Jahren: Wir vergleichen also die Zahl der Delikte von 1651–55 mit der Zahl der Delikte von 1656–60 usw. Dieses Verfahren erschwert es uns natürlich, kleinere Veränderungen in den verschiedenen Rubriken im Auge zu behalten, macht aber dafür die größeren Verschiebungen um so sichtbarer.
Wie man sich leicht denken kann, sind dies alles sehr grobe und annähernde Daten. Anhang 1 am Ende dieser Studie nennt einige Schwierigkeiten genauerer kategorialer Einordnung, doch im Augenblick ist es nur wichtig, zu bedenken,
1. daß die Daten selbst all den Fehlern unterliegen können, auf die man in dreihundert Jahre alten Akten gefaßt sein muß, und
2. daß weitere Fehler höchstwahrscheinlich bei der Umsetzung dieser Informationspartikel aus dem siebzehnten Jahrhundert in Tabellen des zwanzigsten Jahrhunderts entstanden sind. Aus diesen Gründen stützen sich die folgenden Analysen nur auf diejenigen Ergebnisse, die so klar ausgeprägt erscheinen, daß niemand sie vernünftigerweise bloß auf den abgerissenen Zustand der Daten selbst zurückführen kann.
In den meisten der folgenden Tabellen und Kurven geben wir die Vorkommenshäufigkeiten in Prozent der Bevölkerung an. Dabei ist zu beach-

ten, daß diese Quoten nicht wie üblich für Einjahres-, sondern für Fünfjahresperioden berechnet sind; sie lassen sich also nicht direkt mit modernen Schätzungen von Delikthäufigkeiten vergleichen. Auch die Einwohnerzahlen, die diesen Berechnungen zugrunde gelegt werden, sind grobe Schätzungen, die im Anhang II am Ende des Buches erläutert werden.

Tabelle 1 zeigt die Anzahl der für die Periode von 1651 bis 1680 verzeichneten Schuldsprüche des Bezirksgerichts von Essex:

TABELLE 1

	1651–1655	1656–1660	1661–1665	1666–1670	1671–1675	1676–1680
Schuldsprüche	190	275	394	393	391	311
Einwohnerzahl	4500	5200	6100	7300	8900	7500
Pro 100 Einwohner	4.22	5.29	6.46	5.38	4.38	4.15

Es ist unmittelbar deutlich, daß die Zahl der Schuldsprüche um die Mitte der Dreißigjahresperiode erheblich ansteigt, während sie zu Anfang und am Ende am niedrigsten liegt – was kaum für die Stabilitätshypothese spricht, mit der wir uns in diesem Kapitel beschäftigen. Wenn wir jedoch diese »Delikt-Quote« mit einer anderen Zahlenreihe vergleichen, die wir für unsere gegenwärtigen Zwecke die »Delinquenten-Quote« nennen wollen, so sehen wir hier weit mehr Belege für die Stabilität, die wir suchen:

TABELLE 2

	1651–1655	1656–1660	1661–1665	1666–1670	1671–1675	1676–1680
Delinquenten	161	182	222	257	324	269
Einwohnerzahl	4500	5200	6100	7300	8900	7500
Pro 100 Einwohner	3.60	3.50	3.64	3.52	3.64	3.58

Die »Delinquenten-Quote« wurde berechnet, indem wir für jede Fünfjahresperiode alle Personen zusammenzählten, die aktiv an abweichendem Verhalten beteiligt waren, ohne Rücksicht auf die Zahl der Verurteilungen, die sich für jeden einzelnen Namen verzeichnet finden. Wenn also jemand im Laufe seines Lebens für zwei Delikte verurteilt wurde, das erste Mal 1653 und das zweite Mal 1657, so würde er hier in den beiden ersten Perioden, also zweimal, als ein »aktiver Delinquent« mitgezählt, während jemand, der zwischen 1652 und 1655 zwölf Delikte begangen hat, nur einmal für diese Periode gezählt würde.

Wenn wir »Delikt-Quote« und »Delinquenten-Quote« in zwei Kurven nebeneinanderstellen (siehe Abbildung 1), so tritt der Unterschied zwi-

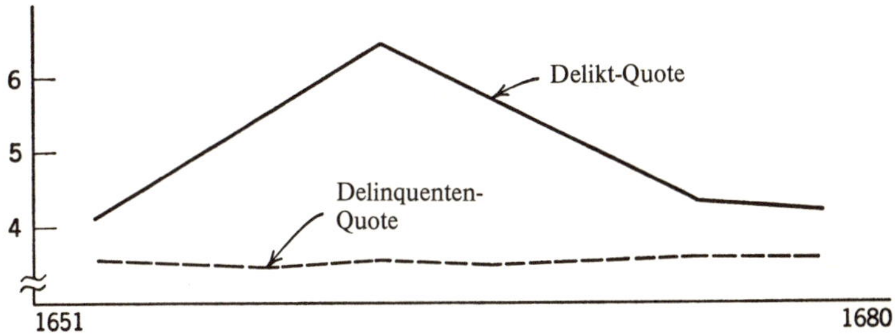

Abb. 1

schen ihnen auffällig hervor: Die Zahl der Personen, die sich auf die eine oder andere Weise abweichend verhalten haben, bleibt ziemlich konstant, ungeachtet der Tatsache, daß die Zahl der von ihnen begangenen Delikte in der Mitte des Gesamtzeitraums pyramidenförmig ansteigt und gegen Ende beträchtlich abfällt. Statt dieses Ergebnis jetzt zu kommentieren, wollen wir uns zunächst einer anderen Tabelle zuwenden und uns die Vorkommenshäufigkeiten für jede einzelne Kategorie von Delikten ansehen. (Eigentumsdelikte und Delikte gegen Personen wurden wegen ihrer geringen Zahlen zusammengefaßt. Die Ziffern in der Tabelle geben wieder die Zahl der Delikte in jeder Kategorie pro 100 Einwohner an.)

In diesen Daten sind zwei Punkte von Interesse, zu denen wir etwas bemerken wollen.

Es ist deutlich, daß der Anteil der Delikte in der Rubrik »Anderes« die ganze Periode über hoch bleibt, was die Schwierigkeit zeigt, aus Akten dieser Zeit genaue Informationen zu entnehmen. Es ist interessant zu vermerken, daß das Bezirksgericht in solchen Auslassungen höchst selektiv verfuhr: Während sich in diesem Zeitraum mehrere hundert Eintragungen finden, bei denen der Registrator nicht erwähnt, um was für ein Delikt es ging, versäumte er nur ein einziges Mal, den Namen des Angeklagten zu nennen, und niemals versäumt er, das Urteil des Gerichts anzugeben. Es ist schwer zu sagen, was das bedeutet. Vielleicht kümmerte die genaue Definition der Übertretung, die jemand begangen hatte

TABELLE 3

	1651–1655	1656–1660	1661–1665	1666–1670	1671–1675	1676–1680
Delikte gegen die Kirche	0.36	1.85	3.15	1.86	0.67	0.32
Mißachtung der Autorität	0.80	0.92	0.89	1.19	1.25	0.76
Unzucht	0.78	0.62	0.44	0.51	0.85	1.02
Störung der öffentlichen Ordnung	0.13	0.25	0.30	0.44	0.28	0.27
Delikte gegen Eigentum, Personen	0.87	0.77	1.02	0.89	0.75	0.92
Anderes	1.29	0.88	0.67	0.49	0.58	0.84
	4.23*	5.29	6.47*	5.38	4.38	4.13*

* Abrundungsfehler

die Puritaner einfach nicht so sehr wie die nackte Tatsache, daß er gegen die Gemeinschaft gesündigt hatte; vielleicht waren auch die vor Gericht verlesenen Anklagen so vage formuliert, daß der Protokollführer nicht wußte, was er hinschreiben sollte (es ist leicht, sich vorzustellen, daß z. B. in dem Prozeß gegen Anne Hutchinson dieses Problem hätte entstehen können). Auf jeden Fall aber legt die Tatsache, daß wir über die Gründe dieser Auslassungen nur spekulieren können, uns nahe, kleinere Verschiebungen in den Quoten nicht weiter zu beachten, auch wenn es interessant wäre, zu überlegen, warum Delikte gegen die Kirche und Unzucht anscheinend gegenläufig zueinander variieren.

Die Zahlen dieser Tabelle weisen jedoch einen Zug auf, der signifikant erscheint, wie ungenau auch immer die Daten sein mögen, und dies ist der bemerkenswerte Anstieg der Delikte gegen die Kirche in der Mitte der Dreißigjahresperiode. Diesen Anstieg erzeugte fast ausschließlich eine der drei zuvor behandelten Verbrechenswellen; er fällt in die Zeit, als die Quäker in Essex am rührigsten waren. Im vorigen Kapitel haben wir gesehen, wie sich die Quäker lärmend ihren Weg durch die Kolonie bahnten und wie sie die Friedensrichter zur Verzweiflung trieben, die das Problem zu bewältigen versuchten; in diesem Kapitel dagegen haben wir es mit der baren Statistik zu tun, die diese Gruppe in den Gerichtsakten hinterließ.

Einundfünfzig Personen erscheinen in den Akten des Bezirksgerichts, von denen wir annehmen dürfen, daß sie mit den Quäkern sympathisierten, und diese kleine Anzahl von Männern und Frauen zog sich in dem gesamten Zeitraum, den wir untersuchen, rund 383 Schuldsprüche zu. Diese Delikte lassen sich folgendermaßen darstellen:

TABELLE 4

	1651–1655	1656–1660	1661–1665	1666–1670	1671–1675	1676–1680
Delikte gegen die Kirche	0	86	171	101	4	2
Mißachtung der Autorität	2	1	3	0	0	0
Störung der öffentlichen Ordnung	0	1	8	2	0	0
Diebstahl	0	0	1	0	0	0
Anderes	0	1	0	0	0	0

Die Zahlen in Tabelle 4 machen deutlich, daß der große Anstieg der Delikte in der Mitte der Dreißigjahresperiode ganz durch das Auftreten der Quäker bedingt ist; tatsächlich wäre die gesamte Delikt-Quote während jener kritischen Jahre sogar etwas gesunken, wenn man die Quäker-Delikte nicht berücksichtigte (Tabelle 5).
Diese Zahlenverhältnisse werden deutlicher, wenn wir sie in Kurven darstellen (siehe Abbildung 2).

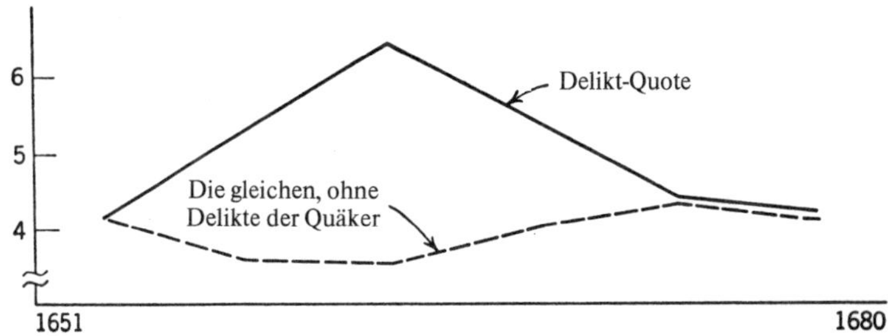

Abb. 2

Wenn wir denselben Vergleich nun mit der Delinquenten-Quote anstellen, so beginnt eine merkwürdige Tatsache hervorzutreten. Wie wir gesehen haben, änderte sich die Zahl der Personen, die aktiv an der einen oder anderen Form von Abweichungen beteiligt waren, zwischen den verschiedenen Fünfjahresperioden nur sehr wenig. Das bedeutet, daß die einundfünfzig Quäker, die Ende der 50er Jahre auf der Bildfläche erschienen, irgendwie von der Gesamtpopulation der Abweichler absorbiert worden sein müssen, ohne deren Größe merklich zu beeinflussen, fast so, als ob die anderen möglichen Delinquenten sich für den Augenblick zurückgezogen hätten, um für die Quäker Platz zu machen (siehe Abbildung 3).

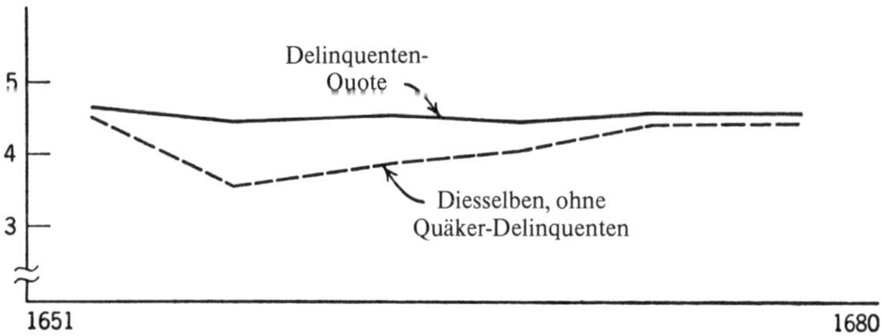

Abb. 3

TABELLE 5

	1651–1655	1656–1660	1661–1665	1666–1670	1671–1675	1676–1680
Delikt-Quote	4.22	5.29	6.46	5.38	4.38	4.15
Delikt-Quote minus Quäker-Delikte	4.18	3.58	3.46	3.97	4.35	4.12

TABELLE 6

	1651–1655	1656–1660	1661–1665	1666–1670	1671–1675	1676–1680
Delinquenten-Quote	3.60	3.50	3.64	3.52	3.64	3.58
Delinquenten-Quote minus Quäker	3.56	2.63	2.89	3.14	3.61	3.56

Für dieses interessante Ergebnis bieten sich zwei mögliche Erklärungen an. Erstens, man könnte vermuten, daß diese einundfünfzig Quäker, die sich in die Gerichtssäle von Essex drängten, ohnehin zu Abweichungen prädisponiert waren und sich irgendeiner anderen Art von Delikten zugewandt hätten, hätte nicht diese neue Ketzerei ihre Beachtung gefunden. Wir wissen letzten Endes über diese Menschen sehr wenig, und es ist gut möglich, daß sie diese besondere Ausdrucksform abweichenden Verhaltens nur deshalb bevorzugten, weil sie ihnen irgendwie attraktiv und zeitgemäß erschien oder weil sie ihnen so leicht zugänglich war. Es ist aber bemerkenswert, daß diese einundfünfzig Personen bei all ihrer Launenhaftigkeit und Bereitschaft zur Autoritätsmißachtung in der Zeit vor und nach der Quäker-Krise nur sehr wenig Delikte begangen haben. 1648 wurde einer von ihnen für ein nicht genanntes Delikt verurteilt, im übrigen aber findet sich in den zwölf Jahren von 1641 bis 1653 kein weiterer Gerichtsvermerk über eine der Personen, die später Quäker wurden, und für die Periode von 1676 bis 1682 gibt es nur zwei flüchtige Anzeichen dafür, daß von den einundfünfzig Ketzern weitere Delikte begangen wurden. Dies scheint zu besagen, daß die Quäker nicht sehr zu anderen Formen von Abweichungen neigten und unter anderen religiösen Verhältnissen überhaupt nicht vor Gericht gekommen wären. Die zweite mögliche Erklärung ist nun, daß die Quäker durch einen Wechsel im politischen Klima unter die Abweichler gedrängt wurden und dort in gewissem Sinne eine Anzahl anderer Leute ersetzten, die sich andernfalls an ihrer Stelle dort befunden hätten.

Das schlüssigste Argument für die zweite dieser Erklärungen ist wohl, daß die Quäker fast überhaupt keine Neigung zu Delikten verrieten, die mit ihrem religiösen Kampf nichts zu tun hatten. Ihre Delikte gegen die Kirche hatten offensichtlich mit diesem Kampf zu tun (es handelte sich fast in allen Fällen um Fernbleiben vom Gottesdienst), und es ist nahezu gewiß, daß sie sich auch die Strafen für ungebührliches Betragen und Autoritätsmißachtung direkt in Ausübung ihrer missionarischen Pflichten zugezogen haben. Davon ausgenommen bleiben nur ein unerklärter Diebstahl und eine Verurteilung in der Rubrik »Anderes«.

Wenn wir die Möglichkeit erwähnen, daß eine Handvoll Quäker in die Positionen der Abweichler eindrang und eine Anzahl anderer Leute, die sich bereits dort befanden, verdrängte, so ist das natürlich bildlich gesprochen. Wir wissen nicht, was für Wechsel und Wendungen sich während der Quäker-Krise in der Gemeinschaft vollzogen oder was es für Kräfte waren, die der Delinquenten-Quote ihre besondere Gestalt gaben. Doch die Tatsache bleibt bestehen, daß diese Quote sich während der dreißig Jahre, über die wir hinlängliche Aufzeichnungen besitzen, sehr wenig änderte. Das besagt, daß ein nahezu gleichbleibender Anteil der Gesamtbevölkerung für abweichende Handlungen verantwortlich war, während der Zeit, bevor die Quäker plötzlich in der Kolonie auftauchten, zur Zeit, als sie ihre Tätigkeit voll entfalteten, und nachdem sie sich wieder ganz aus dem Feld zurückgezogen hatten. Eine Verbrechenswelle zog über Essex hin, die die Zahl der vor dem Bezirksgericht verurteilten Delikte nahezu verdoppelte, ohne doch die Abweichler-Population selbst merklich zu vergrößern.

Nun hatten die vielen Delinquenten, deren Weg an den Pranger und an den Peitschenpfahl durch das Bezirksgericht von Essex hindurchführte, gewiß keine Ahnung, daß sie ein regelhaftes soziales Muster erzeugen halfen; und doch brachte diese bunte Mischung von Individuen, zwischen denen nicht die leiseste Spur eines bewußten Zusammenspiels bestand, jene stabile Quote zuwege. Sozialwissenschaftler sind meist dem Gedanken verpflichtet, daß Regelmäßigkeiten dieser Art irgendwo aus der weiteren Sozialstruktur hervorgehen, die eine Ordnung und Voraussagbarkeit in das Tun der Menschen bringt, ob sie sich dessen bewußt sind oder nicht, und zwecks gründlicher soziologischer Analyse des Problems müßten wir unsere Aufmerksamkeit nun auf jene Mechanismen in der sozialen Ordnung lenken, die diese Stabilität erzeugen. Leider müssen wir aber unsere Erörterung der Verbrechenswellen gerade hier zu Ende bringen, wo wir so weit wären, dazu intelligente Fragen zu stellen. Wir haben versucht, ein ziemlich schweres Bündel Theorie mit dünnen Schnüren empirischer Belege zusammenzubinden, und es ist sinnvoller, manche dieser gewichtigeren Erörterungen solange aufzuschieben, bis wir mehr Einzelheiten wissen.

Fürs erste können wir aber zumindest vorschlagen, wo mit der Suche zu beginnen wäre. Wir haben es hier mit einem komplizierten logistischen Problem zu tun: Es ist zwar fast sicher, daß die Zahl der Personen, die zu Abweichlern zu erklären eine Gesellschaft sich leisten kann, etwas mit der Kapazität ihrer Polizeikräfte und ihrer Gerichte zu tun hat, doch ist das Verhältnis keineswegs so einfach, wie es zunächst erscheinen mag. Das Bezirksgericht von Essex wickelte zum Beispiel auf dem Höhepunkt der Quäker-Krise fast doppelt so viele Fälle ab wie vorher oder nachher, und man kann sich leicht vorstellen, daß auch die örtlichen Konstabler während jener hektischen Zeiten weit mehr in Atem gehalten wurden, als sie es gewohnt waren. Doch irgendeine Art Verdrängung fand offenbar statt. Vielleicht waren die Gerichte so alarmiert über die Invasion der Quäker, daß sie Dinge zu übersehen begannen, mit denen sie sich sonst beschäftigt hätten. Oder – eine Alternativerklärung – vielleicht schuf das Auftreten der Quäker ein solches Maß an Erregung, Lärm und Dramatik, daß mögliche andere Delinquenten sich weniger geneigt fühlten, mit Verstößen gegen die herkömmliche Ordnung an die Öffentlichkeit zu treten. Ob wir den Grund dieser Verdrängung nun in der Kapazität des Kontrollapparats suchen, in den Motiven der beteiligten Personen, in den sich dauernd verschiebenden Definitionen abweichenden Verhaltens selbst oder in einer komplexen Gleichung bezüglich der Dichte abweichender Handlungen in bestimmten Einheiten des sozialen Raums, immer haben wir es dabei mit dem Gedanken zu tun, daß die Abweichung in der Gesellschaft die Form einer bestimmten »Quote« annimmt.

Für den Augenblick können wir nur folgern, daß in einer Region Amerikas, während einer bestimmten Periode seiner Geschichte, die Delinquenten-Quote annähernd stabil geblieben zu sein scheint. Sollten Daten aus anderen Gemeinschaften ein ähnliches Muster aufweisen, so werden wir die Möglichkeit erwägen müssen, daß Gesellschaften in gewisser Weise ihre Quote an Abweichungen »brauchen« und sich so verhalten, daß diese Quote unbeeinträchtigt bleibt.

5

Puritanismus und abweichendes Verhalten

I

Im Januar 1636, einige Wochen, bevor in der Kolonie von Massachusetts der Antinomistenstreit losbrach, kamen mehrere hochgestellte Männer der Kolonie zusammen, um eine wichtige politische Frage zu diskutieren. Henry Vane hatte soeben Einzug in Neu-England gehalten, um seinen Platz in den Staatsgeschäften einzunehmen, und er suchte nun nach Themen, die es lohnten, daß er ihnen seine Aufmerksamkeit widmete. Eines der Gerüchte, die ihm zu Ohren kamen, als er sich über die lokale politische Szene orientierte, war, daß zwei der hervorragendsten Männer in der Kolonie, John Winthrop und Thomas Dudley, in einem Streit über Fragen der Disziplin lagen – der erstere neigte in Strafsachen vor Gericht zu milden Urteilen, der zweite verfocht eine Politik harter biblischer Gerechtigkeit. Als Vane von diesem Streit hörte, beschloß er sich als Vermittler anzubieten. Zu diesem Zweck luden er und der Pfarrer Hugh Peters, der in letzter Zeit sein Reisegefährte gewesen war, mehrere Führer der Gemeinschaft ein, mit ihnen zusammen das Problem zu diskutieren. Winthrop erzählt die Geschichte folgendermaßen (er spricht von sich selbst in der dritten Person):

> Mr. Vane und Mr. Peters, angesichts mancher Verwirrung im Lande, die aus Meinungsverschiedenheiten erwuchs, und auch mancher Entfremdung im Wohlwollen unter den Friedensrichtern und einigen anderen Personen von Rang, woraus sich Fraktionen zu bilden begannen, indem manche mehr zu dem alten Gouverneur, Mr. Winthrop, und andere mehr zu dem neuen Gouverneur, Mr. Dudley, hinneigten – der erstere behandelte die Geschäfte mehr mit Milde, der letztere mehr mit Strenge –, luden zu einer Versammlung in Boston ein . . .

Die Versammlung begann recht zögernd. Vane leitete sie ein, indem er seine Gründe aufzählte, warum er die Gruppe eingeladen habe, und dann mußte er einem betretenen Schweigen standhalten, nachdem zuerst Winthrop und dann Dudley trocken erklärt hatten, sie wüßten nichts von einem Bruch zwischen ihnen beiden und seien zu der Versammlung nur gekommen, um andere »ihre eigenen Klagen vorbringen zu hören«. Nach einer langen, unbehaglichen Pause wurde Vane schließlich von John Haynes gerettet, der sich erbot, einige Bemerkungen zu dem strittigen Thema abzugeben. Winthrop, so klagte er, verfahre »zu lässig in Fragen der Gerechtigkeit« und verfolge die abgeirrten Sünder nicht mit der von einem puritanischen Friedensrichter zu erwartenden Schärfe. Der alte Gouverneur erwiderte:

> . . . seine [Winthrops] Meinung war, daß in der Kindheit einer Siedlung die Gerechtigkeit mit mehr Nachsicht ausgeübt werden sollte als in einem festgegründeten Staat, weil die Menschen hier leichter Übertretungen begingen, teils aus Unkenntnis der neuen Gesetze und Verordnungen, teils unter dem Druck ihrer Geschäfte und anderer Schwierigkeiten; jedoch, wenn man ihm erklären könne, daß dies ein Irrtum sei, so wäre er bereit, eine strengere Haltung einzunehmen.

Nach weiterer Diskussion der Frage wurde beschlossen, nach puritanischem Herkommen zu verfahren, und so wurden mehrere Geistliche aufgefordert, zu der vorliegenden Frage »eine Regel aufzustellen«. Am nächsten Morgen, als die Tagung erneut zusammenkam, gaben die Geistlichen ihre Meinung bekannt – »daß strenge Disziplin, sowohl in strafrechtlichen wie in kriegerischen Belangen, in einer Siedlung notwendiger seien als in einem festgegründeten Staat, im Hinblick auf die Ehre und die Sicherheit des Evangeliums.« Winthrop nahm diese Regelung mit seiner gewohnten Konzilianz an, und die Sitzung endete mit »einer Erneuerung der Liebe unter ihnen«.[1]

Diese Versammlung ist von Historikern als einer der bezeichnendsten Wendepunkte in der Frühgeschichte der Bucht angeführt worden, weil sie die Rechtsprechung auf eine Haltung der Strenge festlegte, die mehrere Generationen überdauerte. Die Versammlung ist noch aus einem anderen Grunde wichtig: Sie gewährt uns einen der offensten Einblicke in die Gedanken der Siedler über abweichendes Verhalten und seine Kontrolle. Als Winthrop auf milde Anwendung der Gesetze drängte, sprach er die Sprache praktischer politischer Wissenschaft: Disziplin sollte nach dem Charakter der Situation bemessen werden. Die Geistlichen, in ihrer Erwiderung auf diese Argumentation, sprachen die Sprache eines puren religiösen Absolutismus: Disziplin kann nicht den wechselnden Umständen der Zeit angepaßt werden, sondern sie muß ein für allemal feststehen, um das universelle Gesetz der Moral zu wahren, die Ehre und Sicherheit des Evangeliums. »Biegt nicht Gottes Regeln auf die Erfahrungen der Menschen zurecht«, hatte ein puritanischer Heiliger geschrieben, »sondern bringt die Menschen zu der Regel und prüft die Zustände der Menschen nach dieser.«[2] Im gleichen Augenblick also, in dem England lernte, das Recht als ein Ergebnis menschlicher Erfahrung zu betrachten, bekräftigte Massachusetts von neuem die mittelalterliche Überzeugung, daß das

---

[1] Winthrop, Journal, I, S. 169–72.
[2] Zitiert nach Miller, *The New England Mind,* S. 20.

Recht ein Gefüge ewiger Normen sei, die in den Plan der Welt eingeschrieben sind und von Änderungen in der Lage der Menschen überhaupt nicht berührt werden.
Jede Erörterung der puritanischen Einstellung zur Abweichung und ihrer Bestrafung sollte mit der Verständigung über diese Grundhaltung beginnen, denn so betrachtet, sind Verbrechen gegen die öffentliche Ordnung zugleich Verbrechen gegen die Symmetrie und Ordnung der Natur.

Eine unserer dauerhaftesten Erinnerungen an das alte Massachusetts ist die Erinnerung an die Grausamkeit seiner Richter gegen Delinquenten: Sie brannten ihnen scheußliche Male ins Fleisch, stießen sie aus in die Wildnis, schlossen sie in den Block und stellten sie am Pranger zur Schau, ließen sie schwer auspeitschen, schnitten ihnen Ohren ab und verstümmelten ihnen die Nasen und hängten sie manchmal auch an den Galgen. Diese unangenehme Seite der amerikanischen Geschichte hat lange Zeit viele angezogen, nicht nur die amerikanischen Schulkinder, die etwas über Roger Williams und über den Hexenwahn lernen, sondern auch ganze Generationen ernsthafter Historiker. Bis spät ins neunzehnte Jahrhundert hinein (und auch noch im zwanzigsten) schrieben die Historiker von Massachusetts so viel über die puritanische Strenge, daß man hätte denken können, sie schoben andere wichtige Themen solange auf, bis sie wenigstens mit diesem einen dringlichen Kapitel der Vergangenheit fertig wären. Manche dieser Historiker suchten nach Entschuldigungsgründen für die Siedler, andere schienen voll lebhafter Empörung über die Greuel, von denen sie zu berichten glaubten. Manchmal zeichnete ein Schriftsteller wie Nathaniel Hawthorne ein verständnisvolles Portrait jener Zeit, ohne in ihren längst erloschenen Streitigkeiten Partei nehmen zu wollen, aber solche Männer gingen unter in der Menge der parteiischen Betrachter um sie her – loyaler Apologeten wie John Palfrey oder wütender Kritiker wie James Truslow Adams.
Nun hat die Geschichtsschreibung seit dem neunzehnten Jahrhundert einen langen Weg hinter sich gebracht, und es wäre absurd, wollten wir uns beklagen, daß jene Autoren sich nicht an die modernen Konventionen der Neutralität im Studium der Vergangenheit hielten. Aber selbst wenn wir vollauf anerkennen, daß sich der Stil der Geschichtsschreibung geändert hat, müssen wir immer noch zugeben, daß uns das erhaltene Material großenteils nur einen kümmerlichen Einblick in die Einstellungen der Kolonisten zu Abweichungen gewährt. Dieses Material sagt uns viel über den puritanischen Geschmack am Strafen, aber fast nichts über die puritanische Kosmologie, die dahinter stand.
Tatsächlich scheint es so zu sein, daß die Bestrafung von Verbrechen im

frühen Massachusetts in vieler Hinsicht weniger streng war als in anderen Teilen der damaligen Welt, und dies macht es schwer begreiflich, warum die Kolonie sich einen so dauerhaften Ruf der Härte zugezogen hat. Vielleicht war das Erschreckendste am Strafvollzug in Massachusetts letztlich nicht seine Schärfe, sondern seine kalte Rechtschaffenheit. Selbst die gnadenlosesten Strafen in anderen Teilen der Welt waren durch ein gewisses Maß an menschlichem Gefühl charakterisiert, wenn auch nur, weil die Beteiligten von Wut, Mitleid, Rache oder Furcht bewegt wurden, aber in Massachusetts war die Gerechtigkeit beherrscht von einer unnachgiebigen Gewißheit. Man kümmerte sich wenig um die Beweggründe des Täters, das Leiden des Opfers, den Zorn der Gemeinschaft oder sonst eine menschliche Emotion: Der ganze Vorgang hatte einen platten, mechanischen Charakter, denn es ging dabei um die Gesetze der Natur, nicht um die Entscheidungen von Menschen.

Um diesen Zug der puritanischen Rechtspflege zu verstehen, müssen wir bei der Prädestinationslehre anfangen, so wie sie im Denken Neu-Englands aufgefaßt wurde. Nach der puritanischen Interpretation der Bibel gab es, wie wir gesehen haben, nur zwei große Klassen von Menschen auf Erden – solche, die für das ewige Leben erwählt, und solche, die für die Hölle bestimmt sind. Die Entscheidung lag natürlich fest, bevor die Betroffenen auch nur geboren waren, und nichts, was sie im Laufe ihres Lebens tun mochten, konnte den Ausgang irgend beeinflussen; dennoch nahmen die Puritaner von Neu-England an, daß die meisten Menschen früher oder später erkennen lassen würden, ob sie erwählt waren oder nicht. Menschen, welche die Gnade gespürt hatten, würden davon so ergriffen sein, daß sie einen neuen Sinn der Verantwortung gegen die Gemeinschaft entwickeln und langsam in die führenden Stellungen einrücken würden; Menschen, die im Zweifel blieben, würden in den mittleren Rängen der Gemeinschaft solange ihrem ehrlichen Beruf nachgehen, bis sie mehr über ihr Schicksal erfuhren; Menschen, die Grund hatten, das Schlimmste zu befürchten, würden grollend in die untersten Ränge der Gesellschaft absinken und stark zu abweichenden Verhaltensweisen neigen. Die Sozialstruktur im Königreich Gottes war also sehr ähnlich der Sozialstruktur der englischen Nation, und auch dem dümmsten Heiligen war klar, daß verurteilte Abweichler in die unterste dieser Kategorien gehörten. Wenn jemand Amtspersonen mit Verachtung begegnete und die Normen der Gemeinschaft verletzte, so würde Gott ihn nicht plötzlich mit seinem Zorn schlagen und ihn jetzt erst für die Hölle bestimmen, man konnte vielmehr zuverlässig annehmen, daß jemand, der sich so verhielt, die Gnade nie gespürt hatte und nie spüren würde. Er war dann eben nicht, was dieses Wort einmal bedeutete, »begnadet«.

Unter diesen Voraussetzungen folgten die puritanischen Einstellungen zur Strafe einer recht einfachen Logik. Wenn dem verurteilten Übeltäter ohnehin eine Ewigkeit in der Hölle bevorstand, dann kam es nicht so genau darauf an, wie streng ihn die Richter behandelten, denn alle Entbehrungen und Leiden auf Erden waren ja nur ein Vorgeschmack der Qualen, die ihn im künftigen Leben erwarteten. Von den kirchlichen Gerichten im mittelalterlichen Europa wurden die Verbrecher manchmal dazu verurteilt, an einem Pfahle verbrannt zu werden, nach der Theorie, daß dies eine passende Vorbereitung auf das Höllenfeuer sei, und dem nicht völlig unähnlich waren die stillschweigenden Annahmen, von denen die Gerichtssäle Neu-Englands beherrscht gewesen zu sein scheinen. Gott war es, nicht die Friedensrichter, der den Sünder zu ewigem Leiden verurteilt hatte, und wenn die Richter ihm noch ein paar Hiebe auf den Rücken gaben oder seine Haut mit einem glühenden Eisen stempelten, so taten sie nur, was Gott in Seiner unendlichen Weisheit schon verfügt hatte. In diesem Sinne war also die Bestrafung von Rechtsbrechern nicht nur eine handliche Methode zum Schutze der öffentlichen Ordnung, es war zugleich die Erfüllung einer Treuepflicht gegen Gott.

Die Prädestinationslehre ist oft als eine der grausamsten unter allen Theologien kritisiert worden, weil sie die Menschen zur Hölle verurteile, ehe sie noch eine Chance gehabt hätten zu zeigen, ob sie dieses Schicksal verdienten oder nicht. Es ist jedoch wichtig, zu begreifen, daß die Prädestination nicht bloß ein von Menschen mit düsterer Phantasie erfundenes Dogma war: Diese Lehre war eine Beschreibung des Lebens, so wie die Heiligen es lebten, eine natürliche Erklärung für Vorgänge in der wirklichen Welt. Gott, so wußten sie, herrschte souverän über alle Dinge, nicht nur über die großen natürlichen Abläufe wie die Bewegungen der Gestirne oder den Wechsel der Jahreszeiten, sondern ebenso auch über die gewöhnlichsten Einzelheiten des Alltags. Manche Dinge waren jedoch schwer zu erklären in dieser Welt, in der nichts dem Menschenwillen oder dem Zufall überlassen blieb: Warum waren zum Beispiel manche Menschen begabter als andere, warum wurden manche in die höheren Stände hineingeboren, warum waren manche in ihrem täglichen Tun mehr vom Glück begleitet? Eindeutig, Gott wollte es so:

Gott der Allmächtige in seiner heiligen und weisen Voraussicht hat den Zustand der Menschheit so eingerichtet, daß zu allen Zeiten manche reich und manche arm sein müssen, manche hochgestellt an Macht und Würden, andere niedrig und in Abhängigkeit.[3]

---

[3] John Winthrop: »A Model of Christian Charity«, *Winthrop Papers* (Boston, Massachusetts Historical Society, 1931), II, S. 282.

Und so erfaßte die Idee der Prädestination die beiden deutlichsten »Tatsachen« innerhalb der puritanischen Erfahrung – das Vorwissen, daß Gott das Universum regierte, und die empirische Beobachtung, daß die Menschen voneinander verschieden waren – und verband sie mit aller Präzision und Ökonomie einer wissenschaftlichen Theorie.

Nun war dies ein Fatalismus übertriebenster Art, aber wie so viele andere Lehrsätze der puritanischen Theologie wurde er selten wörtlich genommen. Es war für die Puritaner notwendig, zu fühlen, daß jede Regung im Universum von Gott persönlich beaufsichtigt wurde, aber ebenso notwendig war es, zu fühlen, daß Menschen, die gegen die Normen der Gesellschaft verstießen, moralisch wie rechtlich für ihre Abweichungen verantwortlich waren; und bald fanden die Puritaner eine jener legalistischen Lösungen, für die ihr Geist so hervorragend geschult war. Gott, so argumentierten sie, plant jeden Augenblick der menschlichen Geschichte im voraus und regelt die Angelegenheiten der Menschen bis ins kleinste Detail. Jede menschliche Tat also, ob gutes Werk oder furchtbares Verbrechen, ist ganz und gar vorherbestimmt. Zugleich aber verlangt Gott, daß jeder Mensch in die ihm vorherbestimmte Zukunft *einwilligt,* so daß er, während er Gottes Willen ausführt, immer aufgrund seines eigenen Willens handelt. Das ist fast so, als ob man sagen wollte, daß ein Mann, der von einem Baum fällt, auf dem Weg abwärts beschließt, daß er dies sowieso schon immer vorgehabt habe, aber für die Zwecke Neu-Englands leistete diese Theorie gute Dienste, und sie war auch kein ärgerer Sophismus als viele andere Punkte im puritanischen Bekenntnis. Vom juristischen Standpunkt aus gesehen, bleibt der Mensch in seinem Willen also vollkommen frei, und er trägt die Verantwortung für alles, was er tut, nicht weil er hätte beschließen können, etwas anderes zu tun, sondern weil er sich zuallererst freiwillig für dieses Ergebnis entschieden hat. Als einer der begabtesten Theoretiker in der Kolonie diesen schwierigen Punkt zu erklären versuchte, konnte er nur etwas lahm versichern, Gott habe die Welt so eingerichtet, daß die Menschen »frei handeln sollen, und doch so, daß sie mit all ihren freien Handlungen Seine Zwecke erfüllen.«[4]

Vom zwanzigsten Jahrhundert her gesehen, liegt natürlich in dieser Vorstellung von der Verantwortlichkeit des Verbrechers ein sehr klarer Widerspruch.

Einerseits tut der Abweichler nichts anderes als einem Programm zu folgen, das unbedingt von ihm verlangt, daß er die Delikte begeht, für die er später bestraft wird, und so kann man ihn für sein Fehlverhalten ei-

---

[4] Zitiert nach Miller, *The New England Mind,* S. 193.

gentlich nicht »tadeln« – zumindest nicht in dem Sinne, in dem wir uns dieses Wort zu gebrauchen gewöhnt haben. Insofern hatte die Bestrafung in Massachusetts fast den Charakter einer Opferhandlung: Der Delinquent war aufgefordert, die Strafe anzunehmen, nicht weil er in irgendeinem vernünftigen Sinne anders gekonnt hätte, sondern einfach weil die Logik des Universums es von ihm verlangte.

Andererseits kam jeder Delinquent, der vor Gericht erschien, als freier Mensch, voll verantwortlich für sein Tun. Er konnte nicht behaupten, er sei durch Gottes Ratschluß zur Sünde gezwungen worden oder er komme aus einer benachteiligten Gesellschaftsschicht oder er sei ein Opfer der Umstände geworden, nicht einmal, er hätte es nicht besser gewußt – denn schon zu Anfang hatte er mit Gott einen Vertrag geschlossen, ein für immer verdammter Sünder zu sein. In dieser Idee mag eine gewisse Würde liegen, denn sie billigt jedem Menschen zu, daß er Herr über sein eigenes Schicksal sei, aber für diejenigen, welche die Konsequenzen dieser Zweideutigkeit zu ertragen hatten, dürfte das ein schwacher Trost gewesen sein. Wie wir heute, so fanden auch die Puritaner es vorteilhaft anzunehmen, daß jede menschliche Handlung irgendwo im komplizierten Mechanismus der Natur ihre »Ursache« habe, aber deshalb glaubten sie doch keinen Augenblick, daß derjenige, auf den diese Ursache gewirkt hatte, für sein Tun im mindesten weniger verantwortlich sei.

Es gibt keine Anzeichen dafür, daß die Neu-Engländer des siebzehnten Jahrhunderts in dieser Idee einen Widerspruch gesehen hätten, doch für den späteren Betrachter ist sie eine Quelle anhaltender Verwirrung. Wenn man viele Stunden über den alten Gerichtsakten zubringt, wird es immer schwerer begreiflich, was die Puritaner meinten, wenn sie jemanden »schuldig« sprachen, oder was sie damit zu erreichen hofften, daß sie ihn bestraften. Ein paar Beispiele mögen das Problem verdeutlichen.

1638 kam eine Dorothy Talbye vor Gericht, weil sie ihr Kind umgebracht hatte, ein Mädchen mit dem quälenden und prophetischen Namen »Difficult« (»schwierig«). Mrs. Talbyes Verhalten vorher und während des Prozesses spricht dafür, daß sie keinesfalls zurechnungsfähig war, auch nicht nach den groben psychiatrischen Maßstäben jener Zeit. Winthrop glaubte, sie sei durch »Melancholie und geistige Täuschungen« motiviert gewesen, und führte ihr Verhalten auf die Tatsache zurück, daß sie »so besessen war vom Satan, daß er sie überredete (durch seine Täuschungen, die sie als Offenbarungen Gottes vernahm), ihrem Kind den Hals zu brechen, um es von künftigem Elend zu befreien.« Trotz dieses klinischen Urteils wurde sie in Boston gehängt, und diesem Anlaß wurde eine ausgezeichnete Predigt gewidmet. Winthrop berichtet, daß sie sich bei ihrer Hinrichtung höchst würdelos benahm: Sie wollte nicht bereuen, riß sich, als sie schon auf dem Gerüst stand, die Kapuze herunter, verlangte lieber geköpft als gehängt zu werden (»wofür sie den Grund angab, daß es weniger schmerzhaft und weniger schändlich sei«) und versuchte noch, sich zu befreien, als sie schon am Ende des Seils hing. Was immer man über diese Unglückliche sagen mag, sie starb jedenfalls nicht »begnadet«.[5]

1666 kam eine Frau namens Jane Flanders vor das Bezirksgericht von Essex, weil sie »Lügen verbreite«, »Streit unter Nachbarn« herbeiführe und »gegen mehrere große Beschuldigungen« erhebe. Das Gericht fand sie »so verwirrt im Kopfe«, daß sie bei der Verhandlung nicht aussagen durfte; doch bewahrte ihre Unzurechnungsfähigkeit sie nicht vor einem Urteil, das auf »zehn Hiebe am Gerichtstag« lautete.[6]

Und Cotton Mather, der über dieses Thema einiges wußte, erzählt eine Geschichte über eine der ersten Hexen der Kolonie. Ann Cole war einmal »eine Person von ernsthafter Frömmigkeit« gewesen, erzählt er uns, aber eines Tages wurde sie »von sehr merkwürdigen Anfällen gepackt« und begann so erstaunliche Dinge zu tun, wie plötzlich Holländisch zu sprechen, eine Sprache, die sie angeblich nicht kannte. Als die Anfälle nachgelassen hatten, gestand sie, einen Pakt mit dem Teufel geschlossen und den Handel damit besiegelt zu haben, daß sie ihm gestattete, sie mehrfach »fleischlich zu erkennen«. Es versteht sich von selbst, daß Mrs. Cole sogleich gehängt wurde, aber Mathers Beschreibung dieses Ereignisses bleibt höchst bestürzend. »Auf dieses Geständnis hin«, teilt er uns mit, »wurde die Frau hingerichtet, woraufhin Ann Cole glücklich von den außerordentlichen Störungen entbunden war, von denen sie heimgesucht worden war.«[7] Man ist versucht zu fragen, ob nun die Richter die Gemeinde von einer gefährlichen Hexe befreit oder aber die Dame von einer unangenehmen Krankheit geheilt hatten! Und dies ist vielleicht der zentrale Punkt: Abweichendes Verhalten *war* eine Art Krankheit, gewiß, keine, der mit Wärme oder Mitgefühl zu begegnen war, sondern eine Notlage, welche die Gemeinschaft mit allen verfügbaren Mittel beheben mußte, ob der Patient nun dabei Schaden nahm oder nicht.

Dies führt uns zu einem anderen merkwürdigen Zug der puritanischen Rechtspflege, nämlich den außerordentlichen Anstrengungen, die sowohl Richter wie Geistliche unternahmen, um aus den Verurteilten einen förmlichen Ausdruck der Reue herauszuholen. Hauptsächlich war der Zweck natürlich der, die Seele des Verurteilten zu reinigen, und vielleicht auch, ihm eine Chance zu geben, die übrige Gesellschaft zu überzeugen, daß er

---

[5] Winthrop, Journal, I, S. 282–3.

[6] Essex County Records, III, 319–20.

[7] Mather, *Magnalia,* S. 448–9.

eigentlich kein so übler Bursche war. In den Akten finden sich zahlreiche Fälle, wo das Gericht nach Ablegung eines bewegenden Geständnisses oder eines ernsthaften Besserungsversprechens sein Urteil milderte. Aber das ist nur die eine Seite, denn manche der berühmtesten Geständnisse in der Geschichte der Bucht, die Leute wie Cotton Mather mit peinlicher Sorgfalt sammelten, wurden von zum Tode Verurteilten auf ihrem letzten Gang zum Galgen abgelegt, und es ist schwer zu begreifen, warum ihnen soviel Bedeutung beigemessen wurde. Mit Sicherheit konnte der Delinquent, wenn er sich im letzten Moment reumütig zeigte, sein Schicksal nicht mehr abwenden, noch bestand irgend Hoffnung, daß eine solche Geste seine Aussichten für das künftige Leben verbesserte. Hier ist es jedoch wichtig, zu bedenken, daß Bereuen ebensowohl eine öffentliche Geständniszeremonie ist wie ein privater Zustand des Sichschuldigfühlens. Bereuen heißt zugeben, daß die moralischen Normen der Gemeinschaft richtig und daß das verhängte Urteil gerecht seien. Bereuen heißt sagen, daß man (eine Wendung, die die Puritaner gern wiederholten) »gegen das eigene Gewissen gesündigt« habe und vollkommen verstehe, warum die Gemeinschaft einen bestrafen oder sogar töten muß. (In diesem wie in vielen anderen Aspekten scheint der neue Puritanismus der Sowjetunion dem älteren Puritanismus Neu-Englands verwandt.)
Und hier begegnen die Zirkelschlüsse der puritanischen Theorie einander in einem eigentümlichen Finale. Der Abweichler stürzt in ein Leben der Sünde, von Kräften getrieben, die er nicht beherrscht; im letzten Moment jedoch ist er fähig, diesem unerbittlichen Prozeß einen gewissen Sinn zu geben, wenn er in das Schicksal *einwilligt,* das ihn vernichtet, und wenn er auf dem Schafott bezeugt, daß die Gesetze, die im Begriff stehen, ihn auszulöschen, vollkommen vernünftig und gerecht seien. In gewisser Hinsicht ist also das Opfer aufgefordert, das Verfahren des Gerichts zu billigen und das Urteil gegen sich selber zu ratifizieren, zurückzutreten in die Gemeinschaft als Zeuge bei seiner eigenen Hinrichtung. Wenn das alles ein wenig an Opferrituale erinnert, so werden wir nur um so leichter ein anderes Element verstehen, das in der puritanischen Einstellung zur Reue vorhanden gewesen sein mag – daß die Menschen der Gemeinschaft, im vagen Bewußtsein der Widersprüche ihrer Lehre, irgendwie darauf aus waren, daß der Verurteilte ihnen vergab.

II

Dieses Hintergrunds eingedenk, können wir zu einem in Kapitel 1 angeschnittenen Problem zurückkehren. Wie schon in mehreren Teilen dieser Studie gesagt, leisten Abweichler oft einen wichtigen Dienst an der Gesellschaft, indem sie an den Rändern des Gruppenraumes patrouillieren und einen Kontrast bieten, welcher der übrigen Gemeinschaft die eigene territoriale Identität deutlich macht. Betrachtet man dieses Problem aus einem interkulturellen Blickwinkel, so muß man feststellen, daß jede Gesellschaft diese Frage anders löst: Jede hat ihre eigenen Mechanismen, um Menschen für die Positionen der Abweichler zu nominieren und um den Personenverkehr zu den Grenzpositionen und zurück zu regeln. In Kapitel 1 haben wir diese Arrangements als »Verteilungsmuster« bezeichnet und einige von ihnen erwähnt, die in der ethnologischen Literatur häufig auftauchen (vgl. S. 35–37). Der Hauptgrund nun, warum wir die Unterschiede zwischen diesen Verteilungsmustern hervorheben, ist, daß wir zeigen wollen, wie jede Gesellschaft eine kulturelle Wahl damit trifft, daß sie eine besondere Einstellung gegenüber abweichendem Verhalten und eine besondere Apparatur zu seiner Kontrolle entwickelt. Die Art, wie sich die Gesellschaft in dieser Wahl entscheidet, hat einen tiefgreifenden Einfluß sowohl auf die Formen der Abweichung, die die Gesellschaft erlebt, wie auf die Art von Menschen, die abweichendes Verhalten zur Schau stellen.

Die letzten Abschnitte unserer Untersuchung sollen also zwei Gedanken nachgehen: Erstens, daß die Puritaner ein Verteilungsmuster abwickelten, das dem theologischen Klima, in dem sie lebten, einmalig angemessen war, und zweitens, daß die Grundlinien dieses Musters noch in vielen unserer gegenwärtigen Einstellungen zu abweichendem Verhalten zu erkennen sind.

Um das Verteilungsmuster von Neu-England mit einem Wort zu kennzeichnen, können wir sagen, 1) daß die Puritaner abweichendes Verhalten als spezielle Eigenschaft einer besonderen Klasse von Menschen betrachteten, die mehr oder weniger in abweichenden Einstellungen erstarrt waren, und 2) daß sie es im allgemeinen für die beste Lösung des Problems hielten, diese Menschen in ziemlich dauerhafte Abweichlerrollen zu fesseln. Die puritanischen Theorien über die persönliche Entwicklung von Menschen gingen von der Annahme aus, daß sich Menschen durch Reifung oder aufgrund neuer Lebenserfahrungen nicht allzu sehr ändern, und in diesem Sinne hatten die Siedler der Bucht wenig Glauben gegenüber Versprechen, daß jemand sich »bessern« oder ausgeprägte abweichende Neigungen überwinden werde. Der Charakter eines Menschen ist wie sein sozialer Stand festgelegt durch den vorbestimmten Gang der Geschichte, und sollte jemand durch ungebärdiges Wesen und strafbare Handlungen verraten, daß er kein sehr aussichtsreicher Kandidat für die Bekehrung war, so war die Gemeinschaft nicht geneigt, allzu viel Mühe auf seine Änderung oder auf das Zurechtflicken seines Charakters zu verwenden. In einem sehr realen Sinne gehörte er zu einer abweichenden »Klasse«, und aus diesem Zustand wurde keine Besserung erwartet.

Das heißt nicht, daß die Puritaner jeden Delinquenten, der vor Gericht kam, sofort aufgaben, aber sie sahen eine sehr klare Linie, jenseits derer ein Abweichler schlicht als »verloren« galt. Wenn sie jemanden verwarnten oder mit einer Geldstrafe belegten, beabsichtigten sie wohl nur, ihn wieder zur Vernunft zu bringen; wenn sie aber ein Mal auf die Stirn brannten oder anderweitig das Gesicht verstümmelten, den zeichneten sie für immer mit dem Emblem seiner Stellung im Leben und machten es ihm sehr schwer, wieder eine normale Rolle in der Gemeinschaft zu finden. Jemanden zu verbannen, bedeutete fast dasselbe: Er mochte sich anderswo einen besseren Ruf verdienen, aber im Gedächtnis und in den Akten der örtlichen Gemeinde blieb er für immer ein Abweichler, ein Schicksal, das im siebzehnten Jahrhundert als weit schlimmer galt als im zwanzigsten. Die gleiche Endgültigkeit haftete natürlich auch dem Akt der Hinrichtung an.

Vielleicht kann man also folgern, daß das puritanische Verteilungsmuster auf der fast permanenten Ausschließung einer abweichenden Klasse beruhte – einer Kategorie von Mißratenen, von denen als normal zu erwarten war, daß sie Verbotenes taten und sich gegen die übrige Gesellschaft stellten. Wie auch die anderen im ersten Kapitel erwähnten Muster wirkte das puritanische System darauf hin, das Ausmaß der im Leben der Gemeinschaft auftretenden Abweichungen zu stabilisieren, aber im Gegensatz zu den anderen Mustern ließ es sehr wenig Hin- und Rückwege gegen die Grenzen hin offen. Wenn einem das Schandmal erst einmal aufgebrannt worden war, ob im buchstäblichen oder im übertragenen Sinne, so war sein Status in der Gesellschaft gefestigt, und es war nun über alle Maßen schwer für ihn, andere zu überzeugen (geschweige denn sich selbst), daß er für eine bessere soziale Stellung geeignet sei. Vielleicht sind es die Puritaner, von denen wir jene sonderbare rhetorische Gepflogenheit übernommen haben, über jemanden zu sagen, »er ist ein Süchtiger«, oder »er ist ein Schizophrener«, fast so als ob wir von seinem Beruf sprächen. In vieler Hinsicht ist dies genau das, was auch die Puritaner mit einem solchen Ausdruck meinten: Jemanden als Abweichler zu charakterisieren hieß seinen Geisteszustand angeben, seine Berufung und seinen Beruf, seinen Gnadenstand.

Die theologischen Auffassungen, die dieses Verteilungsmuster trugen, sind aus dem religiösen Leben der Gesellschaft weithin verschwunden, aber die Einstellung gegen die Abweichung, die in diesem Muster angelegt waren, werden noch in vielen der Einrichtungen beibehalten, die wir zur Behandlung und Verwahrung von Abweichlern aufgebaut haben. Wir neigen immer noch dazu, uns abweichendes Verhalten als Folge eines tiefverwurzelten Charakterzugs in der Person des Abweichlers vorzustellen und nicht als Ergebnis der Situation, in der es stattfand, und wir neigen immer noch dazu, den Abweichler so zu behandeln, als ob sein ganzes Wesen an jenen Handlungen, die oft nicht mehr als flüchtige Episoden sind, beteiligt gewesen sei. Es würde ein zweites Buch ähnlichen Umfangs erfordern, wollten wir klären, ob diese Auffassung wissenschaftlich betrachtet einen Sinn hat, doch ist es sicher bemerkenswert, daß viele der abweichenden Handlungen, die das Bewußtsein der Öffentlichkeit erregen, eher altersspezifisch zu sein scheinen – was dafür spricht, daß nicht wenige unserer aktivsten Abweichler, wenn sie erwachsen werden, schlicht zur Ruhe kämen, sofern wir nur imstande wären, ihre Ausflüge ins Ordnungswidrige als alters- und nicht als charakterbedingt zu betrachten. Die Logik, die uns dazu anhält, zum Beispiel jugendliche Straftäter als Verbrecherlehrlinge anzusehen, sagt viel mehr über die Struktur unserer Gesellschaft als über die psychischen Neigungen dieser Jugendlichen.

In jedem Fall aber ist es ein Zweck unserer Untersuchung, zu fragen, ob diese Auffassungen historisch verwandt sind mit den theologischen Lehren, welche die Puritaner vor mehr als dreihundert Jahren nach Amerika brachten. Es wäre aber natürlich unmöglich, die Entwicklung der amerikanischen Auffassungen über abweichendes Verhalten über eine so lange Zeitspanne hinweg zu verfolgen, und insofern müssen wir die Frage in der Schwebe lassen; wir können jedoch, als eine Art Epilog, eine Episode in unserer Geschichte betrachten, die etwas darüber sagt, wie sehr die Einstellungen jener früheren Zeit das Interesse späterer Generationen beansprucht haben.

III

Kurz nach der amerikanischen Revolution begann eine Gruppe von Menschen in Philadelphia eine Reformbewegung im Strafvollzug, die sich bald über alle Welt hin ausbreiten sollte. Diese Menschen, von denen viele Quäker waren, meinten, daß man die überführten Verbrecher von den Prangern und Schandpfählen, die fast in jeder Ortschaft standen, fernhalten und sie in Einzelzellen sperren sollte, wo sie über ihr verfehltes Leben nachdenken und ihren Gemütszustand verbessern könnten. Dr. Benjamin Rush, ein bedeutender Sprecher dieser Gruppe, brachte das Bedürfnis nach einer solchen Reform in Worten zum Ausdruck, die für moderne Ohren vage vertraut klingen. Im Jahre 1787 erklärte er:

Die Besserung eines Verbrechers kann niemals durch eine öffentliche Bestrafung erzielt werden . . . Die Erfahrung beweist, daß öffentliche Bestrafungen die Neigungen zu Verbrechen vermehrt haben. Ein Mensch, der am Schandpfahl die Selbstachtung verloren hat, hat in der Gesellschaft nichts mehr, was von Wert wäre, zu verlieren. Der Schmerz hat ihn gegen die Peitsche, die Scham gegen die Ehrlosigkeit unempfindlich gemacht. Zu seinen alten lasterhaften Gewohnheiten kommt nun wahrscheinlich noch der Geist der Rache an der ganzen Gemeinschaft hinzu, deren Gesetze ihm die Strafe auferlegt haben, und so ist er angeregt, die Zahl und Scheußlichkeit seiner Verbrechen gegen die Gesellschaft zu vermehren.[8]

Gefängnisse hatten bis zu jener Zeit dazu gedient, Personen einzuschließen, die einem Prozeß entgegensahen, und andere Personen, die keines Verbrechens überführt waren, wie etwa Schuldner, in Haft zu halten, aber sie hatten selten als Strafe für überführte Verbrecher gedient, und in diesem Sinne war der Vorschlag aus Philadelphia recht neuartig. Nicht lange nach Beginn des neunzehnten Jahrhunderts wurden in den Vereinigten Staaten zwei große Strafanstalten gebaut, die zu Modellen für fast alle neuen Einrichtungen des Strafvollzugs in Amerika wie in Europa wurden. Das erste, das *Eastern State Penitentiary* in Philadelphia, war aus dem Denken und Planen von Quäkern hervorgegangen. Architektonisch war es eine mächtige steinerne Festung, düster und massiv wie eine mittelalterliche Burg, aber im Innern wurde eine neue Auffassung der Gefängnisdisziplin entwickelt: Jeder Häftling war in eine Einzelzelle eingeschlossen, und dort blieb er bis zur Verbüßung seiner Strafe; auch beim Arbeiten blieb er allein in seiner Zelle, und Bewegung verschaffte er sich allein in einem isolierten Hof. Die ganze Einrichtung trug den Stempel der Quäker-Theologie, denn der erklärte Zweck dieser Einsamkeits-Behandlung war der, dem Häftling Gelegenheit zu geben, sich über sein inneres Selbst klarzuwerden und einen religiöseren Standpunkt für die Zukunft zu gewinnen.

Das zweite dieser Modell-Gefängnisse, das in Auburn, New York, bestand, ging von einer Reihe völlig verschiedener Annahmen aus. Wo das Philadelphia-Modell Einsamkeit und getrennte Zellen vorsah, sah Auburn gemeinsame Tätigkeiten vor. Die Häftlinge schliefen zwar auch in Einzelzellen, kamen jedoch tagsüber zur Arbeit in den Gefängniswerkstätten und sogar außerhalb der Gefängnismauern in straff disziplinierten Trupps zusammen und aßen in einem gemeinsamen Speisesaal. Um unter dieser großen Schar von Menschen Ordnung zu halten, machten die Wärter in Auburn freizügig Gebrauch von der Peitsche und setzten eine Regel absoluten Stillschweigens unter den Häftlingen durch.

[8] Zitiert nach Harry Elmer Barnes und Negley K. Teeters: *New Horizons in Criminology* (New York, Prentice-Hall, 1943), S. 412.

Kaum hatten die beiden Gefängnisse die ersten Häftlinge aufgenommen, als auch schon Besucher aus aller Welt sie zu inspizieren begannen, und bald brach eine lebhafte Rivalität zwischen den Anhängern beider Systeme aus. Auburn konnte sich seiner sehr niedrigen Kosten pro Insasse rühmen, denn die Gefängnisarbeit brachte genug ein, um die meisten Ausgaben zu decken, und es erwies sich, daß sich sogar Gefängnisbauten auf diese Weise leicht finanzieren ließen, denn das Gefängnis von Sing Sing wurde von Grund auf von Häftlingen aus Auburn erbaut. Das Philadelphia-Modell dagegen nahm für sich die größere Humanität in Anspruch, da hier die Zellen selten geöffnet wurden und keine körperlichen Strafen nötig waren, um unter den Häftlingen Ordnung zu halten. Die wichtigste Diskussion jedoch drehte sich um die Frage, ob Philadelphia oder Auburn besser gerüstet sei, die Zahl der Rückfälle bei den Häftlingen zu verringern, und aus dieser Diskussion können wir das Echo eines Streits heraushören, der mehr als einhundertfünfzig Jahre früher begonnen hatte, als die ersten Quäker in Amerika landeten und den Puritanern Neu-Englands begegneten.

Als Alexis de Tocqueville und Gustave de Beaumont 1831 die Vereinigten Staaten besuchten, war es eines ihrer wichtigsten Vorhaben – ja, sogar der offizielle Zweck ihrer Reise –, die beiden rivalisierenden Gefängnismodelle zu studieren und miteinander zu vergleichen. Ihre Folgerung bleibt eine der scharfsinnigsten Bemerkungen zu diesem Thema, die damals wie auch seither gemacht wurden:

> Das System von Philadelphia, welches die tiefsten Eindrücke in der Seele des Häftlings hervorruft, muß mehr Besserungen bewirken als das von Auburn. Vielleicht jedoch erzielt dieses letztere System, dank seiner Regelung, die besser als die von Philadelphia mit den Gepflogenheiten des Menschen in der Gesellschaft übereinstimmt, mehr Besserungen von einer Art, die man als »legale« bezeichnen könnte, weil sie zur äußeren Erfüllung gesellschaftlicher Pflichten führen.
>
> Wenn dem so ist, dann würde das System von Philadelphia mehr ehrliche Menschen und das von New York mehr gesetzestreue Bürger hervorbringen.[9]

In gewissem Sinne repräsentieren die beiden Modelle also verschiedene Philosophien der Strafe und verschiedene Psychologien des Verbrechens. Das Philadelphia-Modell, mit seiner Betonung von Buße und Einsamkeit, übernahm sein Grundmotiv aus dem Glauben der Quäker, daß die Kräfte der Bekehrung in jedem Menschen selbst lägen und daß auch der gemeinste Schuft seinen religiösen Zustand verbessern könnte, wenn man nur schlechte Einflüsse von ihm fernhielte und ihn in eine Lage brächte, wo

---

[9] Gustave de Beaumont und Alexis de Tocqueville: *Système pénitentiaire aux Etats-Unis et de son application en France* (Paris, Charles Gosselin, 3. Auflage 1845), S. 152.

seine bessere Natur beginnen könnte, sich durchzusetzen. Das Auburn-Modell dagegen war nicht auf ein so freundliches Menschenbild zugeschnitten. Hier war das Grundmotiv Disziplin: Die Menschen wurden in langen, grauen Reihen versammelt, sie durften nicht miteinander sprechen, mußten Schwerarbeit verrichten und waren ständig den Schikanen der Wärter ausgesetzt – all dies ein Ausdruck der puritanischen Überzeugung, daß der Geist des von Gott Verworfenen für die Routine eines nützlichen Lebens gebrochen werden muß, da er nicht wahrhaft bekehrt werden kann. Während Philadelphia eine Situation bot, wo die natürliche Begnadung des Menschen hervortreten konnte, bot Auburn eine Situation, wo seine innere Bösartigkeit zumindest eingedämmt und den Zwekken der Gesellschaft gefügig gemacht werden konnte.
Während ihrer Reise durch Amerika sprachen Tocqueville und Beaumont mit Elam Lynds, einem energischen Verfechter des Systems von Auburn, dessen erster langjähriger Direktor er gewesen war. An einem Punkt des Gesprächs richtete Tocqueville an Lynds die Frage: »Glauben Sie wirklich an die Besserung einer größeren Zahl von Gefangenen?« Und Lynds antwortete:

> Daß wir uns recht verstehen: Ich glaube nicht an die *vollständige* Besserung, ausgenommen bei jugendlichen Delinquenten. Nichts sieht man meiner Meinung nach seltener, als daß ein Verbrecher reifen Alters zu einem frommen und redlichen Mann wird. Ich glaube nicht im mindesten an die Heiligkeit derer, die aus dem Gefängnis entlassen werden; und ich glaube nicht, daß die Ratschläge des Kaplans oder die Meditationen des Gefangenen jemals einen guten Christen aus ihm machen werden. Aber meine Meinung ist, daß eine große Zahl ehemaliger Häftlinge nicht wieder rückfällig wird und daß diese sogar zu nützlichen Bürgern werden, da sie im Gefängnis ein Handwerk erlernt und die Gewohnheit ständiger Arbeit ausgebildet haben. Das ist die einzige Besserung, die zu bewirken ich je gehofft habe, und ich denke, es ist die einzige, welche die Gesellschaft verlangen kann.[10]

Lynds erklärte seinen Besuchern, daß er lebhaft für die körperlichen Strafen eintrete, denn der Verbrecher müsse zunächst einmal unter »das Joch der Disziplin« gebracht werden, ehe sich seine schlechten Neigungen in nützlichere Verhaltensweisen umwandeln ließen. Nach dem Gespräch notierte Tocqueville in sein Tagebuch: »Während des ganzen Gesprächs, das sich mit Unterbrechungen über mehrere Stunden erstreckte, kam Mr. Elam Lynds immer wieder auf den Gedanken zurück, daß es vor allem darauf ankomme, den Gefangenen in einen Zustand *passiven Gehorsams* zu zwingen.«[11]

---

[10] *Ibid.*, S. 312.

[11] Alexis de Tocqueville: *Voyages en Sicile et aux Etats-Unis* (Œuvres complètes, Bd. 5,

Spätere Generationen haben über Elam Lynds ein hartes Urteil gefällt. Das umfassendste Werk über die Geschichte des amerikanischen Strafvollzugs bezeichnet ihn als einen Mann von »unbestreitbarer Grausamkeit« und kommt zu dem Ergebnis, daß »sein Name in die Geschichte des Strafvollzugs als der eines Peitschenknechts eingeht.«[12] Lynds dürfte in der Tat ein grausamer Mann gewesen sein, aber wichtiger ist es hier, zu vermerken, daß die Philosophie, die er praktizierte, in Neu-England, wo er geboren war, tief verwurzelt war und mit der puritanischen Einstellung zur Strafe und zum Verbrechen völlig übereinstimmte. Lynds betrachtete das Auspeitschen als eine sehr viel menschenfreundlichere Strafe als die Einzelhaft (ein Urteil, das übrigens der sehr humane Charles Dickens bestätigte, als er, etwa um jene Zeit, das Gefängnis von Philadelphia besichtigte[13]), und es scheint, daß er als Direktor von Auburn und später Sing Sing ernsthaft bestrebt war, das, was er als die gewaltigen »Mißbräuche« des Philadelphia-Modells betrachtete, zu korrigieren. Vor seinem puritanischen Hintergrund gesehen, erscheint Lynds Theorie der Strafe intelligent und vielleicht sogar menschenfreundlich. Wenn wir annehmen, daß die Seele des Häftlings für immer verdorben und daß die Sünde ein unvermeidlicher Teil seiner persönlichen Veranlagung ist, dann hat es wenig Sinn, an »Besserung« oder »Erneuerung« zu denken; das Beste, was man dann für ihn tun kann, ist, seinem verworfenen Geist Zügel anzulegen, etwa so, wie man die wilderen Instinkte der Tiere zähmt, und ihn zu einem passiven, gehorsamen und abgestumpften Mitglied der sozialen Ordnung umzuformen. Ziel der Gefängnisdisziplin ist nicht, seine Natur zu *verbessern*, denn dies ist auch mit den schärfsten Therapien nicht zu erreichen, sondern sie so vollständig zu zähmen, daß sie nicht mehr durchbrechen kann. Tocqueville und Beaumont, bei ihren Bemerkungen über den Auburn-Häftling, scheinen diesen Punkt sehr genau verstanden zu haben:

Vielleicht ist er kein ehrlicher Mann, wenn er das Gefängnis verläßt, aber ehrliche Gewohnheiten hat er erworben. Er war ein Nichtstuer, jetzt versteht er zu arbeiten. Seine Unwissenheit hinderte ihn, ein Gewerbe auszuüben, nun kann er lesen und schreiben, und das Handwerk, das er im Gefängnis erlernt hat, bietet ihm einen Lebensunterhalt, den er zuvor nicht hatte. Ohne das Gute zu lieben, kann er doch das Verbrechen verabscheuen, dessen grausame Folgen er gespürt hat; und wenn er nun auch nicht tugendhafter ist, so ist er doch zumindest vernünftiger: Seine Moral ist nicht die Ehre, sondern das Interesse. Vielleicht ist sein religiöser

---

Paris, Gallimard, 2. Auflage, 1957), S. 66.

[12] Barnes und Teeters, *New Horizons ...*, S. 521.

[13] Charles Dickens: *American Notes for General Circulation* (London, Chapman and Hall, 1842).

Glaube weder sehr lebhaft noch sehr tiefgründig; doch selbst wenn die Religion nicht an sein Herz gerührt hat, so hat sie doch seinem Geist die Gewohnheiten der Ordnung gegeben . . . wenn er also auch nicht von Grund auf besser geworden ist, so ist er zumindest doch gehorsamer gegen die Gesetze, und das ist alles, was die Gesellschaft von ihm zu fordern berechtigt ist.[14]

Das Ergebnis der Rivalität zwischen den Modellen von Philadelphia und Auburn kann man fast überall auf der Welt sehen, denn eine Kuriosität der Geschichte hat Auburn zum Modell für fast alle maximal ausbruchssicheren Gefängnisse werden lassen, die in Amerika gebaut wurden, und Philadelphia zum Modell für die meisten europäischen Einrichtungen dieser Art.

Für diese merkwürdige Entwicklung gibt es natürlich viele Gründe, die mit Fragen der Architektur, des Arbeitsmarkts und ähnlichem zu tun haben, doch einer der Gründe mag auch gewesen sein, daß in der Philosophie von Auburn eine Theorie der menschlichen Natur zum Ausdruck kam, die spezifisch amerikanisch ist – oder zumindest in den amerikanischen Institutionen am besten repräsentiert. Obwohl der Puritanismus als eine internationale Bewegung begonnen hatte und seine Spuren in vielen Teilen der Welt hinterließ, faßte doch das besondere Ethos, das er hervorbrachte, hauptsächlich in den Vereinigten Staaten Wurzel, und dieses Erbe ist noch deutlich erkennbar in vielen Methoden, mit denen wir abweichendes Verhalten behandeln. Die Auburn-Philosophie ist immer noch leitendes Prinzip aller Gefängnisse in den Vereinigten Staaten, einige Versuchsanstalten ausgenommen. Zwar wird das Schweigegebot kaum mehr durchgesetzt, die Häftlingsarbeit konkurriert auf dem Markt nicht mehr mit der freien Arbeit, und neue Programme zur Rehabilitation der Häftlinge sind eingeführt worden, aber die Grundeinstellungen zum Verbrechen und zur Strafe, von denen das Auburn-Modell getragen war, behalten in unserem Denken weiterhin einen wichtigen Platz. Heute wie damals lassen wir für diejenigen Menschen, die nach einer an den Grenzen der Gemeinschaft verbrachten Zeit wieder ein normales Leben aufnehmen wollen, nur wenige Rückwege offen, denn die meisten unter uns glauben, daß jeder, der sich in die schwereren Formen der Abweichung verirrt, damit eine gefährliche Charakterstörung verrate, einen tiefsitzenden Makel, der nicht leicht zu tilgen ist. Wir lernen vielleicht, solche Menschen als »krank« statt als »verworfen« zu betrachten, aber diese Etikette sind beide von derselben Logik bestimmt, denn beide besagen, daß nichts Geringeres als ein tiefer Wandel des Herzens, eine religiöse Bekehrung oder eine klinische Heilung erforderlich seien, um den inneren Keim zu beseitigen, der einen dazu bringt, sich abweichend zu verhalten.

---

[14] Beaumont und Tocqueville, *Système pénitentiaire*, S. 150–1.

Um zum Thema unseres Epilogs zurückzukommen, auf jeden Fall kann man sagen, daß das Auburn-System als Methode der Rehabilitation nicht eben erfolgreich gewesen ist. Neuere Untersuchungen über das Leben in den Gefängnissen zeigen, daß die Rückfallhäufigkeit unter den Häftlingen sehr hoch ist und daß die Atmosphäre des Gefängnisses selbst wesentlich dazu beiträgt. Dieses Ergebnis kann jedoch nicht einfach als ein Versagen des amerikanischen Erfindungsgeistes abgetan werden, denn in vieler Hinsicht ist es ein sehr treffender Ausdruck der amerikanischen Einstellungen zur Abweichung: Die Menschen in dieser Gesellschaft erwarten von denjenigen, die erst einmal als Abweichler etikettiert sind, daß sie sich nicht mehr allzu sehr ändern. Und dies bringt uns historisch wieder zurück zu den Puritanern, denn es ist ihre Vorstellung von der Abweichung, ihr Glaube an die Unabänderlichkeit der Menschennatur, die in jener Erwartung zum Ausdruck kommen.

Um eine genauere Übersicht über die Verurteilungen zu gewinnen, wurde für jeden Delinquenten, der vor Gericht erschien, eine Karteikarte angelegt, mit Angaben über die Natur des Delikts und den Ausgang des Prozesses. Zumeist bereitete die Übertragung dieser Informationspartikel auf die Karteikarten keine außergewöhnlichen Schwierigkeiten, doch hier und da traten Probleme auf, die nur etwas willkürlich gelöst werden konnten. Die meisten Probleme hingen mit den vielen tausend Namen zusammen, die sich in den Akten finden. Die Puritaner hielten sich wenig an Regeln der Rechtschreibung, mit der Folge, daß jeder Name auf mehrere Weisen geschrieben werden konnte. Z. B. trat vor dem Grafschaftsgericht von Essex häufig ein Mann namens Francis Usselton in Erscheinung, und in den Akten, in denen dies vermerkt ist, wird sein Name auf mindestens vierzehn verschiedene Weisen geschrieben. Im Falle von Francis Usselton macht das nicht viel aus, denn der Name ist deutlich und in jeder Schreibung unverwechselbar, aber während der ganzen Durchsicht der Akten waren immer wieder auch schwierigere Entscheidungen zu treffen, z. B. ob der George Hampton, der 1649 ein Huhn gestohlen hat, derselbe Mann ist wie der George Hampden, der 1651 betrunken angetroffen wurde, oder ob Edwin und Edward Batter zwei verschiedene Personen sind.

Wie um die Sache noch komplizierter zu machen, gaben die Puritaner oft einen besonders geschätzten Vornamen von Generation zu Generation weiter, so daß man nie mit Sicherheit sagen kann, ob in den Akten von dem Vater oder dem Sohn die Rede ist. Ein gewisser John Brown wurde zwischen 1656 und 1681 wegen sieben Delikten verurteilt, was einfach genug aussieht, solange bis man in den Akten für 1679 auf folgenden Vermerk stößt: »John Brown, Sohn des John Brown, wählte John Brown, seinen Großvater, zu seinem Vormund.« Eine Möglichkeit, aus dem Dilemma herauszufinden, bietet die Beobachtung, daß die sieben Delikte in zwei deutlich getrennten Gruppen auftraten, die fast zwanzig Jahre auseinanderlagen, was dafür spräche, daß zwei Generationen der Browns beteiligt waren. Wie wir aus anderen Quellen wissen, war es tatsächlich so. Doch dies ist keinesfalls ein untrügliches Zeichen. Eines Mannes namens Giles Corey wird im Bezirksgericht wegen fünf verschiedener Delikte gedacht, von denen drei in den 1640er und zwei in den 1670er Jahren stattfanden. Wenn wir sonst nichts über den Mann wüßten, dürften wir annehmen, daß wir es mit zwei Personen gleichen Namens zu tun haben; doch der arme Giles Corey erlangte später einen Platz in der Geschichte, als er während der Hexenhysterie von 1692/93 unter einem Haufen Steine zu Tode gedrückt wurde, und infolge dieses schwerverdienten Ruhms wissen wir, daß alle fünf Delikte tatsächlich von ihm begangen waren.

In der Untersuchung wurden bei der Bewältigung von Schwierigkeiten dieser Art nicht nach festen Regeln verfahren. In vielen Fällen half die Einsicht in andere verfügbare Akten wie Geburts- und Sterberegister die eine Lebensspanne von der anderen unterscheiden, aber insgesamt blieb vieles dem Urteil des Untersuchers überlassen, und daraus ist ganz gewiß eine Reihe von Fehlern entstanden – was einer der Gründe ist, warum sich die Untersuchung nur mit groben Indikatoren beschäftigt.

Zwei andere Verfahrenstaktiken wurden im Laufe der Untersuchung benutzt, die an dieser Stelle zu erwähnen wären. Wenn jemand vor Gericht wegen mehrerer Delikte zugleich verurteilt wurde, wurde nur das schwerste auf die Karteikarte eingetragen. Ähnlich wurde nur die schwerste Strafe vermerkt, wenn ein Delinquent mehr als eine Strafe erhielt, z. B. in den Block geschlossen wurde und zwei Schilling Geldstrafe zahlen mußte. Nie haben wir uns ernstlich überlegt, welche von beiden Strafen nun aus der Sicht eines Puritaners die schwerere war.

Anhang 2

Die in Kapitel 4 benutzten Bevölkerungsschätzungen für den Bezirk Essex stützen sich auf ein außerordentliches Stück demographischer Detektivarbeit, das von Joseph B. Felt[1] vor mehr als hundert Jahren geleistet wurde. In seiner Monographie bediente sich Felt einer Auswahl alter Aufzeichnungen, um die Bevölkerung der Kolonie zu verschiedenen Zeitpunkten ihrer frühen Geschichte zu schätzen. Nach seinen Zahlen stieg die Einwohnerzahl der Bucht von Massachusetts wie folgt:

1639	8 592
1654	16 026
1665	23 467
1673	35 644

Wenn wir für die Zeit zwischen diesen Daten einen jährlichen Zuwachs berechnen, können wir die Bevölkerung im mittleren Jahr jeder der in unserer Untersuchung benutzten Fünfjahresperioden schätzen. Dies ist auch unter den günstigsten Umständen schon ein prekäres Verfahren, aber in der behandelten Zeitspanne liegen einige Jahre, für die eine Schätzung noch schwieriger ist: 1675 geriet Massachusetts in einen blutigen

---

[1] Joseph B. Felt: »Statistics of Population in Massachusetts«, *Collections of the American Statistical Association,* I (1845), S. 121–214.

Krieg gegen ein Heer von Indianern, der später als der Krieg gegen König Philip bekannt wurde, und in der langen Zeit dieser Kämpfe hatte die Kolonie eine erhebliche Anzahl Todesopfer, nicht nur unter den kämpfenden Truppen, sondern auch unter den Siedlern der weiter außen gelegenen Ortschaften. Es ist unmöglich zu schätzen, wie dies die Bevölkerungszahl der Kolonie insgesamt beeinflußte, und den folgenden Zahlen liegt dazu nur die eine Information zugrunde, daß der Krieg eben extrem verlustreich war. Unsere Schätzungen der Bevölkerungszahl für die Kolonie lauten nun wie folgt:

Mittelpunkt = Jahr der Periode	Schätzung nach Felt (abgerundet)	gegenwärtige Schätzung
1653	15 550	
1658	18 700	
1663	22 800	
1668	28 050	
1673	35 650	
1678		35 650

Wie man aus diesen Zahlen sieht, haben wir angenommen, daß die Verluste des Krieges zeitweise die hohe Zuwachsrate der Kolonie ausglichen.
Diese Zahlen geben uns Schätzwerte für die Bevölkerung der Kolonie insgesamt, aber nicht für Essex im besonderen. Es trifft sich jedoch, daß die Generalversammlung oft zwecks Besteuerung oder Aushebung von Wehrpflichtigen die einzelnen Bezirke veranlagte, und wenn wir den Anteil jeder Region am Gesamtaufkommen berechnen, können wir bestimmen, welcher Prozentanteil der Gesamtbevölkerung etwa in Essex lebte. Überflüssig zu sagen, daß diese Zahlen uns nur die von der Generalversammlung *vermutete* Einwohnerzahl jedes Bezirks angeben, denn eine Volkszählung fand nie statt, doch sind sie immer noch unser bester Hinweis. Zwischen 1633 und 1645 wurden die verschiedenen Städte der Kolonie vierzehnmal neu veranlagt, und der durchschnittliche Anteil der Städte in dem Bezirk Essex betrug 30 Prozent. 1645 betrug der Anteil 29 Prozent. 1675 (der nächsten Veranlagung, von der Aufzeichnungen erhalten sind) war dieser Anteil auf 25 Prozent geschrumpft und 1685 schon bis auf 18 Prozent – vermutlich infolge der Tatsache, daß Essex während der Indianerkriege anteilig sehr viel mehr Todesopfer hatte als die übrige Kolonie. Wir müssen in unserer Schätzung also berücksichtigen, daß der Bevölkerungsanteil von Essex in den späteren Jahres des Jahrhunderts allmählich zurückging, entsprechend dem Wachstum Bostons als Han-

delszentrum, und nach den Indianerkriegen scharf abfiel. Essex verlor nicht nur während des Krieges selbst viele Männer im waffenfähigen Alter, sondern ein erheblicher Teil seiner Zivilbevölkerung wurde auch bei Indianerangriffen getötet oder wanderte während des zehn Jahre lang unsicheren Friedens, der darauf folgte, in andere Teile Neu-Englands ab. Die Schätzungen für den Bezirk Essex lassen sich also wie folgt zusammenfassen:

Mittelpunkt = Jahr der Periode	Schätzung für die Gesamtkolonie	Anteil Essex	Bevölkerung Essex
1653	15 550	29%	4 500
1658	18 700	28%	5 200
1663	22 800	27%	6 100
1668	28 050	26%	7 300
1673	35 650	25%	8 900
1678	35 650	21%	7 500

Bibliographie

Das folgende Literaturverzeichnis ist in zwei Gruppen geteilt. Die erste enthält Arbeiten, die nützlich waren für die Ausarbeitung und Formulierung der soziologischen Argumentation dieses Buchs (wenn auch einige der angeführten Titel nicht »soziologisch« im strengen Sinne sind); die zweite enthält Arbeiten, aus denen historisches Material über Massachusetts im 17. Jahrhundert genommen wurde.

I.

Barnes, H. E. u. N. K. Teeters (1949): New Horizons in Criminology. Englewood Cliffs, N. J. (Prentice-Hall).

Caillois, R. (1963): L'homme et le sacré. 3. Aufl. Paris (Gallimard).

Cohen, A. K. (1959): The Study of Social Disorganization and Deviant Behavior. In: R. K. Merton u. a. (Hrsg.): Sociology Today. New York (Basic Books).

Conrad, J. (1963): Der Geheimagent – Eine einfache Geschichte. Frankfurt a. M. (Fischer).

Dentler, R. A. u. K. T. Erikson (1959): The Functions of Deviance in Groups. *Social Problems*, *7*, S. 98–107.

Durkheim, E. (1901): Deux Lois de l'Évolution Pénale. *L'Année Sociologique*, *IV*, S. 65–95.

– (1961): Die Regeln der soziologischen Methode. Darmstadt (Luchterhand).

– (1977): Über die Teilung der sozialen Arbeit. Frankfurt a. M. (Suhrkamp).

Eriksen, E. H. (1976): Kindheit und Gesellschaft. 6. Aufl. Stuttgart (Klett).

Fielding, H. (1751): An Inquiry into the Causes of the Late Increase of Robbers . . . London. Zitiert nach: W. E. Henley, Hrsg.: The Complete Works of Henry Fielding, Bd. 12, New York (Groscup & Sterling) 1902.

Fyvel, T. R. (1961): The Teddy Boy International. *Encounter*, *17*, S. 17–31.

Garfinkel, H. (1974): Bedingungen für den Erfolg von Degradierungszeremonien. *Gruppendynamik*, *5*, *2*, S. 77–83.

Goffman, E. (1972): Asyle. Frankfurt a. M. (Suhrkamp).

Goldhamer, H. u. A. W. Marshall (1953): Psychoses and Civilization. Glencoe, Ill. (The Free Press).

Halpern, B. (1957): History, Sociology, and Contemporary Area Studies. *American Journal of Sociology*, *63*, S. 1–10.

Howard, J. (1929): The State of the Prisons. London (Dent & Sons).

Huxley, A. (1949): Prisons: The ›Carceri‹ Etchings by G. B. Piranesi. London (Trianon).

Martel, M. U. (1959): Some Controversial Assumptions in Parsons' Approach to Social System Theory. *Alpha Kappa Deltan*, *29*, S. 53–63.

Mead, G. H. (1918): The Psychology of Punitive Justice. *American Journal of Sociology*, *23*, S. 577–602.

Merton, R. K. (1957): Social Theory and Social Structure, überarbeitete Fassung. Glencoe, Ill. (The Free Press).

Michaels, J. u. M. J. Adler (1933): Crime, Law, and Social Science. New York (Harcourt, Brace and World).

Parsons, T. (1976): Zur Theorie sozialer Systeme. Opladen (Westdeutscher Verlag).

Pound, R. (1942): Social Control Through Law. New Haven, Conn. (Yale University Press).

Shaw, G. B. (1946): The Crime of Imprisonment. New York (Philosophical Library).

Sykes, G. M. (1958): The Society of Captives. Princeton, N. J. (Princeton University Press).

Thrupp, S. (1957): History and Sociology: New Opportunities for Cooperation. *American Journal of Sociology, 63*, S. 11–16.

II.

Adams, B. (1919): The Emancipation of Massachusetts: The Dream and the Reality. 2. Aufl. Boston (Houghton Mifflin).

Adams, Ch. F. (1893): Massachusetts, Its Historians and Its History. Boston (Houghton Mifflin).

–, Hrsg. (1894): Antinomianism in the Colony of Massachusetts Bay, 1636–1638. Boston (Publications of the Prince Society).

– (1903): Three Episodes of the Massachusetts History. 2 Bände, Boston (Houghton Mifflin).

Andrews, Ch. M. (1934): The Colonial Period of American History, Bd. I. New Haven (Yale University Press).

Battis, E. (1962): Saints and Sectaries. Chapel Hill, N. C. (University of North Carolina Press).

Bishop, G. (1703): New England Judged by the Spirit of the Lord. London. Ndr. Philadelphia (Th. W. Stuckney) 1885.

Boorstin, D. J. (1953): The Genius of American Politics. Chicago (University of Chicago Press).

Bradford, W. (1952): Of Plymouth Plantation. New York (Knopf).

Brattle, Th. (1798): An Account of the Delusion Called Witchcraft Which Prevailed in New England (Brief vom Oktober 1692). *Collections of the Massachusetts Historical Society, V, 1.*

Bridenbaugh, C. [1971]: Cities in the Wilderness: The First Century of Urban Life in America. London, Oxford, New York (Oxford University Press).

Brown, B. K. (1954): A Note on the Puritan Concept of Aristocracy. *Mississippi Valley Historical Review, XLI*, S. 105–112.

– (1954): Freemanship in Puritan Massachusetts. *American Historical Review, LIX*, S. 865–883.

Burr, G. L., Hrsg. (1914): Narratives of the Witchcraft Cases, 1648–1706. New York (Scribner's).

Chaffee, Z. Jun., Hrsg. (1933): Records of the Suffolk Country Court, 1671–1680. *Publications of the Colonial Society of Massachusetts, Bd. 29.*

Clark, J. (1652): Ill Newes from New-England . . . London. *Collections of the Massachusetts Historical Society, 2, 4,* 1854.

Dow, Ch. F., Hrsg. (variierendes Erscheinungsjahr): Records and Files of the Quarterly Courts of Essex County, Massachusetts, 1636–1682. 7 Bde., Salem, Mass. (The Essex Institute).

Downing, E. (1854): Brief an James Ussher aus dem Jahr 1620. *Collections of the Massachusetts Historical Society, 2, 4,* 1854.

Ellis, G. E. (1880): The Puritan Commonwealth: Its Basis, Organization, and Administration; Its Contentions; Its Conflicts with Heretics. In: J. Winsor, Hrsg., The Memorial History of Boston, Bd. 1. Boston (Osgood).

Felltham, O. (1623): Resolves: Divine, Moral, Political. In: P. Ure, Hrsg., Seventeenth Century Prose, Bd. 2, London (Penguin) 1956.

Felt, J. B. (1845): Statistics of Population in Massachusetts. *Collections of the American Statistical Association, 1,* S. 121–214.

French, A. (1955): Charles I and the Puritan Upheaval. London (Allen & Unwin).

George, Ch. H. u. K. (1961): The Protestant Mind of the English Reformation, 1570–1640. Princeton, N. J. (Princeton University Press).

Goebel, J. Jun. (1954): King's Law and Local Custom in Seventeenth Century New England. *Columbia Law Review, 31,* S. 416–448.

Haller, W. (1938): The Rise of Puritanism. New York (Columbia University Press).

– (1955): Liberty and Reformation in the Puritan Revolution. New York (Columbia University Press).

Haskins, G. L. (1960): Law and Authority in Early Massachusetts. New York (Macmillan).

Heimert, A. (1953): Puritanism, The Wilderness, and the Frontier. *New England Quarterly, 26,* S. 361–382.

Hull, J. (1857): Diary, Transactions and Collections of the American Antiquarian Society. Boston (Verlag der Gesellschaft).

(Hutchinson, Anne, 1638): A Report of the Trial of Mrs. Anne Hutchinson before the Church in Boston, März 1638. *Proceedings of the Massachusetts Historical Society, 4, 2,* 1888, S. 161–191.

Hutchinson, Th. (1764): The History of the Colony of Massachusetts-Bay . . . Boston (Thomas and John Fleet).

– (1767): The History of the Province of Massachusetts-Bay. Boston (Thomas and John Fleet).

– (1843, 1846): Papers. *Collections of the Massachusetts Historical Society, Serie 2, Bd. 10, Serie 3, Bd. 1.*

Johnson, E. (1654): Wonder-Working Providence of Sion's Saviour in New England. London. Ndr. J. F. Jameson, Hrsg. New York (Scribner's) 1910.

Josselyn, J. (1833): An Account of Two Voyages to New-England. *Collections of the Massachusetts Historical Society, Serie 3, Bd. 3,* S. 211–354.

Kittredge, G. L. (1956): Witchcraft in Old and New England. 2. Aufl. New York (Russell & Russell).

McIlwain, Ch. H., Hrsg. (1918): The Political Works of James I. Cambridge, Mass. (Harvard University Press).

Maclear, J. F. (1956): ›The Heart of New England Rent‹: The Mystical Element in Early Puritan History. *Mississippi Valley Historical Review, XLII,* S. 621–652.

Mather, C. (1693): The Wonders of the Invisible World. Boston u. London. Ndr. in S. G. Drake, Hrsg., The Witchcraft Delusion in New England. Roxbury, Mass. (Woodward) 1866.

– (1702): Magnalia Christi Americana, or The Ecclesiastical History of New England. London. Ndr. in 2 Bänden, Hartford (Adrus) 1853.

Michaelson, R. S. (1953): Changes in the Puritan Concept of Calling or Vocation. *New England Quarterly, 26,* S. 315–336.

Miller, P. (1933): Orthodoxy in Massachusetts, 1630–1650. Cambridge, Mass. (Harvard University Press).

– (1939): The New England Mind: The Seventeenth Century. New York (Macmillan).

– (1943): Preparation for Salvation in Seventeenth Century. New England. *Journal of the History of Ideas, 4,* S. 253–279.

– (1953): The New England Mind: From Colony to Province. Cambridge, Mass. (Harvard University Press).

– (1960): Errand in the Wilderness. Cambridge, Mass. (Harvard University Press).

Morgan, E. S. (1937): The Case Against Anne Hutchinson. *New England Quarterly, 10,* S. 635–649.

– (1958): The Puritan Dilemma: The Story of John Winthrop. Boston (Little, Brown).

Morison, S. E. (1949/50): Das Werden der Amerikanischen Republik. Bd. 1/2, Stuttgart (Deutsche Verlags-Anstalt).

Noble, J. u. J. F. Cronin, Hrsg. (1901, 1904, 1924): Records of the Court of Assistants of the Colony of Massachusetts Bay, 1630–1692. Boston (County of Suffolk).

Notestein, W. (1911): History of Witchcraft in England. Washington, D. C. (American Historical Society).

Oberholzer, E. Jun. (1956): Delinquent Saints: Disciplinary Actions in the Early Congregational Churches of Massachusetts. New York (Columbia University Press).

Palfrey, J. G. (1873): A Compednious History of New England. 4 Bde., Boston (Houghton Mifflin).

Park, Ch. E. (1954): Puritans and Quakers. *New England Quarterly, 27,* S. 53–74.

Parrington, V. J. (1954): Main Currents in American Thought, Bd. I. New York (Harcourt, Brace and World).

Perry, R. B. (1947): Amerikanische Ideale. Bd. 1/2, Nürnberg (Carl).

Schneider, H. W. (1930): The Puritan Mind. New York (Holt, Rinehart and Winston).

Sewell, S. (1927): Diary. New York (Macy-Masius).

Shurtleff, N. B., Hrsg. (1853/54): Records of the Governor and Company of the Massachusetts Bay in New England. 5 Bde., Boston (in Regierungsauftrag gedruckt).

Simpson, A. (1955): Puritanism in Old and New England. Chicago (University of Chicago Press).

Smith, J. H., Hrsg. (1961): Colonial Justice in Western Massachusetts: The Pynchon Court Record. Cambridge, Mass. (Harvard University Press).

Starkey, M. L. (1949): The Devil in Massachusetts. New York (Knopf).

Swan, B. F. (1946): Roge Williams and the Insane. *Rhode Island History*, *5*, S. 65–70.

Trefz, E. K. (1955): Satan as the Prince of Evil. *Boston Public Library Quarterly*, *7*, S. 3–21.

Trevelyan, G. M. (1947): Geschichte Englands, Bd. 2. München (Leibniz).

Ward, N. (1647): The Simple Cobler of Aggawam. London. Ndr. in P. Miller, Hrsg., The American Puritans. New York (Doubleday Anchor) 1956.

Wertenbaker, Th. J. (1947): The Puritan Oligarchy. New York (Grosset and Dunlap).

Wheelwright, J. (1876): Papers. Boston (Publications of the Prince Society).

Winslow, O. E. (1952): Meetinghouse Hill. New York (Macmillan).

Winthrop, J. (1931): A Model of Christian Charity. In: Winthrop Papers Bd. 2. Boston (Massachusetts Historical Society), S. 282–295.

– (1644): A Short Story of the Rise, Reign, and Ruin of the Antinomians. London. Ndr. in C. F. Adams, Antinomianism (s. o.).

– (1908): History of New England. Bd. 1/2, New York (Scribner's).

Woodhouse, A. S. P. (1938): Puritanism and Liberty. London (Dent & Sons).

Personen- und Sachregister